LA BIBLIA DE LOS HECHIZOS

LA BIBLIA DE LOS HECHIZOS

GUÍA COMPLETA DE HECHIZOS Y ENCANTAMIENTOS

Ann-Marie Gallagher

Título original: *The Spells Bible*

Publicado originalmente, en 2003, en el Reino Unido
por Godsfield Press, una división de Octopus Publishing Group Ltd.
Endeavour House 189, Shaftesbury Avenue
Londres WC2 H8JY

Traducción: Nora Steinbrun

Fotografía: Mike Hemsley at Walter Gardiner Photography
Dirección de diseño: John Grain
Proyecto editorial: Sarah Doughty
Diseño: Jane Lanaway
Estilismo: Claire Shanahan
Modelo: Genevieve Appleby

De la presente edición:

Alquimia, 6 - 28933 Móstoles (Madrid)
e-mail: alfaomega@alfaomega.es
www.alfaomega.es

Primera edición en castellano: agosto de 2011

ISBN: 978-84-8445-367-3

Impreso en China

ÍNDICE

PARTE UNO

ANTES DE COMENZAR

INTRODUCCIÓN A LA BIBLIA DE LOS HECHIZOS

El arte de la magia está retornando poco a poco —si bien nunca desapareció por completo—, y cierto es que este renovado interés público por los mitos y la magia en general no muestra signos de remitir. Resulta extraño que en esta era tecnológica una serie de antiguas tradiciones y creencias relacionadas con la hechicería continúen generando fascinación. Y si bien diversas teorías justifican este renovado interés —todas ellas dotadas de su particular atractivo—, es probable que la creciente preocupación por el medio ambiente, la alimentación y el actual estilo de vida hayan generado una inquietud similar respecto a un vacío espiritual que las religiones tradicionales no consiguen saciar. Ello ha conducido a buscar otros «significados» más allá de las iglesias o los templos, y a formularse nuevas preguntas sobre el lugar que ocupamos en el cosmos.

Aunque también puede provocar temor, explorar la espiritualidad fuera de las constricciones de la religión organizada puede serenarnos notablemente. Por eso muchas personas buscan inspiración en el pasado y se interrogan sobre lo que creían y hacían nuestros ancestros.

Para sorpresa de muchos, existe una rica historia de espiritualidad y magia esperando ser descubierta. El folclore, la superstición y las historias de dioses y diosas encierran claves sobre la importancia de la magia en la vida de nuestros antepasados. Por los hechizos grabados en interiores de cuevas o en láminas de plomo halladas en pozos sagrados sabemos que nuestros ancestros practicaban la magia y creían en su eficacia. También sabemos que vivían en estrecho contacto con la naturaleza, y que respetaban y utilizaban las energías y fuerzas naturales que percibían a su alrededor. En este libro encontrarás referencias a las tradiciones que dan origen a algunos de los ingredientes, herramientas y técnicas de la hechicería, aunque lo que más deseo es que tú también hagas tu aportación cuando adquieras suficiente seguridad para crear tus propios hechizos.

¿Qué encontrarás en *La Biblia de los hechizos*? Con los conjuros para el amor, la pasión, el trabajo, el estudio, la salud, la belleza y la protección están cubiertas todas las preocupaciones de la vida. Además, como descubrirás más adelante, contarás con la posibilidad de escoger entre varios hechizos, cada uno de los cuales enfoca circunstancias similares desde distintos ángulos, para que puedas seleccionar el que más se ajuste a tu

necesidad específica. Todos los hechizos están acompañados de breves explicaciones y consejos, para que resulte más sencillo adaptarlos a cada ocasión. Hemos incluido conjuros para rechazar e inhibir —cuya finalidad es evitar el daño—, y hechizos para la adivinación gracias a los cuales podrás discernir y actuar sobre los patrones de vida revelados durante el proceso. La importancia de los ritmos y energías normales de la naturaleza también adquieren gran relevancia en estas páginas, en las que se incluye una sección de hechizos estacionales creados para coincidir con las antiguas festividades que marcan la rueda del año.

Nuestra intención es que la lectura de *La Biblia de los hechizos* te resulte educativa. Concebida como un directorio con secciones fácilmente identificables e información y pautas claras, no tendrás dificultad en acceder a ninguna de ellas en caso de necesidad. Asímismo encontrarás interesantes datos sobre la sabiduría antigua y el conocimiento de la magia. Si lees los textos que hacen las veces de introducción a cada hechizo, descubrirás elementos del folclore y la magia, o los orígenes y significados de ciertas costumbres y tradiciones. Además, dentro de los mismos hechizos, hemos incluido descripciones de técnicas de todo el mundo, además de lecciones prácticas sobre los principios de la magia.

Este libro es una verdadera cueva de Aladino cargada de información, puesto que los textos que acompañan a los conjuros resumen la historia, costumbres, simbolismo y correspondencias mágicas de cada uno de ellos. Descubrirás una gran variedad de hechizos y encantamientos que recurren a cánticos, talismanes, amuletos, muñecos, *fith-faths*, hierbas, incienso, velas, cuerdas y muchos otros ingredientes inesperados. Si desconoces algunos de ellos, tanto la sección introductoria de este libro como los textos relativos a cada hechizo ofrecen explicaciones claras y pautas para su uso. Sinceramente espero que los relatos sobre las prácticas mágicas que aparecen dentro de esta Biblia contribuyan a descartar algunas de las creencias más ignorantes sobre las figuras de cera y los largos alfileres que se han abierto paso en la cultura popular a través de la lente distorsionada de Hollywood y la clara desinformación que abunda en las novelas sensacionalistas.

Bienvenido, entonces, a *La Biblia de los hechizos*, tu guía de hechizos para todas las áreas de la vida. Cualquiera que sea tu necesidad, ten la certeza de que en los conjuros y encantamientos de estas páginas encontrarás la respuesta. Aquí descubrirás una mezcla entre lo antiguo y lo moderno, sazonada con costumbres y tradiciones propias de la magia de todo el mundo, en cuyo directorio se especifican la finalidad y el momento de aplicación de cada hechizo, además de incorporar información adicional al respecto. En las próximas páginas descubrirás un mundo de conocimiento e ideas capaces de guiarte hacia la creación de tu propia fuerza mágica individual.

Materiales utilizados en la práctica de hechizos y encantamientos.

TRABAJAR CON LA MAGIA

ÉTICA, ACTITUD Y ASPECTOS PRÁCTICOS

Antes de que intentes poner en práctica un hechizo, es importante que conozcas primero los principios relacionados con la utilización de la magia y, sobre todo, con la actitud que has de adoptar frente a ella, puesto que tu forma de introducirte en este mundo determinará su éxito y también tu crecimiento como mago. En caso de que sientas la tentación de saltarte esta sección, permíteme agregar que dejar de realizar el trabajo básico aquí descrito no hará más que repercutir negativamente en tu práctica de la hechicería. Además, es probable que te encuentres en apuros si ignoras los consejos aquí ofrecidos.

Pero no te preocupes, porque no deberás soportar una pesada conferencia sobre el abuso del poder mágico; como notarás en

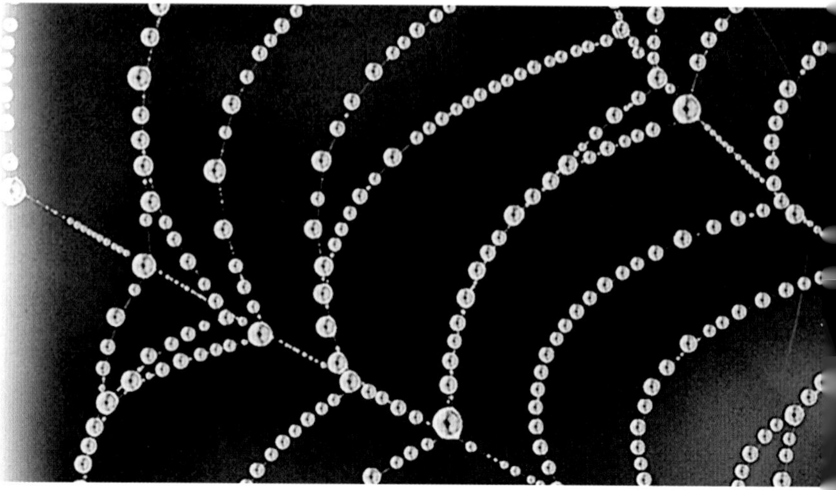

cuanto avances en este arte, la magia no penaliza su uso inadecuado de la forma en que las películas y la literatura suelen hacernos creer. No obstante, actúa de tal manera que exige tener la certeza de que los cambios que se pretenden llevar a cabo son realmente beneficiosos para todos los involucrados.

Podríamos describir la magia, por ejemplo, como una conexión. Imagina que todo en el mundo se encuentra conectado a través de hilos invisibles que conforman una serie de redes. A su vez, estas redes se conectan entre sí y crean un patrón multidimensional que describe toda la vida. Pero además de inmensa, esta red es también extremadamente delicada, hasta el punto de que un acontecimiento que afecte a una de sus partes repercutirá en el todo. El motivo es que la materia que la compone es espíritu, o *quinto elemento*, como se lo conoce en la tradición mágica que sustenta la mayoría de los hechizos de este libro. Cuando trabajamos con rituales o practicamos la hechicería creamos nuevos patrones en esta gran red de espíritu, y estas intervenciones deben ser consideradas en un contexto general. En resumen, las preguntas que debemos formularnos antes de pasar a la práctica de los hechizos son aquellas que aseguran que respetaremos el bienestar de toda la red, y no sólo la parte que habitamos. Y, por cierto, ¡no

se trata de un modo tan malo de afrontar la vida cotidiana!

Como decíamos, existen ciertas preguntas que debes formularte antes de «hechizar». Primero y principal, sé práctico; piensa si realmente necesitas un conjuro. La magia jamás debería ser utilizada como una alternativa a la acción material, porque no conseguiría más que hacer perder el tiempo a todos los implicados, evitar que las personas afronten la realidad y generar la falsa ilusión de que sus problemas pueden ser resueltos sin ningún esfuerzo por su parte.

Segundo, pregúntate qué necesitas realmente. En nueve de cada diez ocasiones, quien pide un hechizo para el amor en realidad necesita ayuda en otra área de su vida. Algunas personas, por ejemplo, creen que encontrar pareja acabará con su inseguridad personal, y otras suponen que conocer a alguien les hará aceptar mejor su propia vida. En resumen, suelen pedir algo que en realidad no necesitan. Pero lo que en verdad les hace falta es un consejo o sanar sus heridas, además de trabajar y esforzarse por regenerar sus recursos internos y su autoestima. Un hechizo para la autoestima puede resultarles muy fortalecedor y complementar las medidas prácticas que estén tomando, pero en esta fase de sus vidas lo realmente innecesario es un hechizo para el amor. «¿En verdad necesito un conjuro?» y «¿qué me hace falta en realidad?» son las preguntas que debes formularte antes de lanzarte a la hechicería; así evitarás cometer un error. Sin embargo, existen otros factores que debes tener en consideración cuando trabajes con la magia, y que aluden a la diferencia entre el concepto de magia que prevalece entre la gente y su verdadera forma de actuar.

La magia, como la física, sigue una serie de reglas, y así como algunas resultan bastante obvias, otras lo son menos. Accederás a

ellas a medida que avances. A los principiantes se les da a conocer una de las referencias más comunes de la tradición mágica: la Ley del Triple Retorno. A pesar de que algunos magos la consideran de forma literal y absoluta, como una ley natural grabada en piedra, es más acertado explicar que se refiere a la noción de que aquello que lanzamos al universo regresa a nosotros multiplicado por tres.

Aceptar esta ley ha resultado fundamental para algunas brujas y magos que intentan disipar el miedo sobre los «peligros» de su actividad. No existe ningún motivo, pensamos, por el que las brujas o lo magos deban lanzar una «maldición» si saben que semejante acción regresaría a ellos multiplicada por tres. Tiene mucho más sentido —o al menos en teoría— recurrir a bendiciones y hechizos para hacer el bien, ya que la magia asegurará que también regresen a nosotros por triplicado.

Se trata de una teoría agradable que ha llevado a cabo un buen trabajo de relaciones públicas para los que nos dedicamos a la magia, pero no es una ley sino un principio espiritual que ha sido tomado demasiado literalmente.

Cuando afirmamos que aquello que «lanzamos» vuelve a nosotros, probablemente no nos equivocamos. Si todos practicásemos buenas acciones, recibiríamos otras tantas. Y, del mismo modo, un comportamiento destructivo engendra un incremento de la conducta negativa en lugar de apaciguarla. De ahí surgen refranes como «La violencia engendra violencia» o, como dice la Biblia: «El que vive por la espada muere por la espada». El problema es que no se trata de una ley mágica estricta. Cuando alguien se comporta de forma perjudicial, también se hace daño a sí mismo porque no consigue crecer espiritual ni psicológicamente, y al final resulta afectado. Sin embargo, no es comparable a recibir lo que has lanzado multiplicado por tres. Saber que alguien está restringiendo su desarrollo espiritual no es consuelo para quienes sufren el resultado de su pésimo comportamiento. El hecho es que, aunque pensemos que quienes hacen el mal se dañan a sí mismos, no se trata de una ley específica por la que todo el daño que producen vuelva a ellos por triplicado.

Sin embargo, la referencia al factor causa-efecto resulta extremadamente relevante para la ética de la magia. Así como necesitamos ser cautelosos en nuestro comportamiento cotidiano, también debemos tomar nota de nuestras acciones mágicas. Eso significa que los cambios que pretendemos conseguir tienen que ser sopesados con cuidado, tanto en el contexto de nuestra propia vida como en la de los demás.

No es posible, por ejemplo, cambiar el libre albedrío de otra persona mediante la magia, por lo que nadie debería aspirar a conseguirlo. Quien intenta someter la libertad de otra persona a la suya al final se siente indeciso, confuso y descaminado, porque la carencia que les impulsó a exigir obediencia a otro individuo simplemente se incrementa. Y este hecho refleja una ley general: que utilizar la magia con objetivos egoístas no producirá el efecto positivo que la magia ofrece, sino que se centrará en sus deficiencias y las enfatizará todavía más.

A partir de esta noción surge otra ley general de la magia, que se refiere a las propiedades amplificadoras del círculo mágico. La mayor parte de la hechicería tiene lugar dentro de un círculo mágico, un espacio donde la energía surgida de los hechizos queda contenida hasta que madura lo suficiente como para ser liberada hacia el cosmos y actuar. Lo que llevas dentro se magnifica y llama tu atención hasta que le haces caso. Si, por ejemplo, practicas un hechizo relacionado con la avaricia, la lujuria o la obsesión, la carencia que ha generado esa necesidad en ti simplemente se amplificará hasta que te ocupes de ella.

En resumen, la ética de la magia es de naturaleza práctica y se basa en gran medida en el sentido común. Si entras en el círculo mágico manifestando una actitud de respeto hacia ti mismo y hacia los demás, tendrás éxito en tu cometido y la experiencia te enriquecerá.

HECHICERÍA

TIPOS DE HECHIZOS Y SU ALCANCE; TÉCNICAS, HERRAMIENTAS E INGREDIENTES MÁGICOS

Cada uno de los hechizos que aparecen en el directorio ofrece una breve explicación sobre su finalidad, los ingredientes requeridos, el simbolismo que encierra y el momento más apropiado para ponerlo en práctica. También incluye una breve descripción de los procedimientos empleados, así que mientras leas las diferentes secciones inevitablemente acumularás conocimientos sobre cómo manejar técnicas y herramientas.

La magia ha sobrevivido durante siglos porque el buen mago es aquel capaz de improvisar y encontrar recursos a su alrededor, un hecho que se refleja en muchos de los encantamientos incluidos en este libro, que recurren a elementos absolutamente cotidianos. Otros emplean materiales más arcanos —hierbas e inciensos específicos— para mantener las correspondencias tradicionales. La mayoría de los hechizos de este volumen surgen de la tradición de la magia compasiva, un sistema que utiliza símbolos para representar a las personas, los objetos y las intenciones del conjuro. Muchos de los ingredientes, herramientas y técnicas son adaptables a una variedad de usos y finalidades, y sin duda comprobarás su flexibilidad en cuando te sientas más seguro como mago experimentado.

La magia compasiva es muy directa. Además de su sistema de transferencia, que simboliza que «lo semejante atrae a lo semejante», también recurre a otros sistemas

simbólicos. Un ejemplo es su utilización de las fases de la luna. A pesar de que cada momento puntual refleja la actuación de diferentes energías físicas —evidentes en las mareas y las respuestas de los animales y las plantas—, las fases de la luna encierran un claro elemento simbólico. Por ejemplo, se considera que la luna creciente favorece los hechizos de crecimiento, incremento y atracción. La menguante, por el contrario, simboliza la decadencia, el rechazo y la repulsión. La luna «oscura», conocida más convencionalmente como luna nueva, favorece los nuevos proyectos, la protección de edificios y la disposición. Y la luna llena mantiene una simbólica vinculación con la reflexión, la ilusión, la revelación y la totalidad.

Entre las correspondencias simbólicas figuran también los días de la semana, vinculados a influencias planetarias que representan distintos aspectos de la existencia humana. El lunes está relacionado con los misteriosos poderes de la Luna, y favorece los sueños, la actividad psíquica y el dinero. El martes es el día de Marte, el implacable planeta del valor, la voluntad y la defensa. El miércoles está regido por Mercurio, el planeta de las comunicaciones, mientras que el jueves es el día de Júpiter, el generoso y expansivo planeta de la suerte. El viernes está dedicado a Venus, planeta del amor y la armonía. El sábado está relacionado con el planeta de los anillos, Saturno, gran par-

tidario de la disciplina, y el domingo con el Sol, fuente de alegría y éxito.

Un importante sistema utilizado en la magia es el de los cinco elementos sagrados: tierra, aire, fuego, agua y espíritu. Sus correspondencias simbólicas cubren todos los aspectos de la existencia humana. La tierra representa el mundo material y nuestra necesidad de cobijo, alimentos y salud física. El aire es el elemento de la comunicación, la memoria, las ideas y el aprendizaje. El agua está asociada al amor, la curación y los sueños, mientras que el fuego simboliza el valor, la fuerza de voluntad y la inspiración. El espíritu, quinto elemento sagrado, alude a la conexión y la transformación. Supervisa el nacimiento, la comunión y la muerte, así como el reino de la magia.

Además de este sistema simbólico, los hechizos aluden ocasionalmente a determinados dioses y diosas. Por esa razón, cuando en este libro los invocamos incluimos una explicación del motivo por el que su influencia resulta significativa, excepto en aquellos casos en que la figura en cuestión sea muy conocida.

Los encantamientos de esta guía se agrupan en secciones que reflejan preocupaciones básicas de la vida pero, más allá de estas líneas divisorias, muchos hechizos comparten técnicas comunes. Una de las más habituales es la declaración de intenciones, que por lo general se anuncia al principio del ritual, por ejemplo, cuando se enciende la primera vela. Expresar la declaración en voz alta encierra una doble finalidad: llamar a la puerta del subconsciente con el fin de despertar habilidades mágicas latentes, y centrar la atención en las energías que están siendo invocadas.

La energía que impulsa los encantamientos de este libro generalmente surge de una serie de cánticos, o de ciertas técnicas de concentración y visualización. En algunos de los conjuros, los medios de energización resultan obvios a partir de las instrucciones, como por ejemplo, cuando se especifican las palabras de un cántico o se ofrecen pautas

para visualizar el resultado de una acción determinada. En otros hechizos es necesario que centres toda tu concentración en el conjuro en sí. Cuando te sientas más seguro puedes ejercitar otras técnicas, como la danza, el uso de tambores o el trance.

En aquellos casos en que el cántico resulta bastante directo, la visualización requiere poca práctica, y resulta recomendable «ensayar» de antemano recurriendo a técnicas de relajación como respirar lentamente, detener el flujo de pensamientos y permanecer sentado en silencio durante un breve período. Si te consideras un tanto «soñador», ¡es probable que poseas un talento natural!

El conjunto de herramientas que necesitas para practicar la magia es bastante simple. A pesar de que algunos sistemas insisten en complejas especificaciones sobre espadas, varitas y cuerdas, los elementos utilizados en este libro son muy básicos. Tradicionalmente, los magos cuentan con una varita o un cuchillo para dirigir sus energías, pero no es imprescindible que te hagas con ninguno de estos objetos. En realidad, la mayoría de las herramientas necesarias para practicar los hechizos de este libro podrían ser descritas como ingredientes: velas, cuerdas, hierbas, quemadores de aceite, discos de carbón vegetal, incienso, etcétera.

Lo más aconsejable es no complicar los hechizos, así que por eso proponemos reglas muy sencillas: deja que las velas ardan en condiciones de seguridad siguiendo claramente las instrucciones; no compres velas nuevas para cada hechizo; cuando pidas algo «que se va a cumplir», no podrás disponer de ellas ni devolverlas a su uso habitual hasta que se haya cumplido el deseo.

Bayas de enebro

Romero

Artemisa

ESTACIONES Y FESTIVIDADES

CELEBRA Y RECONOCE LOS RITMOS NATURALES DE LA MAGIA

Muchos de los que solemos trabajar en el campo de la magia la consideramos una parte natural de la vida que proviene tanto de nuestro interior como del entorno que nos rodea. La comprensión del lugar que ocupamos en el mundo y el cosmos es nuestra espiritualidad, así que la magia, para nosotros, es una práctica espiritual. Nuestra forma de conectarnos con las energías que encontramos a nuestro alrededor también forma parte de esa práctica, y cuando más estrechamente trabajamos con los ritmos de la naturaleza e intentamos comprenderlos, más nos desarrollamos desde el punto de vista espiritual y mágico.

A fin de familiarizarnos con las energías naturales que participan en los hechizos y rituales, primero debemos conocer las mareas y las estaciones de nuestro planeta. La correlación entre las fases de la luna y la hechicería es por demás conocida. Sin embargo, los magos más intuitivos y dotados saben que, con el fin de trabajar con las energías de la Tierra, tenemos que asimilar los ritmos planetarios de continuidad y cambio. Eso supone reforzar nuestros conocimientos sobre las estaciones de nuestro planeta, teniendo en cuenta nuestro paso por el sistema solar y experimentando los cambios que tienen lugar a nuestro alrededor independientemente del calendario que cuelgue de la cocina o en la oficina. Conocer los cambios de estación y descubrir viejas tradiciones asociadas con ellos se convierte en el mejor modo de empezar a comprender la naturaleza de la magia, que proviene del mundo que nos circunda.

La rueda del año, desde el punto de vista de las tradiciones mágicas occidentales, está dividida en ocho festividades, todas ellas relacionadas con el flujo natural de las estaciones y los acontecimientos astronómicos. Estas celebraciones suelen ser descritas como ocho rayos en la rueda anual, una imagen que te resultará muy útil si eres nuevo en este tema. En términos estrictos, el año no comienza ni termina, aunque las diferentes tradiciones culturales han determinado uno o dos días para llamarlos «Año Nuevo». Pero dado que el ciclo tiene en cuenta los ritmos de la naturaleza en lugar de las fechas del calendario gregoriano, los comienzos y los fines

son considerados parte de las festividades, y también se encuentran vinculados entre sí. Las festividades son una mezcla de acontecimientos solares —solsticios y equinoccios— y festividades del fuego originarias de la cultura celta y nórdica. Las cuatro festividades solares tienen lugar durante el día que marca el acontecimiento astronómico en cuestión: Yule, el día más breve o solsticio de invierno, por lo general el 21 o 22 de diciembre; Litha, el día más largo o solsticio de verano, el 21 o 22 de junio; Eostre, el equinoccio vernal, alrededor del 21 de marzo; y Mabon, el equinoccio de otoño, alrededor del 21 de septiembre.

Y se intercalan entre las festividades del fuego, así denominadas debido a la costumbre de encender hogueras en esas fechas: Imbolc, o «leche de oveja», cae a comienzos de febrero, cuando aparecen los primeros copos de nieve; Beltaine, o Día de Mayo, tiene lugar hacia el 1 de mayo o cuando aparece la Flor de mayo; Lammas, o Lughnasadh, llega a comienzos de agosto con la cosecha de granos; y Samhain, o «primeras heladas», que es la fiesta de los ancestros, se festeja aproximadamente a finales de octubre.

Existen diversas costumbres relacionadas con las ocho festividades estacionales, en las páginas 206-255 encontrarás un número de hechizos que resultan particularmente relevantes para su celebración. Cada uno de ellos cuenta con su correspondiente explicación, aunque siempre resulta conveniente contar con información adicional sobre el marco en que se producen.

Yule es una antigua festividad que toma su nombre de un término nórdico que aparentemente significa «rueda». A partir de la alineación de varios monumentos prehistóricos de piedra encontrados en Inglaterra, Escocia, Gales e Irlanda, resulta evidente que nuestros antepasados consideraban que el solsticio de invierno era un componente fundamental de su ritual anual. Sabemos que se celebraba en el siglo IV de la era cristiana, ya que los registros de esa época afirman que la Iglesia cristiana declaró expresamente el 25 de diciembre como la fecha de nacimiento de Cristo para persuadir a los cristianos de participar en la festividad pagana invernal, ¡y convencerles de que conmemorasen la natividad!

Durante el día más corto, la oscuridad triunfa sobre la luz. Pero al mismo tiempo sabemos que a partir de ese momento las horas de luz se extenderán, así que el sol «renace». En algunas regiones, el solsticio de invierno recibe el nombre de «regreso solar» para enfatizar la promesa de días más luminosos. A pesar de que en este momento las energías solares se encuentran en mengua,

Yule es considerada una festividad de luz, esperanza y promesa. En este momento muchos echamos en falta la luz y el calor, y nos reunimos para iluminar las largas y aburridas noches invernales. Algunos incluso sentimos la necesidad de hibernar, y de ahí surge en el hemisferio norte una frecuente condición de melancolía invernal o «trastorno afectivo estacional». Se trata de un período para penetrar en la oscuridad y buscar el potencial que albergamos. Para los magos que procuran armonizarse con el ciclo de las estaciones, ésta es una buena época para meditar, trabajar sobre el propio potencial creativo y tomar nota de sus sueños, que en esta época del año son más profundos, ricos y vívidos. También es buen momento para reparar en lo que sucede a nuestro alrededor, y para observar el paso de la luna y los puntos brillantes de las estrellas y los planetas durante el invierno. Yule es una estación de contemplación y búsqueda de poder interior.

Imbolc, que señala el momento en que aparecen en Europa los primeros copos de nieve a finales de enero, llega en la época en que nacen los corderos. Esta celebración marca el deshielo de la tierra, que se prepara para plantar y sembrar. Imbolc, una festividad del fuego de origen celta, también recibe el nombre de Brígida, una adorada diosa del fuego de cualidades sanadoras y también origen celta. Brígida es reconocida por proteger con uñas y dientes a las mujeres, los niños y los animales recién nacidos, así que este período es considerado un tiempo de justicia. Pero también lo es de renovación, cuando el invierno comienza a liberar a la tierra y colma los ríos y los arroyos con las nieves derretidas. Ahora la luz diurna resulta considerablemente más perceptible, y así como Brígida es invocada como matrona de los corderos recién nacidos, Imbolc es considerada la matrona de la primavera.

Esta época resulta muy apropiada para presenciar el despertar de la tierra y sentir las energías que nos rodean e impulsan hacia el surgimiento de la vida, tan característico de la primavera y el comienzo del verano. Imbolc es la estación para empezar a mirar hacia fuera otra vez, después de las prolongadas noches invernales; y eso la convierte en un momento adecuado para iniciar la «depuración primaveral» de nuestra propia vida, anticipándonos a la estación venidera.

Eostre marca otro acontecimiento astronómico, el equinoccio de primavera, cuando el día y la noche tienen la misma duración y se equilibran perfectamente. Por consiguiente, las horas de luz superarán a las de oscuridad hasta el solsticio de verano, cuando el sol triunfe y dé paso a jornadas más prolongadas. Eostre está relacionado con una diosa de la

fertilidad que lleva el mismo nombre. Su tótem es la liebre, y por eso los conejos de Pascua y los regalos de huevos de chocolate nos remiten a antiguos rituales de fertilidad. Ahora la savia asciende, la tierra vuelve a cubrirse de verde y las horas del día se prolongan poco a poco. En la festividad de Eostre predominan conceptos como el equilibrio, la fertilidad y el crecimiento, y por esa razón se trata de un bueno momento para pensar en el equilibrio de nuestra vida y nuestro potencial de crecimiento, aunque también para recurrir al flujo de energía natural que nos circunda. Se trata de una excelente estación del año para meditar con la espalda apoyada en un árbol, intentando percibir que la vida asciende por sus raíces, tronco y ramas. Eostre es también conocida como la festividad de los árboles, una óptima ocasión para conocer las tradiciones, costumbres y conocimiento mágico relacionados con los árboles.

Beltaine, celebrada cuando las flores cubren el árbol de mayo o a partir del atardecer del 1 de mayo, es otra festividad relacionada con la fertilidad. Marca el comienzo del verano y es el momento del Hombre y la Mujer Verdes, *Jack in the Green*, Robin de los Bosques y Marian. Ahora los espíritus del bosque se han marchado, y el velo que separa el mundo de los humanos y el «otro mundo» celta —tierra de elfos o «hados»— es más imperceptible que nunca. Beltaine es un momento de sensualidad desenfrenada, razón por la cual durante siglos su celebración ha sido evitada por las Iglesias cristianas, mucho más puritanas. Conmemoradas con el uso de símbolos fálicos como el Palo de Mayo («Maypole») y las coronas de flores que lo adornan, las Fiestas de Mayo también se caracterizan por sus imágenes de sexualidad, que testimonian sus orígenes como festividad de la fertilidad. La resistencia del pueblo a la prohibición de celebrar Beltaine marca esta fiesta con una tradición de desobediencia a la autoridad. El Primero de Mayo también celebra los derechos de los trabajadores y en las ciudades occidentales se está convirtiendo en una señal de protesta callejera.

Beltaine es un momento para comunicarse con los espíritus del bosque, hacer promesas, sellar compromisos, y honrar la sensualidad.

Muñeca de maíz

Litha, el solsticio de verano, celebra el triunfo de la luz del día sobre la oscuridad. La llegada del día más prolongado es celebrada en algunas zonas de Gran Bretaña en círculos de piedra, laderas montañosas o cualquier otro sitio prehistórico sagrado y significativo, y multitudes pasan la noche al aire libre para presenciar juntos la salida del sol. Se trata de un buen momento para que invoques a la fuerza y energía del sol triunfante —*Sol invicta*— y te concentres en tus energías salientes. En esta época del año es recomendable salir, conocer gente y aprender cosas nuevas sobre el mundo. Es un momento perfecto para las acampadas y para alejarse de las luces de la ciudad, todo lo cual permite apreciar la belleza del cielo nocturno. Gracias a este clima más benevolente también es posible viajar por mar u otras grandes extensiones de agua y armonizar con las energías de las aguas, origen de toda la vida.

Lammas o Lughnasadh marca el inicio de la cosecha de granos. Muchas tradiciones se vinculan con esta festividad, en particular las muñecas de maíz (figuras de paja alusivas a la cosecha) y la expulsión del mal. Durante este período en que el trigo se separa de la paja, podemos centrarnos en aquellos aspectos de nuestra vida que debemos dejar de lado, y también celebrar nuestra cosecha personal. Es buen momento para compartir nuestras bendiciones, y para asegurarnos de que la recompensa de la cosecha nos gratifique nuevamente el año próximo. Esta festividad cuenta con precedentes y costumbres muy antiguos, lo que nos recuerda que muchas de las preocupaciones de nuestros ancestros continúan reflejándose en las nuestras. Para el mago, es el momento de recurrir a la prosperidad de la estación y escuchar a los espíritus de la tierra.

Mabon, el equinoccio de otoño, marca el perfecto equilibrio entre la luz y la oscuridad. En esta festividad, sin embargo, el equilibrio se vuelca hacia la oscuridad, y por eso encierra cierta tristeza: debemos decir adiós a lo mejor del verano. En la rueda del año, Mabon se encuentra en el oeste, el punto cardinal de la puesta del sol y, para nuestros ancestros, la dirección que emprendían las almas después de la muerte. Es el momento en que nos dirigimos hacia la oscuridad, y recordamos los diversos mitos mundiales que hablan de la fase de oscuridad y esterilidad que el invierno produce sobre la tierra. Se trata de un buen período para viajar hacia la oscuridad con algunos de estos personajes, para encontrar sabiduría y verdad y adquirir conocimientos arcanos. También es conveniente para dejar a un lado la tristeza y colocar el pasado donde debe estar: a nuestras espaldas.

Samhain, en ocasiones descrito como el Año Nuevo celta, marca la aparición de las primeras heladas y el descenso hacia los oscuros días invernales. En este periodo recordamos a los ya fallecidos y honramos a nuestros ancestros. Ahora el velo entre el mundo de los vivos y el de los muertos es muy delgado, e invitamos a los espíritus a visitarnos. Samhain está considerado un buen momento para la adivinación, y durante esta época del año nuestros sueños se tornan más vívidos y reveladores. Se trata de una estación que nos ofrece la oportunidad de explorar nuestras habilidades psíquicas en desarrollo y de encontrar un espacio en el cual considerar nuestra propia mortalidad. Las fuerzas misteriosas que nos rodean en esta fase nos recuerdan los misterios de la vida y la muerte, además de nuestra conexión con todos los seres vivos. Sin lugar a dudas, se trata de un buen momento para considerar la naturaleza de la muerte y cuestionar nuestras creencias.

Sintonizar con los ritmos y las mareas de la tierra mientras recorremos el sistema solar se convierte en una magnífica forma de desarrollar nuestras aptitudes mágicas. Si trabajas con el ciclo solar, notando las fases de la luna y los planetas, llevas camino de convertirte en uno de «los sabios», es decir, en un experto en la utilización del poder que descubres dentro de ti y también a tu alrededor.

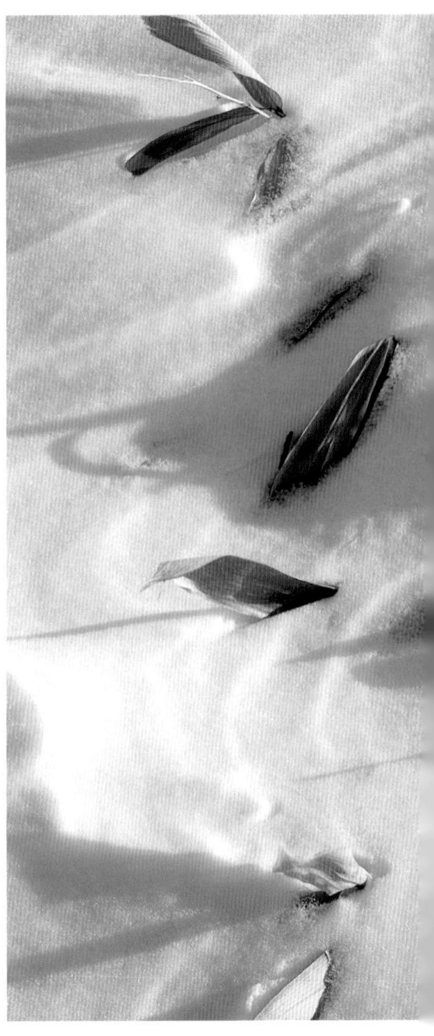

ESPACIOS SAGRADOS

CÓMO CREAR Y RECONOCER EL ESPACIO ESPIRITUAL

El espacio que creamos para desarrollar nuestra actividad espiritual es sagrado. Dentro de él podemos llegar a reconocer el lugar que ocupamos en el universo y ciertas verdades sobre la condición humana, e incluso comprender lo que algunas personas denominan «divinidad», o practicar el sagrado arte de la magia, sagrado porque recurre a nuestro conocimiento espiritual para producir un cambio.

Crear un espacio sagrado es simple, pero requiere concentración, claridad de objetivos, y capacidad para resistir las distracciones mentales y físicas de nuestras circunstancias particulares. Puedes crear un espacio para la meditación o la hechicería en tu propio hogar, sin necesidad de destinar una habitación a tales efectos; simplemente crea un espacio físico en tu casa durante la duración del hechizo y más tarde devuélvelo a su función original. Para muchos de nosotros, despejar el espacio físico es la parte más sencilla. Pero los desechos psicológicos suelen ser bastante más difíciles de limpiar y, desde luego, la tarea requiere práctica. Con el tiempo, y cuando hayas repetido varias veces los trabajos descritos en esta sección, pasar mentalmente al «modo ritual» te resultará tan sencillo como preparar el espacio físico en tu hogar.

La forma más natural que puede adoptar un espacio sagrado es el círculo, que durante siglos ha sido utilizado por los magos como límite —y también con fines protectores— durante la práctica de la hechicería. Crear un círculo es muy sencillo. Si trabajas en casa, escoge una habitación en la que nadie te moleste durante la práctica, que, por lo general, dura al menos una hora. Despeja el

centro de ese cuarto para que puedas sentarte cómodamente en el suelo, y coloca cuatro velas —una amarilla, una roja, una azul y una verde, todas en candelabros o recipientes de seguridad y alejadas de las zonas de riesgo— en puntos que coincidan aproximadamente con el este para la amarilla, el sur para la roja, el oeste para la azul y el norte para la verde. Estas velas representan cuatro de los cinco elementos sagrados: aire, fuego, agua y tierra. En el centro, deberías colocar una vela púrpura en un recipiente seguro, como representación del espíritu, o quinto elemento mágico.

La mayoría de los magos prefieren «limpiar» psíquicamente el espacio antes de formar un círculo, lo que significa purificar un poco de agua y bendecir un puñado de sal, mezclar ambos ingredientes y salpicar la mezcla por toda la habitación. Lo único que debes hacer es colocar la mano sobre un vaso o vasija de cristal, luego visualizar cualquier energía que el agua pudiera haber absorbido como si se tratase de humo oscuro que sale del vaso, y declarar: «Yo te exorcizo, oh criatura del agua». Ahora apoya la mano sobre la sal y bendícela, afirmando: «Sea bendecida esta criatura de sal»; luego viértela en el agua y mézclala, para finalmente salpicar toda la habitación en el sentido de las agujas del reloj. Utilizando una varita, un cuchillo o tu dedo índice, y comenzando des-

Varita

de el este, muévete en el sentido de las agujas del reloj —o *deosil* («como el sol»)— alrededor del cuarto para «describir» un círculo de luz en el aire. Intenta abarcar toda la habitación. Absorbe energía de la tierra a través de tus pies, y siéntela atravesar tu tronco, tus brazos y llegar a la varita, cuchillo o índice. Cuando hayas finalizado el círculo, decláralo establecido. Por ejemplo: «Te conjuro, oh círculo de poder, para que te conviertas en límite y protector de este espacio entre dos mundos».

Cuando el círculo quede establecido, procede a invocar a los elementos. Algunas personas gustan visualizarlos como «humanoides» y concederles formas angelicales o de dioses; otras se decantan por visualizar simplemente la energía que caracteriza a cada uno de ellos. Cualquiera que sea tu inclinación, lo importante es que reconozcas los elementos mientras construyes el círculo. Invocarlos no significa que durante aproximadamente una hora las poderosas fuerzas que ellos representan invadirán el lugar donde nos encontramos, sino en realidad que invocamos su significado dentro de nosotros. Externamente reconocemos su presencia en todas las cosas, y simbolizamos y unificamos esa presencia durante la duración del círculo y en la dirección apropiada. Es preferible que las declaraciones sean muy sencillas desde el punto de vista estructural. Comenzando por el este, da la bienvenida al elemento aire; luego muévete alrededor del círculo *deosil*, saludando a los elementos que corresponden a cada dirección y adaptando las siguientes palabras según corresponda: «En el este, elemento del aire, te honro en este círculo sagrado». Cuando hayas dado la bienvenida a los elementos externos, desplázate hacia el centro y recibe al elemento del espíritu. No olvides encender la vela que le corresponde a cada uno mientras les das la bienvenida, declarando: «Saludos, y bienvenido».

Cuando hayas finalizado tu hechizo o ritual, muévete alrededor del círculo en dirección contraria a las agujas del reloj, o *widdershins*, para cerrarlo, apagando las velas en orden inverso y comenzando por la tierra para finalizar en el espíritu.

Por lo general, todos los movimientos dentro del círculo suelen ser *deosil*. Existen excepciones ocasionales —por ejemplo, al practicar un hechizo para inhibir—, pero por regla general es necesario respetar esta tradición. No deberías atravesar los límites del círculo ni abandonar dicho espacio sagrado mientras dure el ritual, a menos que suceda una emergencia que requiera esa interrupción. De esta manera te mantendrás concentrado durante la práctica mágica, y el poder generado dentro del círculo se mantendrá allí hasta que te encuentres preparado para liberarlo.

En muchos emplazamientos sagrados neolíticos se han hallado círculos de piedra, zanjas y montículos de tierra que, según se cree, simbolizan el misterioso ciclo de la vida, la muerte y el renacimiento según lo celebraban nuestros ancestros. En el ámbito de la magia, cuando hablamos de trabajar dentro del círculo, nos referimos a lo mismo que hacían nuestros antepasados cuando construían sus monumentos: que todos los círculos conforman un único gran círculo, y que la naturaleza de toda la existencia es de carácter cíclico.

Describir un círculo

CÓMO HACER UN ALTAR

CENTRO DE CONCENTRACIÓN PARA EL TRABAJO MÁGICO Y EL CRECIMIENTO ESPIRITUAL

La construcción de altares —centros de contemplación espiritual— es factible en prácticamente cualquier sitio. Un altar puede ser algo tan simple como un espacio apartado en tu casa, tu trabajo o el lugar en el que estudias, en el que puedas colocar objetos que te resultan especiales o sagrados. También puede ser más elaborado y contener velas, imágenes, figuras o símbolos que representen a una deidad, elemento natural o fase de la luna con la que tengas una afinidad particular. Los altares más bonitos son los construidos en jardines, empleando rocas, madera y materiales naturales. Si necesitas ser relativamente discreto acerca de tus intereses mágicos y espirituales, los altares situados al aire libre pueden ser interpretados como una forma especial de decoración, mientras que la variedad de interior puede quedar oficialmente establecida como un sitio en el que conservas aquellos elementos que no deseas mover. Si tienes la suerte de contar con una habitación dedicada exclusivamente a la meditación y el trabajo mágico, dedica parte de ese espacio a la construcción de un altar, con el fin de centrar tu trabajo en el círculo y tu desarrollo espiritual.

Muchos magos prefieren contar con este punto focal mientras trabajan en el círculo. Algunos se decantan por colocar una mesa en el centro del círculo, mientras que otros optan por situarla en el norte del círculo, un punto cardinal particularmente sagrado para los paganos y las brujas.

Este tipo de altar suele ser montado para un trabajo puntual y luego es desmantelado, aunque todos los objetos que lo componen se guardan para una próxima ocasión. Tu gusto personal determinará lo que incluyes en tu altar, pero existen ciertas pautas generales sobre los elementos que podrías incorporar.

Athame

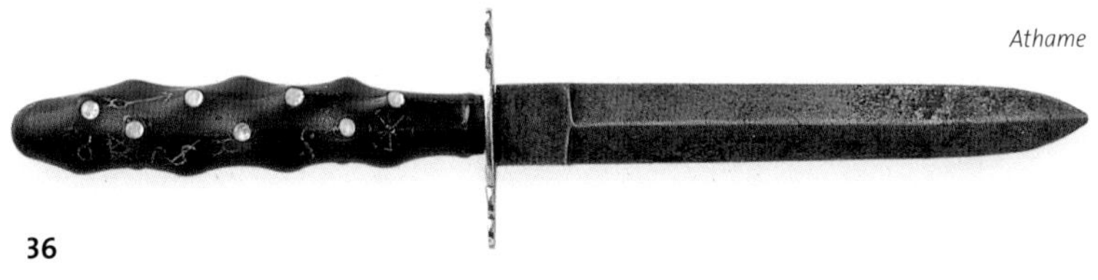

Durante el trabajo en el círculo, por lo general se estila representar los cinco elementos sagrados en el altar. Tradicionalmente, el incienso representa el aire; un *athame* (cuchillo de bruja), una vela o una lámpara de aceite representan el fuego; un cáliz o copa representa el agua; y un pentáculo (estrella de cinco puntas) tallado en piedra o madera representa la tierra. La cuerda mágica o medida (cuerdas que miden la altura exacta y el contorno del corazón y la cabeza) representa el espíritu. Los primeros cuatro son considerados herramientas tradicionales de la brujería, a pesar de que en la práctica resulta más habitual que los magos utilicen una varita, un *athame* o sus propias manos para dirigir la energía mientras practican el hechizo. Sin embargo, cualquier otro símbolo de los elementos resulta igualmente válido; algunas personas prefieren escoger una pluma para representar el aire, una llama de cualquier clase para el fuego, una concha para el agua, una planta en maceta para la tierra y un cristal para el espíritu.

Lo que en realidad importa es que los símbolos que elijas te resulten significativos y te recuerden la naturaleza de los cinco elementos sagrados, todos los cuales son invocados en el ámbito de la magia. Los símbolos del sol y la luna son muy frecuentes también, y puedes encontrarlos en candeleros o pequeñas estatuas. Los símbolos planetarios y zodíacos también gozan de gran popularidad, aunque suelen aparecer más en colgantes o telas para el altar. Los dioses y las diosas, si es que deseas incluirlos, son representados en imágenes enmarcadas, pequeñas estatuas o en forma de tótem. Por ejemplo, mi representación favorita de Atenea, la diosa de la sabiduría, es un búho que tengo tallado en madera.

También suelen incluirse una o dos velas, además de cualquier otra utilizada en el círculo. Por lo general su color representa el

Representación de los elementos

Símbolos del sol y la luna

ritual llevado a cabo durante un círculo en particular, y pueden recibir la influencia de la estación (si celebras alguna de las ocho festividades), el tipo de encantamiento que se está llevando a cabo, o la fase de la luna.

Muchos magos utilizan el altar como un punto de poder y un centro de hechicería. No es necesario llevar a cabo los encantamientos en un altar para que den resultado, pero si con eso ganas concentración —y muchos magos coinciden en que así es—, entonces piensa en incorporarlo a tu práctica. Si es posible, conviene contar con un altar que puedas dejar montado una vez finalizado el trabajo en el círculo, ya que puede convertirse también en un sitio donde guardar tus herramientas mágicas.

Sobra decir que los altares también pueden formar parte de nuestro desarrollo espiritual fuera del contexto de la hechicería. Un reducido espacio personal dedicado específicamente a la contemplación y la expresión es-

piritual es capaz de invocar poderosas respuestas, y jamás deberías menospreciar su importancia. El simple acto de encender una vela en memoria de alguien en tu altar personal puede encerrar más significado espiritual que un réquiem completo ejecutado en una catedral. Recuerda que un altar personal refleja tu propia senda espiritual y los significados que atribuyas a los elementos que desees incluir en él.

Crear un altar personal suele resultar inmensamente gratificante y, de hecho, deberías considerarlo un aspecto fundamental de tu crecimiento espiritual y también mágico. Considera la posibilidad de disponer de cierto espacio en tu casa o tu jardín en el que puedas construir tu propio sitio sagrado. Te unirás a una extensa línea ancestral de magos que, durante siglos, han construido altares con fines sagrados y mágicos. Recuerda, en cualquier caso, que tu altar siempre es un espacio dedicado a lo que *tú* consideres sagrado.

PARTE DOS

DIRECTORIO DE HECHIZOS

CÓMO UTILIZAR EL DIRECTORIO DE HECHIZOS

Esta sección del libro, que abarca desde la página 46 a la 383, contiene ciento cincuenta hechizos, clasificados en distintos grupos según su tema. Los títulos de cada sección resultan bastante explicativos en sí mismos, pero en cualquier caso te recomiendo que leas atentamente la introducción para tener la certeza de que estás buscando el hechizo correcto en el lugar adecuado.

Una vez que hayas identificado el conjuro que más se adapta a tu objetivo, lee el texto que lo encabeza y también el consejo que aparece bajo la sección titulada «Finalidad». La sección denominada «Información adicional» te ofrecerá útiles recomendaciones, y en ocasiones una breve reseña histórica o el significado de los símbolos o ingredientes utilizados. Es importante que leas esta guía con atención, ya que la comprensión de su finalidad determinará la creación de una energía específica durante la práctica de la hechicería. La intención con la que practiques un hechizo resulta crucial para el resultado final, y lo mismo sucede con la comprensión de sus componentes clave.

El «Momento de aplicación» ideal para cada conjuro figura inmediatamente a continuación de la sección de información adicional, y hace referencia a la fase de la luna, considerada muy importante en términos mágicos, y en ocasiones al día más favorable, además de incluir alguna referencia a la

influencia planetaria del momento. Te recomiendo que te tomes en serio estas recomendaciones sobre el mejor momento de aplicación de cada hechizo, en particular cuando se mencionen las fases menguante y creciente de la luna, utilizadas con fines muy diferentes. Cuando un hechizo mencione la fase «oscura» de la luna, estará haciendo referencia a la fase que los astrónomos denominan luna nueva. Las fases denominadas luna llena y media luna suelen aparecer en los diarios o los calendarios; de hecho, muchos periódicos publican una lista con las fechas de la luna nueva, llena y los cuartos, así que hasta que conectes con los ritmos lunares de forma más instintiva, deberías guiarte por este tipo de gráficos y listados.

Como pauta general, en el hemisferio norte la luna creciente es aquella que crece desde la derecha y se «llena» hacia la izquierda. La luna menguante es la que se encoge de derecha a izquierda. Puedes identificar ambas fases observando en qué lado aparece el límite circular de la luna. Si la curva regular se encuentra a la derecha, se trata de una luna creciente; si aparece a la izquierda, es una luna menguante. En consecuencia, una media luna creciente se ve iluminada en su lado derecho, mientras que una media luna menguante muestra luz en su lado izquierdo.

Todos los hechizos, aparte de aquellos que incluyen indicaciones específicas, debe-

rían ser practicados dentro de un círculo según las instrucciones que figuran en las páginas 32-35. Si no cuentas con el número o el color correcto de velas para formar un círculo completo, intenta improvisar. Y eso puede suponer, si no queda más remedio, reunir algunas velas de té en un recipiente y colocarlas aproximadamente en el punto apropiado del círculo en lugar de las velas amarilla, roja, azul, verde y púrpura.

Cuando otras razones te impidan preparar un círculo tal como hemos descrito —si, por ejemplo, sufres problemas de movilidad permanentes o temporales, ignora las instrucciones relativas a caminar alrededor del círculo y limítate simplemente a visualizarlo; verás que no te resultará difícil—, dirige la energía con el poder de tu mente en lugar de hacerlo con el poder de tus pies y tus brazos. ¡Tu círculo tendrá tanta validez como aquellos que pueden rodearse a pie y son dirigidos mediante un *athame* o un dedo!

Comprobarás, también, que algunos de los hechizos incorporan el uso de aceites esenciales. Se trata de sustancias muy intensas que deberían mezclarse con un aceite portador antes de ser aplicadas directamente sobre el cuerpo, porque podrían causar irritación. Tampoco deben ser utilizadas en caso de embarazo ni por ninguna persona afectada de hipertensión. Si sufres alguna enfermedad grave, consulta a un médico antes de exponerte a estos aceites. Resultan terapéuticos cuando se los utiliza en el contexto apropiado, pero podrían encerrar ciertos peligros frente a personas afectadas por determinadas enfermedades.

Todas las velas que utilices durante un hechizo deben contar con recipientes adecuados y, a menos que el encantamiento especifique lo contrario, tienes que dejar que se consuman lentamente y en condiciones de seguridad, es decir, bajo supervisión. Esta regla no es aplicable a las velas de los elementos, que debes apagar al final del círculo para poder reutilizarlas una y otra vez. Asegúrate de que todas las velas se encuentren alejadas de cortinas o cualquier material inflamable. Es conveniente que dispongas de un extintor en la habitación por si se produce un accidente.

También debes colocar las varillas y los conos de incienso en recipientes seguros provistos de una «zona de captación» en la que las cenizas incandescentes puedan consumirse en condiciones de seguridad. Los discos de carbón vegetal pueden ser colocados en platos resistentes al fuego o incensarios, pero deberías evitar los inciensarios esféricos (del tipo de los que se balancean para distribuir el perfume) porque suelen provocar accidentes. Recuerda que así como las varillas y los conos se enfrían rápidamente, los discos tardan un poco más y deberán ser manipulados con precaución a la hora de retirarlos de su recipiente.

Muchos de los ingredientes necesarios para los hechizos son muy fáciles de conseguir. Pero dado que algunas de las hierbas con las que trabajarás son tóxicas, debes mantenerlas alejadas de los niños y las mascotas. Si tienes problemas para encontrar algunas hierbas e inciensos, puedes solicitarlas por correo a sus proveedores, que suelen publicitar sus productos en revistas especializadas, o bien encargarlas directamente por Internet.

Con sólo una excepción —que queda bien clara en las instrucciones—, los hechizos de las próximas secciones han sido especialmente creados para quienes no cuentan con experiencia en el campo de la magia. Trabaja con respeto y amor, y la magia se mostrará agradecida contigo.

Hechizos para el amor y la pasión

INTRODUCCIÓN A LOS HECHIZOS PARA EL AMOR Y LA PASIÓN

Los talismanes para el amor son probablemente los más solicitados a los magos. La cantidad y la regularidad de las peticiones de este tipo de hechizo testimonian el énfasis que casi todos ponemos en las relaciones interpersonales, y nuestra necesidad de sentirnos atractivos. Hay una amplia variedad de conjuros, tanto tradicionales como modernos, que se centran en el romance y la pasión. Pero el hecho de que algunos cuenten con antecedentes tan antiguos confirma que el amor es una preocupación perenne para el ser humano. Y resulta conmovedor, incluso reconfortante, pensar que esta obsesión por el amor nos vuelve a vincular con nuestros ancestros, aquellos que vivieron hace miles de años.

En las próximas páginas encontrarás hechizos que abarcan una amplia variedad de situaciones. Los hay para potenciar e incrementar tus poderes de atracción, para indicar que te encuentras preparado para incorporar un nuevo amor a tu vida, o para llamar la atención de la persona que te atrae. Las recetas mágicas para el amor tampoco tienen que ver con entablar nuevas relaciones amorosas. Esta sección contiene encanta-

mientos para revivir la pasión, favorecer la comunicación y asegurar la armonía en las relaciones ya establecidas. Si tu relación actual se encuentra estancada en la rutina, existen muchas recetas mágicas para revitalizar tu vida amorosa.

Si no sabes con certeza si necesitas un hechizo para el amor u otra cosa, siempre puedes consultar la sección titulada *Salud, belleza y bienestar* (páginas 134-177) y buscar un conjuro que te ayude a mejorar tu autoestima o alcanzar la armonía interior. En ocasiones, este tipo de trabajo personal te ayuda a tomar importantes decisiones sobre lo que deseas de una relación en el futuro. Recuerda que amarnos y aceptarnos genera una seguridad personal que nos hace atractivos como pareja.

Sin embargo, antes de que te sumerjas en esta sección, permíteme darte un consejo. La idea estereotipada de la magia del amor es que provocará que el objeto de tu deseo se enamore perdidamente de ti. ¡Nada más erróneo! Tú no puedes cambiar la voluntad de otra persona a través de la magia. Si lo intentases, sencillamente acabarías perjudicándote a ti mismo. Si pretendes utilizar la magia para imponer tu voluntad significa que no estás progresando espiritualmente, y la magia funciona a nivel espiritual. En la magia del amor, sólo la acción positiva consigue resultados positivos.

HECHIZO DEL PÉTALO DE ROSA

PARA ATRAER EL AMOR VERDADERO

FINALIDAD. Ayudar a aquellos solteros que se sienten preparados para encontrar el amor verdadero. Si es tu caso, el presente hechizo enviará el mensaje mágico de que ahora estás dispuesto a unirte a la persona adecuada.

INFORMACIÓN ADICIONAL. Las rosas han simbolizado el amor y la atracción física durante siglos, y su delicioso perfume suele ser incluido en fórmulas cosméticas para crear un ambiente romántico y erótico. Las rosas rojas, en particular, encierran el simbolismo del amor verdadero y la pasión, ingredientes esenciales de una relación prolongada y sincera. En el léxico de la magia y la espiritualidad pagana, las rosas son sagradas para Venus, diosa romana del amor y la pasión sexual, y su poderosa influencia representa uno de los elementos esenciales de este encantamiento.

El conjuro recurre al antiguo simbolismo de la rosa para manifestar tu voluntad de recibir a una pareja digna y sincera en tu vida. Con el fin de que todo salga estupendamente para ti, asegúrate de elegir rosas con muchos pétalos, ya que este encantamiento los utiliza para crear una senda de amor que te conduzca hasta la puerta de tu amor verdadero... y más allá.

CÓMO PRACTICAR EL HECHIZO

MOMENTO DE APLICACIÓN: practica este encantamiento durante la luna creciente para atraer amor verdadero. El día más conveniente para este conjuro es el viernes, día de Venus. Hazlo después del atardecer.

PROCEDIMIENTO:

1 Establece un círculo según las pautas especificadas en las páginas 32-35, visualizando que rodea toda tu casa.

2 Enciende la vela roja, y declara:

Brillante Venus, bendice este círculo.
Honra y sustenta mi hechizo.

3 Cogiendo el vaso con la mano izquierda, apoya la palma derecha sobre el agua y exclama:

Esta agua bendecida en pureza ha sido bendecida por la diosa.
Bendecida por mí y preparada para atraer el amor verdadero hacia mi vida.

Salpica el agua sobre los pétalos de rosa, añadiendo:

Que el amor que reciba sea tan puro como mi intención.

4 Coge tres pétalos, e introduce los restantes en un cuenco para llevarlos hasta la puerta de tu casa. Forma un camino de pétalos desde el umbral hasta tu cama.

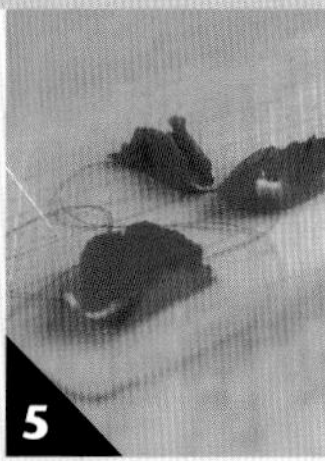

NECESITARÁS

- Una vela roja de 15-20 cm de altura
- Cerillas o un mechero
- Un cuarto de vaso lleno de agua pura de manantial
- Pétalos de seis rosas rojas, colocados en un cuenco
- Una aguja de coser fina
- Unos 120 cm de hilo de coser de algodón de color rojo

5 Con hilo doble, introduce la aguja en la base de los tres pétalos para formar un collar que deberás llevar durante esa noche y mantenerlo bajo tu almohada durante un mes lunar.

6 A partir de entonces, lanza el hechizo del pétalo de rosa a una masa de agua natural y espera la aparición de tu amor verdadero.

HECHIZO DEL HUESO DE CEREZA

PARA ATRAER A UNA NUEVA PAREJA

FINALIDAD. Ayudar a quienes buscan nueva pareja. Consigue emitir la señal de que te encuentras preparado, deseoso y capacitado para iniciar una nueva relación amorosa.

INFORMACIÓN ADICIONAL. La asociación de las cerezas con la magia y la adivinación es muy antigua. Entre los solteros, se mantiene aún vigente la costumbre de contar huesos de cereza para descubrir si se casarán y en qué fecha. Además, la ancestral rima infantil inglesa *Tinker, Tailor, Soldier, Sailor, Rich Man, Poor Man, Beggar Man, Thief* acompañaba originariamente el recuento de los huesos de cereza como un método para predecir el futuro. Ambas prácticas reflejan la antigua costumbre de lanzar piedras o huesos con fines adivinatorios.

CÓMO PRACTICAR EL HECHIZO

NECESITARÁS

- Una vela blanca de 15-20 cm de altura
- Una vela roja de 15-20 cm de altura
- Cerillas o un mechero
- Nueve cerezas rojas maduras
- Un vaso de vino blanco
- Una cucharadita de miel clara
- Una pieza cuadrada de tela roja
- Hilo o cordón de 60 cm de largo

MOMENTO DE APLICACIÓN: practica este hechizo durante la luna creciente, para atraer el objeto de tu deseo hacia ti. Evita el sábado, cuando rige el restrictivo Saturno. Hazlo después del atardecer.

PROCEDIMIENTO:

1 Establece un círculo según las pautas especificadas en las páginas 32-35.

2 Enciende la vela blanca y declara:

Firmeza de objetivo, intención pura.
Que lo mismo pueda decirse del/de la enviado/a.

A continuación enciende la vela roja y afirma:

Fuego de pasión, corazón fiel.
Esta luz guía te la envío a ti.

En épocas previas a la fabricación masiva de cosméticos, una buena forma de acentuar el atractivo consistía en colorear los labios con cerezas. Y este hechizo tiene mucho que ver con dicha costumbre. En términos mágicos, la cereza también representa la asociación, la productividad y un futuro brillante, un simbolismo tan arraigado que algunas culturas recurren a la expresión «la vida es un cuenco de cerezas» para manifestar que la vida es maravillosa. En este hechizo, los huesos del fruto que nos ocupa representan las cualidades de tu futura pareja, ¡así que necesitarás guardarlas convenientemente para asegurar que en tu futuro surja un buen romance!

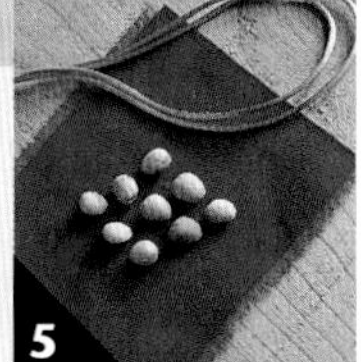

3 Ahora cómete las cerezas y arroja los huesos en el vino, recitando una de las siguientes palabras para cada hueso:

Belleza, Dulzura, Vigor, Juventud, Fe, Lealtad, Pasión, Verdad, Amor.

4 Vierte la miel en la copa de vino, y exclama:

La dulzura te trajo hacia mí
Y el amor te embriagó.

Bebe la mezcla hasta que sólo queden los huesos de cereza.

5 Coloca los huesos en el centro de la tela roja, y ciérralo con el cordón como si fuese un saco.

6 Cuelga la bolsa sobre tu cama hasta que tu nueva pareja se una a ti; luego entierra los huesos de cereza en tu jardín para asegurar el crecimiento de tu amor.

HECHIZO DEL TALISMÁN DE AFRODITA

PARA AUMENTAR TUS PODERES DE ATRACCIÓN

FINALIDAD. Ayudar a quienes desean atraer la atención de posibles amantes.

INFORMACIÓN ADICIONAL. En el campo de la magia, un talismán es un hechizo cargado del potencial mágico necesario para efectuar una tarea en particular. Aquí el objetivo consiste en magnificar los poderes de atracción del usuario con el fin de llamar la atención de potenciales nuevas parejas. A fin de cargar el talismán correctamente debes centrarte en tus atributos más destacados, que bien pueden ser cualidades físicas —como unos ojos atractivos o un pelo precioso—, o rasgos de tu personalidad, como buen sentido del humor o un carácter jovial. Cualquier factor que puedas identificar en ti como una cualidad atractiva se convierte en un atributo válido sobre el cual centrar este hechizo.

Uno de los símbolos que utilizaremos nos remite a Afrodita, diosa griega del amor equivalente a la romana Venus. Se trata de un círculo con una cruz en su parte inferior, aún utilizado entre los astrónomos y los astrólogos para representar al planeta Venus, cuerpo celeste asociado con las deidades del amor durante miles de años.

CÓMO PRACTICAR EL HECHIZO

Momento de aplicación: practica este hechizo durante la luna creciente, preferentemente en vísperas de la luna llena, y si es posible un viernes, día sagrado para Venus. Evita el sábado, día de Saturno.

PROCEDIMIENTO:

1 Establece un círculo según las pautas especificadas en las páginas 32-35.

2 Enciende primero el incienso, luego la vela, y declara:

Yo te invoco, estrella de la noche
que emerges, bella, de los mares;
destaca la belleza que hay en mí.

3 Con la punta de la uña inscribe el signo de Afrodita en una cara del disco de cobre, y en la otra la inicial de tu nombre.

4 Coge el disco entre las palmas, visualizando tus atributos más atractivos, y carga el talismán mediante el siguiente cántico, que has de repetir al menos nueve veces:

Cuando la serpiente muda la piel,
brilla la belleza que encierra en su interior.

5 Enseña el talismán a los cuatro elementos: aire, tierra, fuego y agua. Pásalo por el humo del incienso, por la llama de la vela, rocíalo con agua y finalmente envuélvelo en tu aliento.

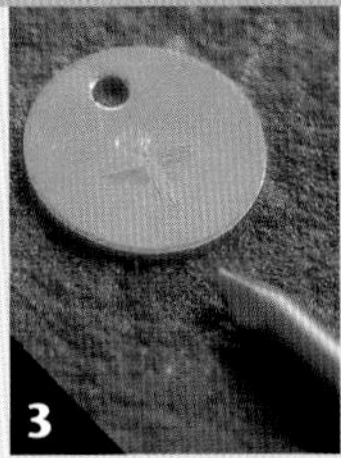

3

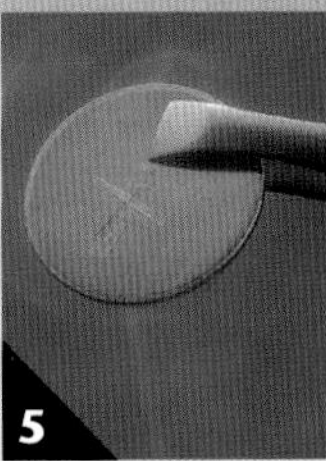

5

NECESITARÁS

- Una varilla de incienso de ylang-ylang
- Una vela verde de 15-20 cm de altura
- Cerillas o un mechero
- Una uña afilada
- Un pequeño disco de cobre, perforado para poder usarlo como colgante
- Una cucharadita de agua de manantial
- Unos 60 cm de cordel fino

6 Cuando la «serpiente» de los versos —la vela verde— haya mudado la piel, es decir, se haya consumido, el talismán estará listo para usar. Sólo debes pasar el cordel por el orificio.

HECHIZO DEL ESPEJO MÁGICO

PARA VISITAR A UN AMANTE EN SUEÑOS

FINALIDAD. Atraer los pensamientos de tu amante hacia ti, o reconfortarle cuando estéis separados.

INFORMACIÓN ADICIONAL. Los espejos ocupan un lugar especial en la práctica de la magia, y son utilizados en muchas tradiciones del mundo entero. Su capacidad para reflejar las tres dimensiones sobre una superficie plana, así como para magnificar y distorsionar, les ha hecho ganar la reputación de poderosos amplificadores de la energía mágica.

Una antigua superstición asegura que el espejo posee la mística habilidad de encerrar el «alma» en el reflejo que genera. Mediante este hechizo «enviarás» tu propio reflejo, que entrará

CÓMO PRACTICAR EL HECHIZO

NECESITARÁS

- Una varilla o un cono de incienso de jazmín
- Una vela blanca o plateada de 15-20 cm de altura
- Cerillas o un mechero
- Un espejo en el que puedas verte de cuerpo completo o medio cuerpo, cubierto por una tela negra
- Un cuenco grande de agua de manantial

MOMENTO DE APLICACIÓN: es preferible practicar este hechizo durante la luna llena, después del anochecer. Cualquier día resulta apropiado, aunque el lunes (día de la Luna) es el más favorable.

PROCEDIMIENTO:

1 Establece un círculo según las pautas especificadas en las páginas 32-35.

2 Enciende el incienso.

3 Enciende la vela y declara:

Invoco los poderes de la luna llena,
luz solar reflejada en el cielo nocturno,
para que impulse mi hechizo y logre que mi imagen

en los sueños de la persona cuyos pensamientos deseas atraer hacia ti.

Esta «forma de pensamiento» posee una vida y un objetivo limitados, así que no creas que envías una imagen tuya que acabará adoptando vida propia, ni que abandonas una parte de tu alma.

Practicar este hechizo resulta una especie de aventura psíquica, y puedes utilizarlo para reconfortar a un amante ausente o para determinar, mediante su forma de reaccionar ante sus propios sueños, lo en serio que se toma vuestra relación. La magia con espejos puede acercarte a la persona que amas, pero no deberías utilizarla una vez que la relación se ha roto.

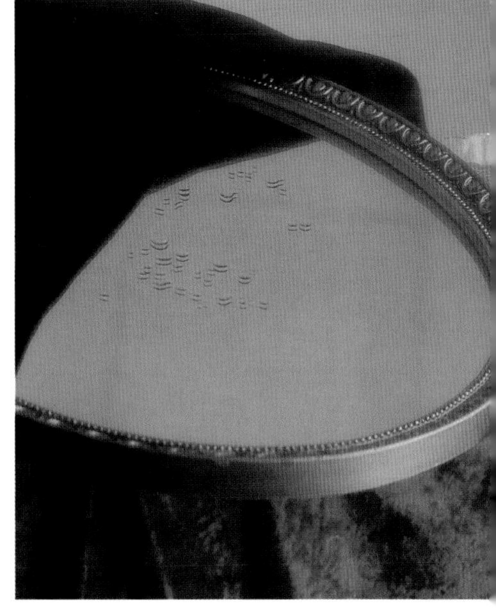

ilumine los sueños de mi amante en la
oscuridad.

4 Descubre el espejo y concéntrate en fijar el reflejo de tu imagen en el ojo de tu mente.

5 Salpica un poco de agua del cuenco sobre tu imagen en el espejo, y declara:

Yo te nombro [y pronuncia el nombre que
desees, pero no el tuyo].

Luego, dirigiéndote a tu propio reflejo, eleva los brazos y entona lo siguiente:

[Nombre], yo te concedo vida sólo durante
una luna
para que entres en los sueños de [nombre
del amante]
y atraigas su mente hacia mí.

6 Cubre el espejo de inmediato y sopla la vela para apagarla.

UN DESEO EN EL AGUA

UNA PODEROSA SÚPLICA PARA QUE EL AMOR LLEGUE A TU VIDA

FINALIDAD. Ayudar a quienes anhelan seriamente encontrar nueva pareja.

INFORMACIÓN ADICIONAL. De los cinco elementos sagrados, el agua es el más relacionado con el amor. En sentido material, el agua es una de las más poderosas fuerzas del planeta, ya que cuenta con la capacidad de sustentar la vida o engullirla. No es de extrañar, entonces, que su reputación mágica se base en sus propiedades de sutileza y poder. Las relaciones amorosas profundas recurren a ambas cualidades, y el amor, podría afirmarse, comparte el atributo acuático de figurar entre las energías más poderosas del mundo.

El elemento agua simboliza tanto nuestro ser emocional como nuestro subconsciente, y por lo general se lo invoca en el ámbito psíquico y onírico. En la magia, pedir un deseo al agua significa invocar todos los delicados matices y poderosos atributos de su significado material y simbólico. Aquellos que se acercan al agua para buscar amor deberían prepararse para recibir una respuesta sorprendentemente intensa, capaz de acercarse con sigilo como las delicadas olas de un lago, pero cargando la fuerza emocional de un *tsunami*.

Este hechizo debe llevarse a cabo al aire libre junto a una masa natural de agua, ya sea el océano, el mar, un río o un lago.

CÓMO PRACTICAR EL HECHIZO

NECESITARÁS

Una manzana madura

Una navaja

Una aguja gruesa de bordar

Una cucharadita de azúcar

Una vela azul de cualquier tipo

MOMENTO DE APLICACIÓN: practica este hechizo durante la luna creciente y en lunes, en honor de la Luna, reina de las mareas. Si trabajas junto a una masa de agua afectada por la acción de las mareas, practica el encantamiento en la fase en que la marea crece y está a punto de cambiar de estado.

PROCEDIMIENTO:

1 Busca un lugar seguro y privado junto al agua.

2 Respira profundamente, relájate y céntrate.

3 Corta la manzana por la mitad, horizontalmente, de tal forma que quede a la vista la estrella de cinco puntas que forman las semillas en el centro. Ahueca las manos para coger una mitad en cada una, mira hacia el agua y entona las siguientes líneas en nueve ocasiones:

Junto al agua de mi sangre,
junto a los ríos de la tierra,
junto a las mareas de la luna,
envíame a alguien que me valore.

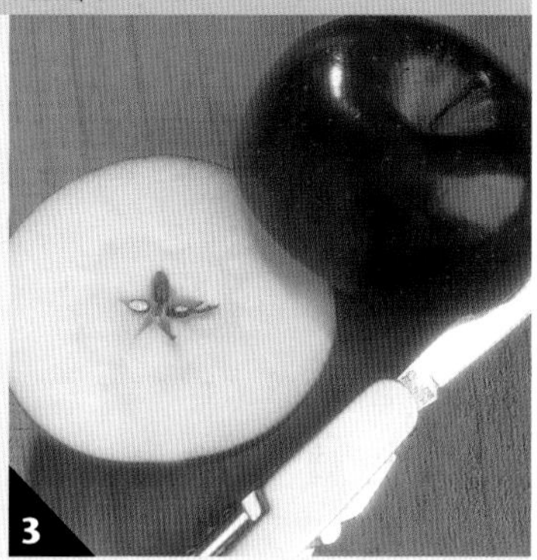

4 Deja a un lado la mitad de la manzana que sostienes con la mano derecha y, utilizando la aguja, dibuja sobre la otra mitad un triángulo equilátero que apunte hacia abajo (símbolo del agua), más las letras de tu primer nombre y la silueta de una luna creciente.

5 Viértele encima media cucharadita de azúcar y arrójala al agua, lo más lejos que puedas. Cubre la otra mitad de la manzana con el resto del azúcar y cómetela.

6 Una vez que regreses a tu casa, enciende la vela azul para honrar tu deseo y déjala encendida hasta que se consuma, siempre en condiciones de seguridad.

EL ACEITE DEL AMOR

MEZCLA PARA ATRAER A UNA POTENCIAL PAREJA

FINALIDAD. Ayudar a quienes buscan una relación amorosa divertida, y también a aquellos que anhelan disfrutar de un romance con un toque picante.

INFORMACIÓN ADICIONAL. La mayoría de los magos experimentados prestan atención en un momento de su carrera a las leyendas relacionadas con las mezclas de aceites para atraer a los pretendientes más esquivos y volver lascivos a los más vergonzosos. Si bien estos aceites son más un mito que una realidad, lo cierto es que algunas mezclas de fragancias producen efectos positivos sobre el humor y el estado mental de quienes las perciben.

CÓMO PRACTICAR EL HECHIZO

NECESITARÁS

- Una vela roja de 15-20 cm de altura
- Una vela azul de 15-20 cm de altura
- Cerillas o un mechero
- Treinta gotas de aceite portador de almendra
- Cuatro gotas de aceite de canela, geranio y naranja, respectivamente
- Una cucharadita de agua
- Un quemador de aceite con una vela de té
- Una botella de aceite esterilizada con tapa
- Cuatro cuentagotas esterilizados

MOMENTO DE APLICACIÓN: para atraer la atención, practica este hechizo durante la luna creciente y en cualquier día de la semana. El viernes, día del planeta del amor, Venus, es el más conveniente.

PROCEDIMIENTO:

1 Establece un círculo según las pautas especificadas en las páginas 32-35.

2 Enciende la vela roja, luego la azul y declara:

Invoco el espíritu del agua,
invoco el espíritu del fuego,
para convertir el interés en atracción
y la atracción en deseo
sin causar daño a nadie.

Es importante este detalle para atraer la atención desde el punto de vista romántico, ya que algunos aceites ayudan a convertir la fantasía en amor. Una mezcla entre aceites que incitan al compromiso emocional y despiertan la sensualidad puede lograr resultados muy interesantes. La utilizada en este caso encierra algunas cualidades muy evocadoras. En este hechizo, la canela —asociada al sol— tiene la finalidad de encender pasiones, mientras que el geranio, que emite poderosas vibraciones amorosas, atrae el cariño. El aceite esencial de naranja es empleado para atraer el amor, y para que quien lo utilice resulte literalmente «delicioso».

3 Utilizando un cuentagotas diferente para cada aceite, vierte cinco gotas de almendra y tres de canela, geranio y naranja respectivamente, junto con el agua, dentro del quemador de aceite.

4 Vierte treinta gotas de aceite de almendra en la botella vacía; luego agrégale una gota de canela, geranio y naranja respectivamente, mezcla y sella.

5 Enciende el quemador. Respirando la fragancia, siéntate en el centro del círculo, visualiza una figura atractiva que camina hacia ti e imagínate abriendo los brazos para darle la bienvenida.

6 Cuando te consideres preparado, aplica un poco del aceite de la botella sobre los puntos en que percibes tu pulso, y apaga la llama del quemador. Utiliza la mezcla a diario hasta que la consumas por completo.

HECHIZO DE LA PIEL DE SERPIENTE

PARA ESTIMULAR LA LIBIDO E INSPIRAR LA VIDA AMOROSA

FINALIDAD. Revivir una libido deprimida y emitir vibraciones sexuales hacia las partes interesadas. Es conveniente para quienes ya mantienen una relación y también para aquellos que buscan activamente vínculos pasionales.

INFORMACIÓN ADICIONAL. La piel de serpiente es uno de los ingredientes mágicos recomendados en este libro más arcanos, y tradicionalmente ha sido utilizada en hechizos y encantamientos para impulsar la potencia sexual. Además del obvio simbolismo fálico de la serpiente, se puede apreciar una antigua conexión simbólica entre las serpientes y la sexualidad femenina, por lo que este talismán resulta adecuado para hombres y mujeres.

La piel que muda la serpiente encierra poderosas connotaciones espirituales. En particular, la habilidad de este animal para renovar su aspecto y mudar su fría y vieja piel es un claro símbolo de transformación y vigor, atributos apropiados a los objetivos del hechizo: volver a energizar tu libido y, por consiguiente, transformarla, con el fin de que tu atractivo cargado de connotaciones sexuales despierte la atención de un amante real o potencial.

En ocasiones es posible encontrar pieles de serpiente en el campo, pero si vives en la ciudad posiblemente debas dirigirte a una tienda de mascotas de tu zona de residencia y solicitar que te guarden una.

CÓMO PRACTICAR EL HECHIZO

MOMENTO DE APLICACIÓN: para obtener mejores resultados, pon a prueba este hechizo durante la primera fase de la luna creciente. Cualquier día de la semana resulta adecuado, pero el martes, día del enérgico Marte, es el más favorable.

PROCEDIMIENTO:

1 Establece un círculo según las pautas especificadas en las páginas 32-35.

2 Enciende el incienso, luego la vela y declara:

Enciendo este fuego
para honrar a la serpiente
que ha entregado su piel
en nombre de la pasión.

3 Abre la piel, y en medio vuelca la nuez moscada, el pimiento, la guindilla y la tierra.

4 Enrolla la piel hasta formar una especie de paquete de ingredientes, y átalo con la cinta.

5 Acerca la piel de serpiente hacia la llama de la vela y espolvoréala con la ceniza, declarando:

De las cenizas
surge el fuego;
de la serpiente
nace el deseo.

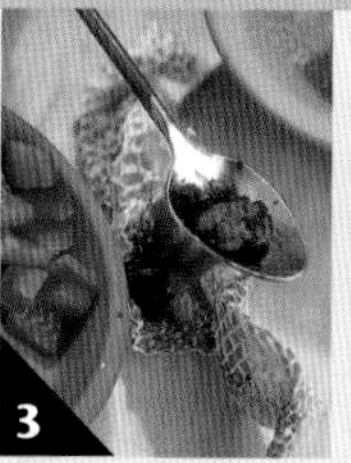

3

4

NECESITARÁS

- Una varilla o un cono de incienso de vainilla
- Una vela roja de 15-20 cm de altura
- Cerillas o un mechero
- Una piel de serpiente ya mudada
- Una cinta roja de 60 cm de largo
- Una cucharadita de nuez moscada
- Una cucharadita de pimiento rojo cortado en cubos
- Una cucharadita de guindilla en polvo
- Una cucharadita de tierra fresca
- Una pizca de cenizas de alguna hoguera

6 Guarda la piel de serpiente bajo tu almohada durante un ciclo lunar, y posteriormente entiérrala.

HECHIZO DE LA MENTA GATUNA

PARA ATRAER Y ESTIMULAR LA ALEGRÍA Y LA PASIÓN

FINALIDAD. Animar a una pareja a ejercitar su imaginación en la cama. Ideal para quienes mantienen relaciones estables y desean dar más sabor a su vida sexual.

INFORMACIÓN ADICIONAL. La planta denominada *Nepeta cataria*, más conocida como menta gatuna, destaca por el sorprendente efecto que provoca en los gatos domésticos. Las correspondencias mágicas para esta hierba incluyen el elemento agua y el planeta Venus, ambos asociados con el amor. Esta vinculación, sumada al salvaje efecto que produce en las tranquilas mascotas, la convierte en una planta ideal para que tu amante, un pacífico gatito, se convierta en un tigre. En efecto, unas pocas cucharaditas de esta hierba seca introducidas en el interior de una bolsita de tela cosida a mano consiguen que el animalito casi de inmediato comience a retozar y rodar por el suelo, en estado de éxtasis. El objetivo es que tu pareja haga lo mismo, deshaciéndose de ciertas inhibiciones ¡y permitiendo que su imaginación amorosa se desmadre!

La menta gatuna es sagrada para Bast, diosa egipcia de los gatos, y de ahí la invocación a esta deidad al comienzo del hechizo.

CÓMO PRACTICAR EL HECHIZO

NECESITARÁS

- Un quemador de aceite con una vela de té
- Nueve gotas de aceite esencial de ylang-ylang
- Una cucharadita de agua
- Una vela verde de 15-20 cm de altura
- Una vela roja de 15-20 cm de altura
- Cerillas o un mechero
- Dos cucharaditas de menta gatuna seca
- Dos piezas de gasa de 7,5 x 7,5 cm
- Unos 75 cm de hilo rojo
- Una aguja de coser

MOMENTO DE APLICACIÓN: la práctica de este encantamiento debería coincidir con la luna creciente o llena, y tener lugar en viernes, día de Venus y también de Freya, diosa nórdica que lleva una carroza tirada por gatos.

PROCEDIMIENTO:

1 Establece un círculo según las pautas especificadas en las páginas 32-35.

2 Vierte el aceite esencial y el agua en el quemador. Enciende la vela de té, luego las velas, y recita:

Invoco a Bast, señora de los gatos,
para que presencie, bendiga e impulse mi hechizo.

3 Coloca la menta gatuna en tu palma derecha, y cúbrela con la izquierda. Visualízate a ti y a tu pareja haciendo el amor tal como te gustaría que sucediera de ahora en adelante. Preserva la sensación que este pensamiento evoca en ti y dirige esa energía hacia la hierba.

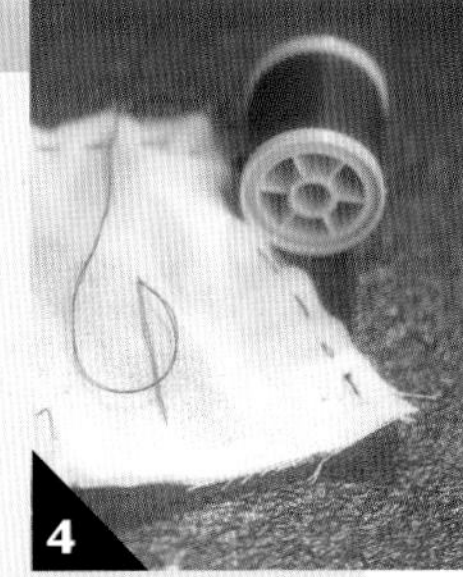

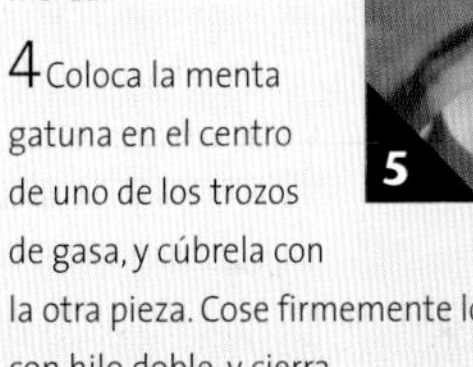

4 Coloca la menta gatuna en el centro de uno de los trozos de gasa, y cúbrela con la otra pieza. Cose firmemente los bordes con hilo doble, y cierra.

5 Pasa la bolsita por el humo del quemador de aceite nueve veces y luego sobre las velas dedicadas a Bast.

6 Mantén la bolsita en la cama que compartes con tu pareja durante al menos un ciclo lunar.

HECHIZO DE LA VELA PÚRPURA

PARA LA PASIÓN

FINALIDAD. Ayudar a quienes ansían un encuentro apasionado sin mantener necesariamente una relación duradera. Resulta muy apropiado para solteros seguros de sí mismos que no desean comprometerse.

INFORMACIÓN ADICIONAL. Tradicionalmente, se cree que el color púrpura genera vibraciones energéticas y magnifica el poder de un hechizo. En términos mágicos es considerado el color del espíritu, el quinto elemento sagrado, que representa la conexión. Este hechizo, que apunta a alcanzar una conexión de tipo físico, recurre a los aspectos más terrenales

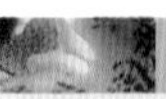

CÓMO PRACTICAR EL HECHIZO

NECESITARÁS

- Sesenta gotas de aceite de semilla de uva
- Treinta gotas de aceites esenciales de pachulí e ylang-ylang respectivamente
- Tres cuentagotas esterilizados
- Una botella de aceite esterilizada
- Una vela púrpura de 15-20 cm de altura
- Cerillas o un mechero
- Un lirio o una orquídea
- Una bellota con la cúpula intacta
- Una bolsita con cordel

MOMENTO DE APLICACIÓN: cualquier día de la semana después del anochecer, y después del amanecer durante la noche previa a la luna llena.

PROCEDIMIENTO:

1 Desvístete para poner en práctica el hechizo.

2 Establece un círculo según las pautas especificadas en las páginas 32-35.

3 Utilizando diferentes cuentagotas para cada aceite, vierte las cantidades indicadas en la botella vacía, y agita. Unta con un poco de aceite en el siguiente orden: tus muslos, abdomen inferior, pechos y garganta.

representados por este color y también a las intensas vibraciones que emite.

El hechizo de la vela púrpura ha alcanzado cierta notoriedad entre los magos debido a sus efectos eróticos. La versión aquí incluida es la más directa y debería ser tratada con respeto. Algunos magos rechazan cualquier talismán que apunte a obtener gratificación sexual fuera de una relación de compromiso, pero esta autora considera que el deseo sexual es una necesidad tan natural como el hambre o la sed, así que sólo te advierte que tengas la certeza de que éste es tu deseo y actúes con responsabilidad, lógicamente sin perder la cabeza.

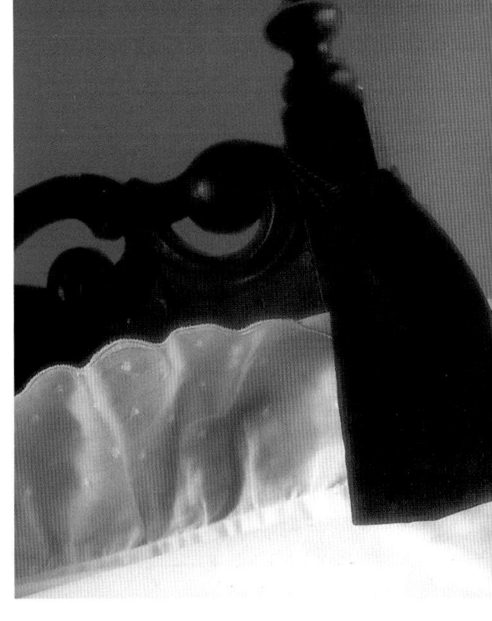

4 Unta la vela con aceite, evitando la mecha; comienza desde la base y asciende dando una serie de golpecitos. Luego repite de arriba abajo, deteniéndote a mitad del recorrido. Repítelo tres veces.

5 De rodillas, unta la flor y la bellota y declara:

Mientras te unto ahora con aceite
deberás untarme con tu placer,
envolverme en un dulce deseo
y darme a probar la pasión sin medida.

6 Enciende la vela y deja que se consuma por completo. Sella la flor y la bellota en la bolsita y cuélgala de tu cama hasta que tu deseo se haya cumplido. Luego entiérrala.

PULSERA DE LA FIDELIDAD

PARA SELLAR UNA PROMESA DE AMOR

FINALIDAD. Ayudar a una pareja a ratificar mágicamente una declaración de fidelidad.

INFORMACIÓN ADICIONAL. Las bayas son ingredientes tradicionales de las promesas de amor, quizá porque encierran tanto el aspecto nutritivo de su fruto como la semilla de la realización futura. En este encantamiento, las bayas abrigan y «guardan» eficazmente una promesa de sangre, mientras aportan sus propias cualidades mágicas para conseguir mayor efectividad. Si la idea de trabajar con sangre te provoca rechazo, tú y tu pareja podéis usar saliva, ¡aunque no resulta tan romántico como la otra versión! Emplea agujas esterilizadas y procura que ninguna herida o abrasión (incluyendo el pinchazo necesario para el hechizo) entre en contacto con la sangre de la otra persona, por motivos de salud y seguridad.

Aquí se utilizan bayas de acebo para representar la fidelidad; de enebro para proteger la promesa, y de muérdago para representar una conexión de fertilidad que permita el crecimiento de la relación. Unidas de esta forma, las bayas simbolizan un serio compromiso de fidelidad y lealtad mutua, y la aceptación de un cambio positivo.

CÓMO PRACTICAR EL HECHIZO

NECESITARÁS

- Tres agujas de coser finas esterilizadas
- Diez bayas secas de acebo, diez de enebro y diez de muérdago
- 75 cm de hilo negro
- Una vela blanca de 15-20 cm de altura
- Una vela roja de 15-20 cm de altura
- Una vela verde de 15-20 cm de altura
- Cerillas o un mechero
- Un recipiente con tapa para desechar las agujas
- Dos «tiritas» (protectores adhesivos)

MOMENTO DE APLICACIÓN: practica este hechizo durante la luna creciente o llena y en sábado, día del formal Saturno.

PROCEDIMIENTO:

1 Estableced un círculo según las pautas especificadas en las páginas 32-35.

2 Recitad juntos:

Nos encontramos en este círculo
para sellar nuestro amor y compromiso mutuo.
Que los votos aquí declarados
se mantengan durante un año.

3 Enhebra una aguja, dobla la hebra y une ambos extremos con un nudo grande. Utilizando otra aguja pínchate un pulgar, dejar caer una gota de sangre y úntala sobre el hilo. Cubre la «herida» con el protector adhesivo, y de inmediato desecha la aguja que has utilizado para extraer la sangre.

4 Pide a tu pareja que repita el procedimiento en su propio dedo, utilizando la otra aguja. Con su sangre debe cubrir otro trozo de hilo y evitar el contacto con tu sangre.

5 Cose cinco bayas de acebo con el hilo y enciende la vela blanca, exclamando:

Que entre nosotros reine la fidelidad.

Repite con las bayas de enebro y enciende la vela roja, declarando:

Que la fidelidad quede demostrada.

Repite el procedimiento con las bayas de muérdago y enciende la vela verde, añadiendo:

Que el amor florezca bajo esta promesa.

6 Ata las bayas en círculo y anuda el hilo. Luego cuelga la pulsera sobre tu chimenea durante un año y un día.

HECHIZO DE LA GUINDILLA

PARA REVIVIR LA PASIÓN EN UNA RELACIÓN

FINALIDAD. Ayudar a revivir la pasión debilitada en el entorno de una relación de amor y compromiso.

INFORMACIÓN ADICIONAL. En ocasiones, el simbolismo mágico resulta muy literal, y en este hechizo la teoría concuerda con la realidad en un sentido muy inmediato y palpable. Las guindillas destacan tanto por su sabor picante como por su capacidad para producir calor en quienes las consumen, lo cual las convierte en ingredientes ideales para un hechizo que pretende devolver el ardor a una relación en la que la pasión se ha enfriado.

CÓMO PRACTICAR EL HECHIZO

NECESITARÁS

- Una varilla o un cono de incienso de canela en un incensario.
- Una vela roja de 15-20 cm de altura
- Cerillas o un mechero
- Seis guindillas rojas y dos verdes frescas
- Un mechón de pelo de tu pareja
- 30 cm de cinta roja fina
- 90 cm de alambre
- Un cuchillo de cocina afilado
- Tijeras para cortar el alambre

MOMENTO DE APLICACIÓN: practica este hechizo durante la luna creciente, en viernes para incitar el amor por el placer propio de Venus, o en martes para invocar la impulsiva energía de Marte.

PROCEDIMIENTO:

1 Establece un círculo según las pautas especificadas en las páginas 32-35.

2 Enciende el incienso y luego la vela, recitando:

Elemento fuego,
aumenta su deseo.
Consigue que la llama crezca
y el ardor se intensifique.

Las guindillas verdes y rojas representan aquí distintos aspectos de la pasión: el deseo sexual dentro del individuo y la pasión que se siente por la otra persona, respectivamente.

Una vez finalizado el hechizo debes utilizar las guindillas sobrantes para preparar un plato picante para tu pareja, quizá a modo de preludio de una velada romántica. En cualquier caso, este encantamiento debería revivir vuestra vida amorosa.

Procura evitar salpicaduras de guindilla en los ojos o cualquier otra membrana delicada, ya que el escozor puede resultar muy intenso.

3 Con el cuchillo realiza un corte en el lateral de una guindilla verde. Introduce por allí el mechón de pelo de tu pareja y vuelve a cerrar la guindilla con la cinta: éste será el «torso».

4 Une cinco guindillas rojas con alambre, dejando unos 2,5 cm de filamento libre en cada extremo. Ensarta la guindilla verde del «torso» utilizando dos tramos de alambre, únelos en el extremo más delgado del pimiento y separa en el contrario, para dar origen a las «piernas».

5 Une las cuatro «extremidades» de guindillas rojas al torso, y elige el pimiento más grueso para utilizarlo como «cabeza». A continuación sostén tu muñeco frente a la llama de la vela para energizarlo.

6 Guarda la figura bajo tu cama hasta que la pasión haya revivido. Utiliza el resto de las guindillas para preparar un plato picante para tu pareja.

HECHIZO DEL CLADDAGH

PARA ASEGURAR LA PAZ Y LA CONCORDIA EN UNA RELACIÓN

FINALIDAD. Llevar la paz y la armonía a una relación de amor que ocasionalmente atraviesa territorios tormentosos y volátiles.

INFORMACIÓN ADICIONAL. La tradición del Claddagh es bastante conocida. Se trata del símbolo de dos manos unidas alrededor de un corazón, y una corona que expresa amistad y comprensión sincera. Este símbolo, originario de Irlanda, suele aparecer en piezas de joyería —en especial anillos—, y es habitual que cada miembro de la pareja, o cada amigo, compre uno para regalar a la persona que quiere. En muchas culturas, las manos entrelazadas representan el final de la enemistad o la certeza de que se está ratificando una amistad, un concepto también sugerido en la costumbre de dar un apretón de manos. En este encantamiento, las manos unidas aluden al deseo de llevar paz a una relación que atraviesa un período difícil.

Antes de poner en práctica este hechizo, es importante que pienses en el motivo por el que la relación se está desestabilizando. Si tu pareja muestra signos de un temperamento peligroso y violento, la magia no resolverá el problema. Busca ayuda y consejo, y aléjate antes de que sea demasiado tarde. Si no es el caso, y notas que simplemente estáis susceptibles, quizá una terapia de pareja podría ayudaros... tanto como este hechizo.

CÓMO PRACTICAR EL HECHIZO

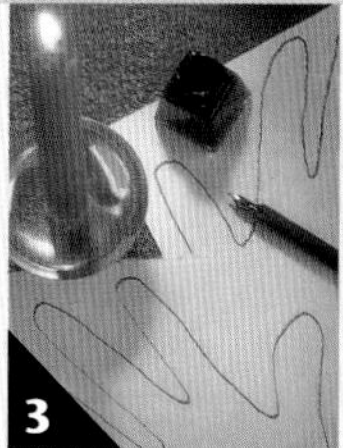

MOMENTO DE APLICACIÓN: practica este conjuro durante la luna llena, cualquier día de la semana.

PROCEDIMIENTO:

1 Establece un círculo según las pautas especificadas en las páginas 32-35.

2 Enciende la vela, declarando:

Bendita sea la luna llena
y la marea alta
que arrastra la enemistad
y trae armonía.

3 Apoya la palma derecha sobre un folio, y con el bolígrafo traza su contorno. Ahora realiza un bosquejo de lo que consideras el contorno de la mano izquierda de tu pareja, escribe su inicial en el interior del dibujo.

4 Colocando tu palma derecha sobre la silueta que has trazado y la palma izquierda sobre el contorno de la mano de tu pareja, recita nueve veces lo siguiente:

Que reinen la paz y la armonía
es mi deseo. Que así sea.

5 Une tus propias manos, palma con palma, declarando:

Que lo que encierro en mis manos eche raíces.

Une los dos dibujos, palma con palma, y pliégalos cinco veces.

NECESITARÁS

- Una vela de color azul claro de 15-20 cm de altura
- Cerillas o un mechero
- Una pluma con tinta negra
- Dos piezas de 20 cm² de papel blanco
- Una patata grande
- Un cuchillo de cocina afilado
- 60 cm de cordel fino de color rojo

6 Corta la patata por la mitad y vacíala, para reemplazar el contenido por el papel plegado. Une las dos mitades con el cordel, y entiérralas de inmediato.

HECHIZO DE LA CADENA

PARA FAVORECER LA COMUNICACIÓN EN UNA RELACIÓN

FINALIDAD. Animar a los miembros de la pareja a abrirse y mostrarse más comunicativos.

INFORMACIÓN ADICIONAL. En cualquier relación resulta importante mantener una comunicación fluida. Las dificultades en este sentido pueden crear malentendidos, que a su vez podrían provocar peleas o engendrar sentimientos negativos. Y el hecho de que tu pareja tenga problemas pero sea incapaz de comunicar su angustia también produce malestar. Por esa razón, el siguiente hechizo recurre al elemento aire para incitar a la apertura y la claridad que caracteriza a las relaciones fuertes y positivas.

CÓMO PRACTICAR EL HECHIZO

NECESITARÁS

- Un cono o una varilla de incienso de lavanda
- Una vela amarilla de 15-20 cm de altura
- Cerillas o un mechero
- Una pluma para escribir
- Un bote de tinta negra
- Un paquete de guirnaldas de papel

MOMENTO DE APLICACIÓN: trabaja durante la luna creciente para favorecer la comunicación, y en miércoles, el día sagrado de Mercurio, el mensajero.

PROCEDIMIENTO:

1 Establece un círculo según las pautas especificadas en las páginas 32-35.

2 Enciende el incienso, luego la vela, y recita:

Elemento aire, transporta mi plegaria.

3 Con la pluma escribe tu nombre sobre una de las tiras que formarán parte de la guirnalda de papel, y el nombre de tu pareja sobre otra.

Como veremos a continuación, un símbolo del aire —una pluma— actúa como herramienta mágica práctica y se convierte en elemento de escritura. Y para ello sólo hace falta un cuchillo afilado y un poco de experimentación. Practica primero con varias plumas, y ensaya escribir con ellas antes de proceder al hechizo.

Las «guirnaldas» que empleamos aquí están compuestas por tiras delgadas de papel con un extremo adhesivo que permite que se entrelacen para formar una cadena. Si no encuentras este tipo de producto en el mercado, usa tiras de papel de unos 10 x 2,5 cm y pega sus extremos con cola.

3

4

4 Utilizando sólo una cara del papel, y una palabra por banda, escribe los siguientes siete vocablos: *Hablar, Escuchar, Mirar, Tocar, Dar, Recibir, Confiar.* Déjalos secar y utiliza la tira de papel que incluye tu nombre para formar un aro, con la escritura hacia dentro.

5 Une las siete tiras de papel en el orden antes mencionado, pegándolas en sus extremos y entrelazándolas para formar una cadena. Como «eslabón» final incluye la tira en la que figura el nombre de tu pareja.

6 Cuelga la cadena de papel sobre la ventana de la habitación donde paséis más horas juntos durante el día, de tal forma que la luz entrante ilumine la guirnalda.

HECHIZO DEL ZAPATO

PARA QUE LA PERSONA QUE TE ATRAE REPARE EN TI

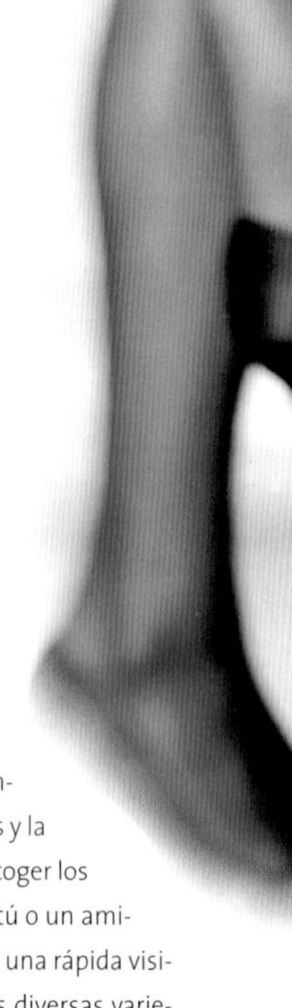

FINALIDAD. Llamar la atención de alguien que te gusta.

INFORMACIÓN ADICIONAL. Éste es uno de los hechizos de amor que actúan sobre una persona específica. Como ya hemos mencionado, no puedes hacer que una persona se enamore de ti, y además existe una regla que afirma que los hechizos para la atracción no deberían ser dirigidos a nadie en particular. Sin embargo, en este caso no nos saltaremos las reglas éticas de la magia porque este encantamiento no ha sido creado para atraer a alguien hacia ti, sino para llamar su atención y así ofrecerle la posibilidad de considerarte como potencial pareja.

El hechizo del zapato es un recurso mágico muy antiguo, basado en la tradición de las hierbas y las flores y la magia compasiva. Para realizar este conjuro debes recoger los ingredientes a mano, así que partirás con ventaja si tú o un amigo comprensivo tenéis jardín en casa. De lo contrario, una rápida visita a un centro de jardinería te permitirá comprar las diversas variedades de hierbas y flores en maceta.

CÓMO PRACTICAR EL HECHIZO

NECESITARÁS

Una vela blanca de 15-20 cm de altura
Cerillas o un mechero
Dos hojas de menta
Pétalos de dos pensamientos
Dos hojas de borraja
Dos ramitas de mejorana
Un cuenco pequeño de barro cocido

3

Momento de aplicación: trabaja durante la primera fase de la luna creciente para atraer la atención hacia ti, en cualquier día menos sábado.

PROCEDIMIENTO:

1 Establece un círculo según las pautas especificadas en las páginas 32-35.

2 Enciende la vela amarilla y recita:

Invoco a la dama de la luna
para que me haga brillar a los ojos de [nombre de la persona].
Invoco a la estrella nocturna
para que me conceda belleza frente a [él/ella].
Invoco al sol de la mañana
para que acerque el corazón de [nombre] hacia mí.
Invoco esta llama sagrada
para que ilumine su camino hacia mí.
Que así sea.

3 Introduce la menta en el cuenco de barro cocido, y declara:

Atrae su mirada a mi presencia.

Añade los pétalos de pensamiento y continúa:

Sosiega su corazón cuando yo me acerque.

Agrega la borraja y recita:

Y como a mí, concédele valentía.

Incorpora la mejorana, y finaliza:

Alegra a quien me aprecia.

4 Deja el cuenco y los ingredientes al aire libre, bajo la luna, durante una hora.

5 Esconde los ingredientes dentro de tus zapatos la próxima vez que te encuentres con la persona que quieres. Llévalos puestos hasta el día posterior a la luna llena.

6 Si durante el transcurso de un ciclo lunar la persona no ha expresado interés por ti, deja de considerarla como una potencial pareja.

HECHIZO DEL CRISTAL

PARA AYUDARTE A ELEGIR ENTRE DOS PRETENDIENTES

FINALIDAD. Guiarte a la hora de tomar una decisión cuando existe más de un pretendiente y se acerca el momento de elegir.

INFORMACIÓN ADICIONAL. Si dos personas se disputan la posibilidad de formar parte de tu vida, decidir cuál es el mejor candidato resulta bastante complicado. Por lo general nos gustan distintas personas por diferentes motivos, y todas ellas pueden resultar igualmente válidas en lo que a nuestras emociones se refiere. Por eso resulta difícil decidir qué relación mantener y cuál desechar.

A decir verdad, tú ya conoces la solución al problema, y la guardas en lo más profundo de tu subconsciente. Después de practicar el hechizo, la respuesta se revelará en sueños, que por lo general encierran pistas de la sabiduría interior que nos guía... siempre que nos encontremos preparados para escucharla.

Las piedras que debes utilizar se encuentran a la venta en muchas tiendas de piedras y cristales, así como de productos New Age. Debes elegir una piedra para cada uno de tus pretendientes, comparando sus propiedades o su aspecto con el de la persona que han de representar.

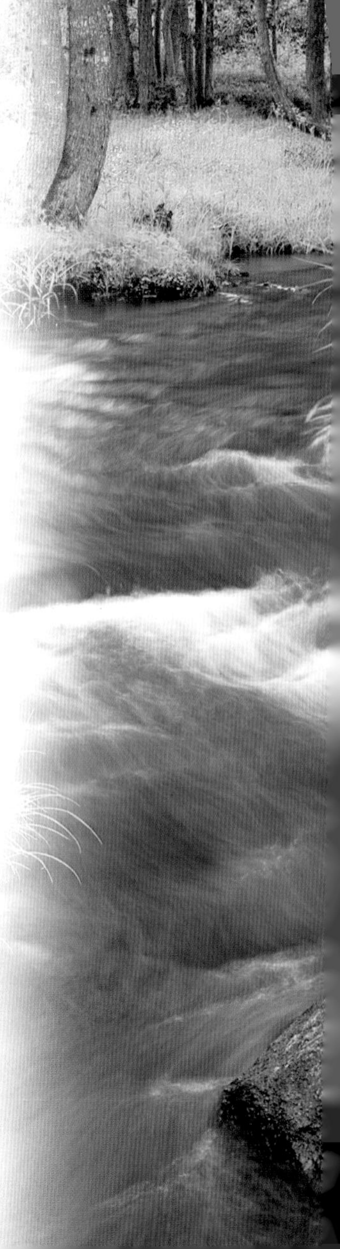

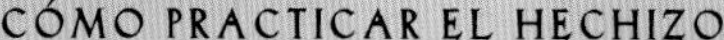

CÓMO PRACTICAR EL HECHIZO

MOMENTO DE APLICACIÓN: el momento más próximo a la primera fase de la luna creciente, y cualquier día de la semana.

PROCEDIMIENTO:

1 Establece un círculo según las pautas especificadas en las páginas 32-35.

2 Enciende el incienso y la vela.

3 Cierra los ojos, y sin prisa imagínate caminando río abajo por un caudal pequeño y poco profundo que gradualmente adquiere mayor profundidad y fluye con más fuerza. Cuando el río te cubra la cabeza, sumérgete y nada hasta su nacimiento. En el momento en que las aguas se vuelvan completamente oscuras, abre los ojos.

4 Coge el cuarzo rosa e introdúcelo en la copa, recitando:

Que mi corazón conozca a mi corazón.

A continuación introduce una de las otras piedras y expresa:

Mi corazón conoce a [nombre del pretendiente].

Repite con la otra piedra.

5 Llena la copa con agua de manantial. Antes de irte a dormir, bebe la mitad. Mantenla junto a tu cama hasta el día de luna llena, y a partir de ese momento deshazte del agua y esconde las piedras bajo tu almohada. La respuesta se manifestará en tus sueños en el plazo de un mes.

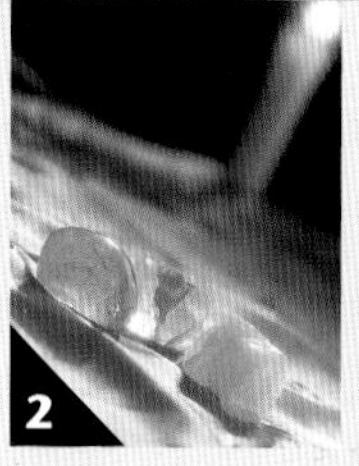

2

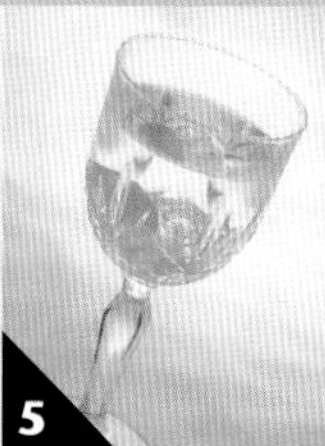

5

NECESITARÁS

- Un cono o una varilla de incienso de jazmín
- Una vela azul de 15-20 cm de altura
- Cerillas o un mechero
- Un cuarzo rosa pequeño
- Una copa de vino o un cáliz
- Dos piedras que representen a tus pretendientes
- Una botella de agua fresca de manantial

HECHIZO DE LA ALMOHADA

PARA SOÑAR CON TU AMOR VERDADERO

FINALIDAD. Vislumbrar en sueños a tu verdadero amor.

INFORMACIÓN ADICIONAL. Existen muchos hechizos y encantamientos antiguos cuyo objeto es revelar la identidad de tu verdadero amor. Además, contamos con varias creencias tradicionales interesantes relativas a los momentos del año más favorables para realizar determinadas acciones, es decir, supersticiones que distorsionan la sabiduría mágica de la antigüedad. Entre ellas aparecen vestigios de conocimiento mágico que hemos heredado de nuestros ancestros.

CÓMO PRACTICAR EL HECHIZO

NECESITARÁS

- Una vela de color azul claro o plateada de 15-20 cm de altura
- Cerillas o un mechero
- Un espejo en el que puedas verte de cintura para arriba
- Una manzana madura y sin imperfecciones
- Un cuchillo afilado de mango negro
- Una tela negra para cubrir el espejo
- Mortero
- Dos piezas de 7,5 x 7,5 cm de gasa, unidas por una costura en tres de sus lados
- 20 cm de cinta fina de color azul

MOMENTO DE APLICACIÓN: el hechizo se practica en dos etapas. La primera tiene lugar el día de luna oscura (nueva) a medianoche (el momento exacto entre el atardecer y al amanecer), y la segunda también a medianoche, pero durante la noche de luna llena.

PROCEDIMIENTO:

PARTE PRIMERA

1 Establece un círculo según las pautas especificadas en las páginas 32-35.

2 Enciende la vela y, dirigiéndote a tu reflejo en el espejo, recita:

Fuera de la luz de la luna pero dentro del espejo,
refleja en mis sueños los secretos de mi amor verdadero.

El medio por el que «verás» a tu verdadero amor son tus propios sueños. Y no es de extrañar, puesto que lo que soñamos suele aportar claves sobre el viaje de nuestra vida, y esas pautas, correctamente ensambladas, nos proporcionan una información vital sobre el camino a seguir. Este trabajo mágico generará sueños en los que los símbolos, los juegos de palabras e incluso las imágenes literales se unirán para revelar la identidad de tu verdadero amor. Si estos signos no apuntan a nadie que conozcas actualmente, te valdrán para que le reconozcas en cuanto aparezca. ¡Así que no alejes la vista del horizonte!

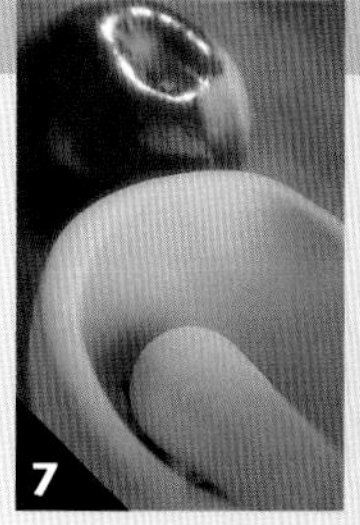

7

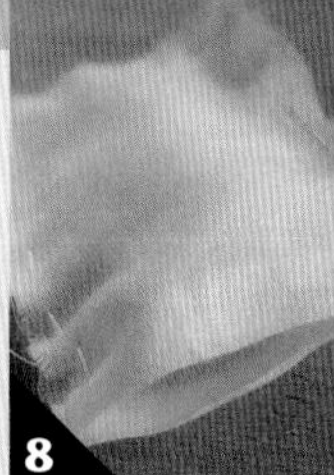

8

3 Pela la manzana hasta conseguir una tira continua de piel; luego, mirándote en el espejo, arrójala por encima de tu hombro.

4 Cubre el espejo y apaga la vela. Deja secar la piel de manzana junto a una fuente de calor.

Parte segunda

5 Establece un círculo según las pautas especificadas en las páginas 32-35

6 Enciende la vela.

7 Usando el mortero, muele la piel de manzana.

8 Introdúcela en la bolsa de gasa, cuyo extremo superior debes cerrar con la cinta, y colócala bajo tu almohada. Toma nota de los sueños inusuales que puedas experimentar durante las próximas dos semanas.

LA BOLSITA DEL AMOR

PARA ATRAER AMOR Y CARIÑO

FINALIDAD. Ayudar a aquellos que sienten necesidad de amor y apoyo, ya sea por parte de su pareja, su familia o sus amigos.

INFORMACIÓN ADICIONAL. Así como existen muchas formas de amor, también contamos con diferentes clases de hechizos para el amor. Éste apunta a conseguir que recibas amor y cariño desde diversas fuentes, incluyendo familiares, amigos o colegas. Todos necesitamos sentirnos amados, en especial en aquellos momentos en que nos sentimos mucho menos fuertes y seguros de los que nos gustaría. Este toque de magia impulsa a las personas que te rodean a hacerte saber que te quieren. Pero también te anima a expresar amor hacia ti mis-

CÓMO PRACTICAR EL HECHIZO

NECESITARÁS

- Dos cucharaditas de agua
- Seis gotas de aceite esencial de geranio
- Un quemador de aceite con una vela de té
- Cerillas o un mechero
- Una vela rosa de 15-20 cm de altura
- Tres gotas de agua de rosa y tres de violeta
- Una bolsita de gasa de unos 5 x 5 cm
- Un trozo pequeño de algodón absorbente
- Seis pétalos de rosa de color rosa
- Seis flores de jacinto
- Una cucharadita de raíz seca de orris
- 75 cm de cordel negro fino

MOMENTO DE APLICACIÓN: realiza este hechizo durante la luna creciente para favorecer el cariño, y en viernes, día sagrado para las deidades del amor.

PROCEDIMIENTO:

1 Haz un círculo (ver páginas 32-35).

2 Vierte el agua y el aceite de geranio en el quemador y enciéndelo.

3 Enciende la vela, y recita:

Espíritus del amor, prestadme atención.
cuando la necesidad me apremie,
sofocad las aflicciones
con cariño verdadero.

mo, algo que tal vez hayas olvidado a causa de tus ocupaciones, o quizá de tu abrumadora tristeza. La bolsita del amor se rellena de ingredientes tradicionalmente relacionados con el amor y el cariño, incluyendo la violeta y la rosa. Las rosas se encuentran más popularmente relacionadas con el amor, y las violetas con la amistad. En este hechizo, el agua de rosas se convierte en un aceptable sustituto de la prohibitivamente cara esencia de rosa auténtica, y además puedes conseguirla en muchos herbolarios y tiendas. De forma similar, el agua de violeta resulta mucho más asequible que el aceite esencial de violeta.

4 Vierte el agua de rosa y violeta sobre el algodón absorbente e introdúcelo en la bolsita de gasa. Agrega los pétalos de rosa, el jacinto y el polvo de orris.

5 Sujetando la bolsita entre las palmas, entona el siguiente cántico para cargarla de poder y energía:

Buena voluntad,
buena voluntad,
que todo se cumpla
gracias a este hechizo.

Los magos experimentados sentirán un pico de energía, pero si eres nuevo en este campo, asegúrate de repetir el cántico al menos en veintiuna ocasiones veces.

6 Cierra la bolsita con el cordel y conviértela en un colgante, que has de lucir en todo momento.

EL FILTRO DEL AMOR

UNA POCIÓN DE AMOR PARA INCREMENTAR TU ATRACTIVO

FINALIDAD. Ayudar a aquellos solteros que desean resultar atractivos a los ojos de los demás.

INFORMACIÓN ADICIONAL. El estereotipado —e inapropiado— concepto del filtro del amor hace referencia a un poderoso y misterioso fluido que se vierte en la bebida de otra persona con el fin de «deslumbrarla». Pero la poción del amor que presentamos a continuación debe ser ingerida por la persona que desea volverse más atractiva, ya que al activar sus cualidades más seductoras provoca el efecto deseado de forma natural. Lo más importante es que también se encuentra cargada de ingredientes sanos que ofrecen un refuerzo vitamínico o favorecen la digestión, así que aunque no te convierta necesariamente en una Morgan le Fay, ¡al menos te aportará un magnífico aspecto saludable!

La palabra filtro simplemente alude a «un líquido mágico», y el producto de este hechizo es un té compuesto de ingredientes mágicos. Antes de establecer el círculo es posible que necesites moler las hojas de menta y los trozos de manzana seca. La base del filtro se mezcla dentro del círculo y se refuerza mediante el hechizo aplicado, pero debe ser bebida una vez al día hasta que la mezcla se agote.

CÓMO PRACTICAR EL HECHIZO

NECESITARÁS

- Una vela verde de 15-20 cm de altura
- Una vela blanca de 15-20 cm de altura
- Cerillas o un mechero
- Mortero
- Tres cucharadas colmadas de menta seca molida
- Tres cucharadas colmadas de manzana seca molida
- Una cucharada de mejorana seca
- Una cucharada de pétalos de rosa
- Una caja para conservar té

MOMENTO DE APLICACIÓN: realiza este hechizo entre la media luna creciente y la luna llena, en cualquier día de la semana menos sábado.

PROCEDIMIENTO:

1 Establece un círculo según las pautas especificadas en las páginas 32-35.

2 Enciende la vela verde y recita:
Para lo que se encuentra fuera.

3 Enciende la vela blanca y declara:
Para lo que se encuentra dentro.
Muele los ingredientes y mézclalos, recitando mientras tanto:
Todo lo que soy seré;
todo cambia desde mi interior.

4 Introduce la mezcla en la caja y tápala. Luego, sosteniéndola con ambas manos, cierra los ojos y visualízate entrando en una sala, caminando directamente hacia un espejo en el que te ves de cuerpo entero. Imagina cómo te estarían viendo los demás: radiante, atractiva, con una preciosa sonrisa, ojos bonitos, etc.

5 Una vez que la imagen se fije en tu mente, abre la caja y al espirar vierte el aire de esa visión sobre la mezcla. Vuelve a cerrar la caja enseguida.

6 Cuando te apetezca tomar un té, vierte 225 ml de agua hirviendo sobre dos cucharaditas de la mezcla y deja reposar. Luego pásala por un colador y añade miel a tu gusto.

TALISMÁN DEL ANILLO DE HIERBAS

PARA DESCUBRIR SI TU AMANTE TE ENGAÑA

FINALIDAD. Descubrir el engaño de un amante.

INFORMACIÓN ADICIONAL. Cuando tenemos razones para dudar de alguien en quien confiamos, es fácil fantasear con un método infalible para descubrir la verdad. Pero a pesar de la invención de detectores de mentiras y «sueros de la verdad», no hay ninguna garantía de que lo que la persona nos diga sea cierto. En el amor esta incertidumbre puede convertirse en un tormento, ya que confiar en alguien nos hace asumir un gran riesgo emocional porque nos

CÓMO PRACTICAR EL HECHIZO

NECESITARÁS

- Un incensario con un disco de carbón mineral
- Cerillas o un mechero
- Granos de incienso
- Una vela negra de 15-20 cm de altura
- Tres agujas de costura
- Una vela blanca de 15-20 cm de altura
- Una vela de té de color blanco
- Un manojo grande de milenrama
- Un manojo grande de aquilea
- Un trozo largo de lana azul

MOMENTO DE APLICACIÓN: practica este hechizo el día de luna oscura (nueva), después del anochecer. El procedimiento lleva algún tiempo, así que necesitarás privacidad durante al menos dos o tres horas.

PROCEDIMIENTO:

1 Establece un círculo según las pautas especificadas en las páginas 32-35.

2 Enciende el disco de carbón vegetal y quema el incienso. Enciende la vela negra.

3 Calienta el extremo de una aguja en la llama, y clávalo a un lado de la vela blanca, a un centímetro de la mecha. Exclama:

Verdad.

sitúa en una posición muy vulnerable. Este hechizo, cuya finalidad es facilitar que la verdad salga a la luz, se basa en un encantamiento muy antiguo usado tradicionalmente para descubrir a un malhechor.

Se trata de un hechizo muy poderoso en el que rigen todas las consecuencias del mal uso de la magia. Si lo llevas a cabo correctamente descubrirás verdades sobre ti mismo que posiblemente no te agrade conocer. Así que úsalo sólo en caso de necesidad. Como consejo práctico, si tienes dudas al principio de una relación, podría ser una señal de que debes ponerle fin.

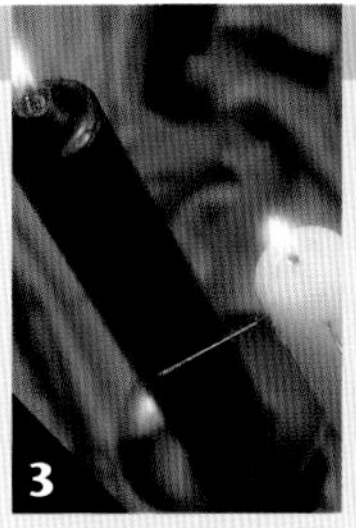

3

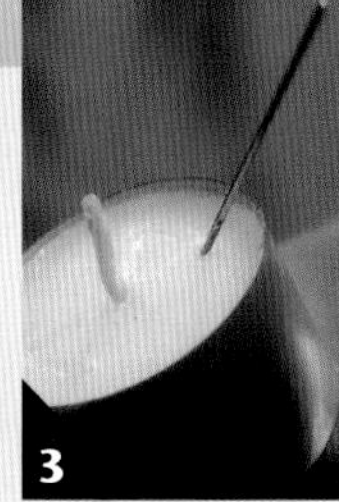

3

Repite con una segunda aguja, clavándola lejos de la primera y declarando:

Prueba.

Repite con la tercera aguja y di:

Derecho.

Enciende la vela blanca, y pide:

Luz.

Cogiendo la primera vela que caiga, «talla» en la vela de té el símbolo de la runa daeg: dos triángulos iguales con un extremo común.

4 Forma con las hierbas un anillo de 30 cm aproximadamente de diámetro alrededor de la vela de té, y enciéndela mientras exclamas:

El fuego yace bajo la piedra;
la verdad yace bajo el hueso.

5 Cuando la runa ya no resulte visible, une las hierbas con la hebra de lana hasta formar una guirnalda de 10 cm de diámetro.

6 Cuelga el anillo de una ventana para que proyecte su sombra sobre la habitación. La verdad la sabrás en un ciclo lunar.

HECHIZO DE LA GUIRNALDA

PARA MANTENER EL AMOR SIEMPRE VIVO

FINALIDAD. Bendecir una relación fuerte y mantenerla viva.

INFORMACIÓN ADICIONAL. En la magia suele recurrirse al simbolismo de las plantas; y no es de extrañar, puesto que algunos de los primeros ingredientes mágicos —y médicos— conocidos por los humanos fueron descubiertos en la tierra que les rodeaba. En la Inglaterra del siglo XIX se realizó un esfuerzo consciente por recopilar información sobre el lenguaje simbólico de las flores, y se confeccionó una lista exhaustiva que incluye algunas acepciones realmente antiguas. Sin embargo, las asociaciones y propiedades mágicas de ciertas plantas se conocen desde hace mucho más tiempo, como por ejemplo las que aplicaremos en este hechizo.

En el vocabulario de las plantas, el acebo representa la fidelidad, la hiedra la constancia y el tejo la resistencia. El acebo, o *tinne* como se lo conoce en galés, también es una planta protectora que protege contra el mal humor, ¡un valor añadido al bienestar de cualquier relación! La hiedra o *gort* estimula la cooperación y la ayuda mutua, y el tejo o *ioho* impulsa tanto la resistencia como el crecimiento que toda relación necesita para soportar los diversos cambios de la vida.

Esta guirnalda mágica se convierte en el regalo de aniversario ideal para una pareja que mantiene una relación duradera.

CÓMO PRACTICAR EL HECHIZO

MOMENTO DE APLICACIÓN: durante la luna creciente y en viernes, día sagrado para Venus, amiga de los amantes.

PROCEDIMIENTO:

1 Establece un círculo según las pautas especificadas en las páginas 32-35.

2 Enciende la vela y recita:

Enciendo una vela para que brille
sobre este acto,
y la luz de la estrella nocturna
resplandezca sobre [nombres de la pareja].

3 Divide el acebo, la hiedra y el tejo en ramitas más pequeñas, e insértalas primero en el anillo desde el tallo, entremezclando las tres especies siguiendo un patrón regular.

4 Cuando el anillo quede completamente invisible y la guirnalda se encuentre cubierta de verde, colócala frente a la vela.

5 Coge la copa de agua con la mano izquierda y cúbrela con la derecha, la palma vuelta hacia abajo, mientras recitas:

Bendigo y consagro este agua
para conferir vida y amor
allí donde fluya.

6 Rocía unas gotas de agua sobre las hojas, y luego vierte el resto sobre el anillo para que sea absorbida también por las plantas.

NECESITARÁS

- Una vela verde de 15-20 cm de altura
- Cerillas o un mechero
- Un manojo grande de acebo (preferiblemente con bayas rojas)
- Un manojo grande de ramas de hiedra
- Algunos ramilletes grandes de tejo
- Un anillo de floristería de 17,5-22,5 cm de diámetro
- Una copa de agua de manantial

Hechizos para la profesión y el trabajo

INTRODUCCIÓN A LOS HECHIZOS PARA LA PROFESIÓN Y EL TRABAJO

El enorme alcance de los hechizos relacionados con la profesión y el trabajo queda de manifiesto en la variedad del material incluido en estas páginas. Si echas un vistazo a los veinte encantamientos que conforman esta sección notarás que «profesión y trabajo» son términos relacionados con las empresas, las iniciativas y el empleo. Pero también nos ocuparemos de cuestiones como la educación y la preparación para progresar en el trabajo, sin olvidar la comunicación, un importante aspecto que afecta a la educación, la titulación académica, el trabajo, la profesión, los ascensos y la empresa. A pesar de que el trabajo remunerado es una idea relativamente reciente en la historia de la humanidad, contar con los medios para asegurarse el techo y el sustento no lo es tanto, así que muchos hechizos y tradiciones de la antigüedad se adaptan bien a las cuestiones laborales.

Entre los hechizos de esta sección descubrirás trabajos mágicos para encontrar empleo remunerado, conseguir un ascenso y eliminar los obstáculos de tu carrera profesional. Otros están destinados a incrementar tus aptitudes laborales o en tus estudios, aunque también encontrarás encantamientos para lograr seguridad personal y valor, capacidad de concentración y aptitudes para la comunicación escrita y verbal. Para quienes buscan ayuda y orientación, existen hechizos destinados a atraer a un mentor o a dirigir la atención de los demás hacia tu trabajo e ideas.

La atmósfera que reina en el empleo, la escuela o la universidad determina la calidad del trabajo y el estudio, así que un poco de magia puede ayudarte a alcanzar la armonía que necesites. Y la comunicación —tan importante en el trabajo y en el estudio— también puede mejorar mediante el uso de algunos de los diversos encantamientos de esta sección. Por si eso fuera poco, encontrarás ayuda en forma de magia protectora si consideras que te encuentras bloqueado en tu progreso, o si reina una atmósfera de negatividad en tu trabajo o tu clase.

Ahora bien: si la causa de las dificultades que experimentas en tu lugar de trabajo o en el establecimiento donde cursas tus estudios es la intimidación o la discriminación, debes buscar asesoramiento y tomar las medidas apropiadas. La magia puede ayudar en diversas situaciones laborales, como puedes ver por la extensa lista que conforma esta sección, pero el sentido común y las medidas prácticas resultan fundamentales.

Los encantamientos de esta sección son muy potentes, y se basan en antiguas tradiciones y conocimientos mágicos.

Sin embargo, también demuestran una gran flexibilidad porque pueden ser aplicados a diversos contextos laborales, profesionales o estudiantiles contemporáneos. Por esta razón resultan antiguos y modernos simultáneamente, tanto en concepto como en aplicación.

EL AMULETO DE TYR

PARA CONSEGUIR EMPLEO

FINALIDAD. Satisfacer a quienes desean encontrar trabajo remunerado de cualquier tipo.

INFORMACIÓN ADICIONAL. En el lenguaje de las runas sagradas, tyr representa «el éxito y la victoria en una búsqueda». Se trata de la runa del dios nórdico conocido como Tiw, un guerrero poderoso que se convierte en magnífico aliado en momentos de adversidad. En el alfabeto de veinticuatro runas, tyr es la primera de las ocho que Tiw preside, motivo por el cual encierra todos los beneficios de la energía, la decisión y la constancia asociadas a este dios. Invocar las propiedades mágicas de tyr fortalecerá la determinación y el ingenio que necesitas para encontrar un empleo remunerado.

Como habrás podido apreciar en la fotografía, el símbolo de esta runa se parece a una flecha, lo cual enfatiza la importancia de tener un determinado objetivo en mente mientras se busca trabajo. También alude a un refugio, indicando que este hechizo se invoca por necesidad y no por avaricia, y que por consiguiente es más probable que proporcione éxito material si se emplea con dicha actitud.

 CÓMO PRACTICAR EL HECHIZO

Momento de aplicación: durante la luna creciente para acercarte más a tu objetivo. El miércoles, día de las comunicaciones y el planeta Mercurio, es el más conveniente; y el martes, cuyo nombre se relaciona con el dios Tiw, es la segunda mejor opción.

PROCEDIMIENTO:

1 Establece un círculo según las pautas especificadas en las páginas 32-35.

2 Enciende la vela y recita:

Espíritu de la victoria asegurada
cuida amablemente de mí.

3 Coge la piedra con firmeza entre las palmas y visualízate feliz, partiendo hacia el trabajo y con dinero en la cartera o el bolsillo.

4 Cuando te sientas preparado, inspira profundamente y echa el aliento sobre la piedra, imaginando que todo lo que acabas de desear para ti llega a la roca. Declara:

Con mi aliento
te cargo.

5 En su cara plana pinta la runa tyr, y déjala secar junto a la vela.

6 Al día siguiente, introduce la piedra en el bolsillo de tu abrigo o tu pantalón, y llévala contigo siempre. Cuando alcances tu objetivo, lanza la piedra a la masa natural de agua más próxima a tu lugar de residencia.

NECESITARÁS

Una vela amarilla de 15-20 cm de altura si trabajas en miércoles, o
una vela roja de 15-20 cm de altura si trabajas en martes

Cerillas o un mechero

Una piedra pequeña con una cara plana, suficientemente ligera y pequeña como para llevarla en el bolsillo de un pantalón o un abrigo

Un tubo pequeño de pintura al aceite

Un pincel fino

TALISMÁN DE LA CRUZ SOLAR

PARA ENCONTRAR LA SENDA PROFESIONAL CORRECTA

FINALIDAD. Incrementar tu poder de decisión en la planificación de tu carrera.

INFORMACIÓN ADICIONAL. Decidir sobre tu ocupación futura, o planificar tu progresión en la profesión que hayas elegido, puede resultar bastante difícil. Después de hablar con tus amigos, familiares, colegas y asesor profesional, el siguiente paso te toca darlo a ti solo. Pero, ¿en qué dirección?

Si sientes que te ahogas en información, ayuda y consejo pero no progresas, ha llegado el momento de recurrir a tu conocimiento interior. Este hechizo activa dicha sabiduría aplicando la tradición a un contexto completamente moderno.

La marca inscrita en este encantamiento es un antiguo símbolo que nada tiene que ver con la más reciente influencia cristiana. La cruz solar, como se sabe, se caracteriza por poseer brazos del mismo largo. E independientemente de su asociación con el Sol, este signo representa la reunión de lo espiritual con planos de la existencia mucho más terrenales. La igualdad en el largo y la intersección de las líneas representa un ejemplo visual de la máxima mágica «así en la tierra como en el cielo». El hechizo recurre a ambos significados y añade un tercero —la tradición de llegar a un cruce de caminos— con el fin de promover la percepción interna de la dirección a tomar.

CÓMO PRACTICAR EL HECHIZO

NECESITARÁS

- Un incensario con un disco de carbón vegetal
- Una mezcla de incienso de mirra, benjuí y canela
- Una vela dorada, amarilla o anaranjada de 15-20 cm de altura
- Cerillas o un mechero
- Una bolita de pasta de modelado del tamaño de una uña
- Un cuchillo sin filo
- 75 cm de cordón negro fino

Momento de aplicación: practica este hechizo durante la fase oscura de la luna —también llamada luna nueva—, ya que favorece los nuevos comienzos y proyectos. Y si bien cualquier día resulta apropiado, el domingo, estrechamente vinculado con el Sol, es el más favorable.

PROCEDIMIENTO:

1 Establece un círculo según las pautas especificadas en las páginas 32-35.

2 Enciende el carbón vegetal y quema el incienso.

3 Enciende la vela y recita:

Sol eterno,
lámpara del universo,
brilla sobre mi camino y bendícelo.
Ilumina mi senda mientras avanzo.

4 Amasa la pasta entre tus palmas y forma un disco plano. Coge el cuchillo y traza la cruz solar sobre una de sus caras. Perfora un agujero en el extremo superior del círculo, sobre el eje vertical de la cruz.

5 Sosteniendo este disco sobre el humo del incienso, visualízate en un cruce de caminos a medianoche. Preserva la imagen todo lo que puedas, y luego deja secar el disco.

6 Cuando se haya endurecido, pásale el cordón y úsalo hasta que hayas tomado una decisión. Conocerás la respuesta en el transcurso de un mes lunar.

4

6

HECHIZO DE LA PIMIENTA NEGRA

PARA INCREMENTAR LA CONCENTRACIÓN EN ENTREVISTAS O EXÁMENES

FINALIDAD. Aumentar los niveles de concentración mientras estudias o te preparas para algún examen o entrevista, y lograr mantenerla durante la prueba o el encuentro.

INFORMACIÓN ADICIONAL. En un examen o una entrevista puedes jugarte mucho, pues la presión puede dificultar la concentración. Este ritual incrementa la capacidad de concentración durante los períodos de preparación y estudio, e incluso ayuda a mantener la calma y la atención cuando llega el gran día.

La aromaterapia, reconocido tratamiento alternativo que recurre a muestras de fragancias, trabaja con ciertos aceites volátiles que también son absorbidos por el torrente sanguíneo a través de la inhalación. A continuación practicaremos un hechizo que aprovecha las poderosas propiedades del aceite esencial de pimienta negra para reforzar los niveles de concentración.

La pimienta negra —*Piper nigrum*— es reconocida por sus cualidades estimulantes pero también por actuar como relajante muscular, características que la convierten en el ingrediente ideal para favorecer el estudio y evitar los síntomas físicos de la ansiedad, en particular ante la inminencia de un examen o una entrevista. Si lo vas a practicar poco antes de la hora de dormir, ten en cuenta que no te resultará conveniente si tienes problemas para conciliar el sueño. Sus cualidades afrodisíacas sí podrían resultarte beneficiosas, ¡pero no ahora, cuando lo que buscas es descansar!

CÓMO PRACTICAR EL HECHIZO

NECESITARÁS

Una vela amarilla de 15-20 cm de altura
Cerillas o un mechero
Dos cucharaditas de agua
Un quemador de aceite con una vela de té
Una botella de aceite esencial de pimienta negra
30 g de bayas de enebro secas
Una pieza cuadrada de gasa de 17,5 cm^2

MOMENTO DE APLICACIÓN: practica este hechizo cuando la luna se encuentre en cuarto creciente. El domingo, día de Saturno, partidario de la disciplina, es el más adecuado.

PROCEDIMIENTO:

1 Establece un círculo según las pautas especificadas en las páginas 32-35.

2 Enciende la vela y recita:

Invoco al elemento aire
para que me permita tener claros mis objetivos,
me apoye en mi firme intento
y me ayude a mantenerme centrado.

3 Vierte el agua en el quemador de aceite y enciende la vela de té.

4 Coge la botella de aceite de pimienta negra entre las palmas y céntrate en tu objetivo. Vierte seis gotas de aceite en el plato del quemador.

5 Coloca las bayas en el centro de la gasa y añade seis gotas de aceite; luego ata los extremos opuestos de la tela para cerrar la bolsita.

6 Cuélgala en tu zona de estudio. Utiliza el quemador con aceite de pimienta negra mientras estudies e inmediatamente antes del examen o la entrevista.

HECHIZO DEL *SIGIL*

PARA CONSEGUIR BUENOS RESULTADOS EN UNA ENTREVISTA

FINALIDAD. Salir airoso de una entrevista.

INFORMACIÓN ADICIONAL. Un *sigil* es un «símbolo compuesto que contiene todos los signos o letras que forman el nombre del elemento que representa». El método tradicional para crear un *sigil* consiste en dejar de lado todas las vocales, escribir las consonantes en mayúscula y superponerlas. De esta forma, el símbolo resultante incorporará el nombre de ese elemento, pero de forma concentrada.

En este hechizo crearás un *sigil* que represente la victoria, con el objetivo de conseguir re-

CÓMO PRACTICAR EL HECHIZO

NECESITARÁS

- Una vela amarilla o blanca de 15-20 cm de altura
- Cerillas o un mechero
- Una pluma
- Un tintero de color verde
- Un trozo de papel secante grueso de 10 x 10 cm

Momento de aplicación: practica este hechizo durante la luna creciente para propiciar la llegada del éxito, y en domingo, día sagrado para los saludables y beneficiosos rayos del Sol.

sultados satisfactorios en una entrevista. Eso significa un resultado conveniente para ti, pero también para todos los involucrados. Tus intereses quedarán protegidos de una forma no inmediatamente evidente, como por ejemplo evitándote conseguir un trabajo que no sea ventajoso para ti.

Los hechizos destinados a «respaldar» una entrevista no dan el menor resultado si no te has preparado convenientemente o careces de la titulación necesaria para el empleo o el ascenso al que aspiras. Recuerda, entonces, que el siguiente hechizo *complementa* tanto tu preparación como tu idoneidad para la situación que pretendes alcanzar.

PROCEDIMIENTO:

1 Establece un círculo según las pautas especificadas en las páginas 32-35.

2 Enciende la vela.

3 Introduce la punta de la pluma en el tintero y en el centro del papel escribe las letras V, C, T y R en mayúsculas, una sobre la otra.

4 Escribe las siguientes tres frases, una por línea, formando un triángulo equilátero alrededor del *sigil* que acabas de crear:

Auxilio ab alta
Sol victorioso
Sol omnipotens.

Enciende la vela, y deja secar la tinta al calor de la llama.

5 Pliega el papel por la mitad y luego en cuatro, declarando:

Que la victoria sea mía
Y la fortuna me acompañe.

6 Lleva *el sigil* a la entrevista.

HECHIZO DEL HIERRO

PARA FOMENTAR LA CONFIANZA Y EL VALOR DURANTE UNA ENTREVISTA O UN EXAMEN

FINALIDAD. Ayudar a quienes tienen nervios durante una entrevista o un examen.

INFORMACIÓN ADICIONAL. Los exámenes y las entrevistas pueden actuar muy negativamente hasta sobre las personas más sensatas y bien preparadas. Por eso proponemos a continuación el hechizo del hierro, que impulsa la confianza y el valor con el objetivo de que los candidatos más nerviosos consigan defenderse con seguridad y calma.

El hierro es un símbolo proverbial de la valentía y la resistencia frente a la adversidad; incluso empleamos frases como «voluntad de hierro» o «nervios de acero» para describir a una per-

CÓMO PRACTICAR EL HECHIZO

NECESITARÁS

- Dos cucharaditas de agua
- Dos gotas de aceite esencial de albahaca
- Dos gotas de aceite esencial de borraja
- Un quemador de aceite con una vela de té
- Cerillas o un mechero
- Una vela roja de 15-20 cm de altura
- Aproximadamente dos cucharadas de arena fina
- Un plato pequeño
- Un clavo de hierro de 15 cm

MOMENTO DE APLICACIÓN: practica este hechizo durante la luna creciente. El martes, día sagrado de Marte, es el más conveniente para este poderoso hechizo de autoafirmación.

PROCEDIMIENTO:

1 Establece un círculo según las pautas especificadas en las páginas 32-35.

2 Vierte el agua y el aceite en el plato del quemador, y enciende la vela de té.

3 Enciende la vela y recita:

Lanza de Marte,
atraviesa la timidez;

sona dotada de una firmeza admirable. En la tradición de la alquimia, el hierro es el metal de Marte y simboliza la fuerza de voluntad y la decisión. Aquí se utiliza para reforzar mágicamente la perseverancia y el aplomo necesarios para sacar máximo provecho de las aptitudes personales en circunstancias de gran presión. El hierro aquí empleado ayuda a «dar en el clavo».

Puedes repetir este hechizo tantas veces como lo desees. Al actuar como una herramienta de autoafirmación, produce un intenso efecto acumulativo que resulta muy beneficioso para quienes padecen los desagradables efectos de los nervios.

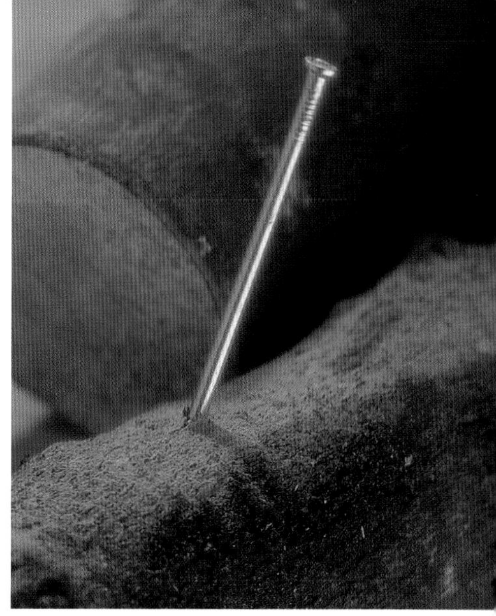

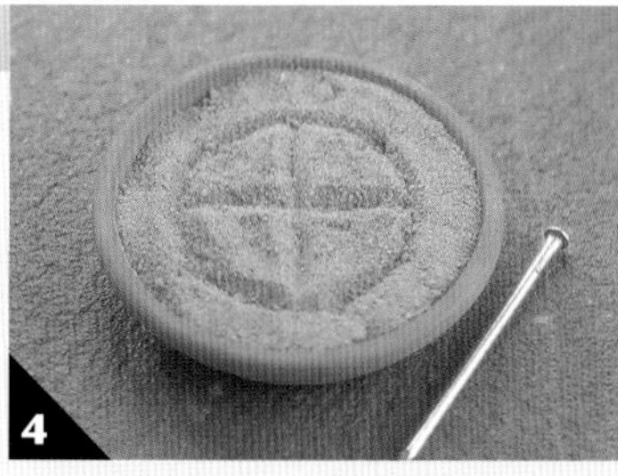

espada de hierro,
frena la humildad.

4 Vierte la arena en el plato y nivela su superficie. Utilizando el extremo del clavo, escribe la palabra MIEDO, y de inmediato sacude la arena para borrar la escritura. A continuación traza una X dentro de un círculo.

5 Cuando la vela se haya consumido completamente, traslada la arena al aire libre y arrójala al viento.

6 Durante las jornadas previas a la entrevista lleva el clavo contigo, guardado en algún bolsillo. Y cuando llegue el día, clava la pieza hasta la mitad en un trozo de madera próximo a tu chimenea.

HECHIZO DE LA FLECHA

PARA CONSEGUIR UN ASCENSO

FINALIDAD. Ayudar a quienes buscan avanzar en su profesión, incluyendo a aquellos que piensan en cambiar de empleo o tipo de trabajo.

INFORMACIÓN ADICIONAL. De vez en cuando, muchos experimentamos una sensación de estancamiento en nuestra vida laboral, en particular si consideramos que nuestra carrera ha dejado de avanzar. Este hechizo tiene la finalidad de que nuestra carrera pueda despegar en una dirección satisfactoria; y si bien su principal objetivo es conseguir un ascenso, también resulta beneficioso para quienes desean abandonar su empleo actual y buscar un trabajo que les aporte mayores beneficios económicos, psicológicos o espirituales.

CÓMO PRACTICAR EL HECHIZO

NECESITARÁS

- Dos cucharaditas de agua
- Tres gotas de aceite esencial de albahaca
- Tres gotas de aceite esencial de menta
- Un quemador de aceite con una vela de té
- Cerillas o un mechero
- Una vela roja de 15-20 cm de altura
- Una vela amarilla de 15-20 cm de altura
- Una hoja de papel de aproximadamente 25 cm x 7,5 cm
- Una pluma y tinta roja
- Dos sujetapapeles

4

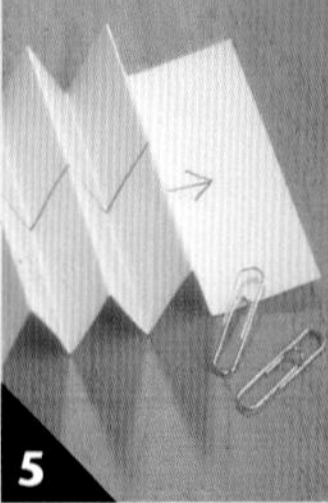
5

Momento de aplicación: este hechizo debería ser puesto en práctica durante la luna creciente para acercarte aún más a tu objetivo. El martes, regido por el dinámico y ambicioso Marte, es el día más favorable.

Te interesará saber que las flechas han sido utilizadas en la magia desde la antigüedad. Las cabezas de flecha eran en ocasiones transportadas en pequeñas bolsas como amuletos de protección, y existe incluso una rama de la adivinación —la belomancia— que se basa en la dirección en la que caen las flechas como medio de predicción. Aquí la flecha se utiliza para representar la dirección de tu futuro.

Plegar el papel en el que ha sido dibujada —con el fin de acercar su extremo final a la punta— simboliza la velocidad con la que deseas alcanzar tu objetivo. Ojalá el viaje te conduzca a un sitio maravilloso.

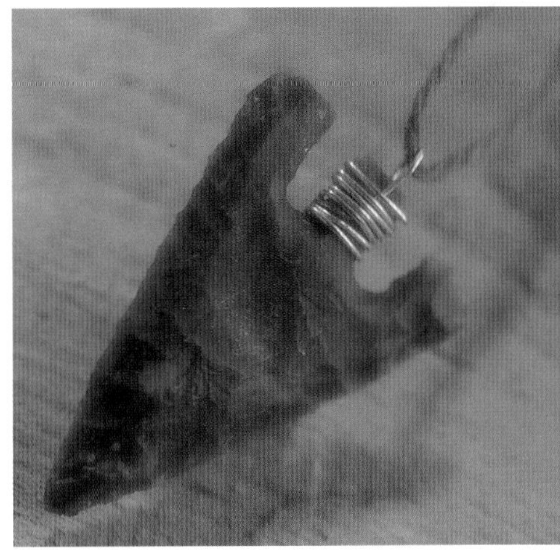

PROCEDIMIENTO:

1 Establece un círculo según las pautas especificadas en las páginas 32-35.

2 Vierte el agua y el aceite en el plato del quemador, y enciende la vela de té.

3 Enciende la vela roja y ruega:

Gran Marte, lanza esta flecha.

Enciende la vela amarilla y solicita:

Veloz Mercurio, dirige este hechizo.

4 Colocando el tramo más largo del papel en posición horizontal, dibuja una flecha que apunte hacia la derecha.

5 Pliega el papel como si fuese un acordeón, de tal forma que la flecha se acorte y la punta y el extremo final se acerquen. Fija el pliegue con los sujetapapeles.

6 Coge el papel entre ambas palmas y concéntrate en tu objetivo; a continuación recita las siguientes líneas seis veces:

Viento de cambio,
impúlsame hacia delante.
Vuelo de flechas,
ayúdame a avanzar.

Guarda este papel plegado en un lugar seguro.

TALISMÁN DEL DIENTE DE LEÓN

PARA DESTACAR EN EL TRABAJO, LA ESCUELA O LA UNIVERSIDAD

FINALIDAD. Impulsar a quienes pasan inadvertidos en el trabajo. El objetivo final es que consigan llamar la atención, hacer amigos y gozar de la simpatía de tus compañeros.

INFORMACIÓN ADICIONAL. El diente de león, o *Taraxacum officinale,* cuenta con un extenso historial de tradiciones mágicas y medicinales. Sus efectos diuréticos, así como las propiedades nutritivas y desintoxicantes de sus hojas, son muy reconocidos entre los herboristas. Las tradiciones mágicas sustentan la idea de que frotar sus flores amarillas por un cuerpo desnudo asegura que la persona hará amigos dondequiera que vaya, una leyenda probablemente derivada de la idea de que el diente de león es la flor de las hadas, dotadas de la capacidad de conceder el «don de la palabra».

Este encantamiento, dirigido a quienes pasan inadvertidos en su lugar de trabajo o su clase, les ayuda a llamar la atención de colegas y empleadores para que «brillen con luz propia» y los demás les vean. Si es tu caso, habituarte a tomar una infusión de diente de león después de practicar el hechizo también incrementará tu seguridad personal, puesto que esta planta deshace los bloqueos emocionales y consigue hacer emerger el resentimiento y el dolor que se cuecen bajo la superficie. En ese sentido, el diente de león se convierte en un verdadero alimento para el pensamiento.

CÓMO PRACTICAR EL HECHIZO

MOMENTO DE APLICACIÓN: practica este hechizo durante la luna creciente para llamar la atención, y en domingo, día de los beneficios del Sol.

PROCEDIMIENTO:

1 En este caso trabajarás sin ropa.

2 Establece un círculo según las pautas especificadas en las páginas 32-35. Enciende la vela de té.

3 Ahueca la mano para coger los dientes de león y visualiza algún incidente reciente en el que hayas pasado inadvertido pero te hubiese gustado destacar. Recrea mentalmente la escena, esta vez con un resultado más positivo.

4 Coloca los dientes de león en la gasa. Añade el bálsamo de melisa y seis gotas de aceite. Cierra la tela con la cinta, formando una bolsita.

5 Enciende ambas velas, recitando:

Poder del sol,
acaríciame.
Flor del sol,
bendíceme ahora.

Frota la bolsa de gasa sobre tu cuerpo, excepto los ojos y otras zonas delicadas.

6 Lleva el saquito a tu lugar de trabajo. En tu casa, utiliza seis gotas de aceite cada vez que te bañes, hasta agotarlo.

5

NECESITARÁS

- Una vela de té
- Cerillas o un mechero
- Seis dientes de león amarillos frescos
- Un puñado de hojas de bálsamo de melisa secas
- Seis gotas de aceite de melisa diluido en sesenta gotas de aceite portador de almendra
- Un cuadrado de gasa de 15 cm de lado
- 30 cm de cinta amarilla
- Dos velas amarillas de 15-20 cm de altura

HECHIZO DEL SÉSAMO

PARA ELIMINAR LOS OBSTÁCULOS EN TU PROFESIÓN

FINALIDAD. Ayudar a quienes consideran que su progreso profesional está bloqueado.

INFORMACIÓN ADICIONAL. Si has estado intentando salir adelante en tu profesión pero te sientes frustrado por ciertos obstáculos que entorpecen tu camino, este hechizo es precisamente lo que necesitas. Su acción consiste en liberar el potencial que ha quedado bloqueado, y lo consigue de un modo bastante radical, que enfatiza el objetivo del hechizo, ¡que es acabar con la oposición! Las semillas de sésamo, que simbolizan el descubrimiento y la apertura, te ayudarán en tu causa.

CÓMO PRACTICAR EL HECHIZO

NECESITARÁS

- Doce semillas de sésamo
- Agua
- Una cubitera con doce compartimentos
- Un puñado de salvia blanca seca
- Cerillas o un mechero
- Un plato resistente al fuego
- Una vela negra de 15-20 cm de altura
- Dos cucharaditas de aceite de sésamo
- Un puñado de hierbajos del jardín, secos
- Madera seca y yesca

MOMENTO DE APLICACIÓN: practica este hechizo durante la luna menguante para destruir los obstáculos, y en sábado, día de Saturno el desterrado.

PROCEDIMIENTO:

Antes de realizar el hechizo, congela una semilla de sésamo en la cubitera.

1 Establece un círculo según las pautas especificadas en las páginas 32-35.

2 Enciende las hojas de salvia y déjalas arder. Con el humo, perfuma el círculo en el sentido de las agujas del reloj. A continuación, coloca las hojas en el plato.

Para practicar este hechizo tendrás que encender una hoguera, que es un «fuego creado con fines mágicos», así que deberás realizar la segunda parte del trabajo al aire libre. El fuego tendría que arder a partir de los materiales habituales para tal efecto—madera seca y yesca—, así que no caigas en la tentación de utilizar componentes artificiales como gasolina o carbón vegetal. Los ingredientes mágicos que deben ser arrojados al fuego como parte de este hechizo requerirán una llama estable para quemarse o dispersarse de forma adecuada. Por consiguiente, procura que el fuego alcance su temperatura máxima antes de arrojar dichos productos a la hoguera.

3 Unta la vela con aceite de sésamo desde arriba, evitando la mecha. Coloca la vela en un candelabro y enciéndela, recitando:

Destructor de barreras,
purifica esta llama
y con tu acción
elimina los obstáculos.

4 Cierra el círculo y lleva afuera la cubitera, los hierbajos, la salvia y la vela encendida. Utiliza la vela negra para encender la hoguera. Cuando el fuego alcance su temperatura máxima, arroja los hierbajos, declarando:

Fuera los obstáculos,
que desaparezcan en el humo.

Luego arroja los cubitos de hielo al fuego de uno en uno; y se evaporan de inmediato.

5 Rodea tres veces el fuego en sentido contrario a las agujas del reloj con humo de salvia, y arroja las hojas a las llamas.

6 Deja que la vela se consuma por completo en condiciones de seguridad.

HECHIZO DE LA PIEDRA DE FUEGO

PARA ENCONTRAR INSPIRACIÓN EN EL TRABAJO

FINALIDAD. Buscar inspiración en el trabajo o el estudio.

INFORMACIÓN ADICIONAL. Posiblemente alguna vez hayas oído decir que la inspiración se manifiesta como «un rayo». Pues este hechizo considera la frase de forma literal e invoca los poderes de Oya, una gran diosa africana asociada a las tormentas y los rayos. Se la considera una deidad virulenta, así que resulta difícil ignorar cualquier beneficio que pueda aportar una vez invocada.

Para conseguir los ingredientes para este hechizo es probable que debas salir a tu jardín, un parque local o cualquier zona verde, en busca de una piedra que haya estado expuesta al calor del sol. Procura que sea lo suficientemente pequeña como para que puedas guardarla en un bolsillo o un monedero, y tan suave que te resulte agradable cogerla en la palma de tu mano. También debe contar con al menos un lado plano para que puedas pintar un pequeño símbolo sobre su superficie durante el hechizo. Recurre a tus instintos: si la piedra te produce buenas vibraciones cuando la coges, obviamente es la indicada para ti.

Puedes conseguir la pintura en cualquier tienda de pasatiempos o maquetas.

CÓMO PRACTICAR EL HECHIZO

Momento de aplicación: practica este hechizo durante la luna creciente para favorecer la inspiración, y en cualquier día de la semana menos sábado, día del restrictivo Saturno.

PROCEDIMIENTO:

1 Enciende el disco de carbón vegetal y mezcla el incienso con los aceites.

2 Establece un círculo según las pautas especificadas en las páginas 32-35.

3 Rocía la mezcla de incienso sobre el disco de carbón vegetal caliente.

4 Enciende la vela y recita:

Oya, yo te invoco.
Señora de los rayos,
señora del fuego repentino,
que se encienda como el deseo.

5 Pinta sobre la piedra un zigzag vertical (que simbolizará un rayo) rodeado del dibujo de una llama. Pasa la piedra por el humo del incienso y a continuación por el calor de la llama de la vela. Sostenla entre ambas palmas, declarando:

Busco inspiración
en el nombre de Oya,
y en todos sus nombres
conocidos y desconocidos.

NECESITARÁS

- Un disco de carbón vegetal en un incensario o un plato resistente al fuego
- Cerillas o un mechero
- Una cucharadita de incienso
- Tres gotas de aceite esencial de jengibre
- Seis gotas de aceite esencial de canela
- Una vela roja de 15-20 cm de altura
- Una piedra
- Un pincel fino
- Un tubo de óleo de color cobre
- Un bote de barniz transparente

6 Visualiza que un rayo cae sobre la piedra, e imagina la energía que le transmite. Cierra el círculo. Una vez que la pintura se haya secado, sella el símbolo con barniz transparente. Cuando busques inspiración, sujeta la piedra entre tus manos.

HECHIZO DE LA VELA PLATEADA

PARA FAVORECER LA AGILIDAD MENTAL EN EL ESTUDIO Y EL TRABAJO

FINALIDAD. Agilizar la mente en el estudio y el trabajo.

INFORMACIÓN ADICIONAL. En un mundo plagado de información, resulta crucial tomar decisiones rápidas y seleccionar y absorber datos fundamentales a gran velocidad. El estilo de vida actual exige celeridad en dichas cuestiones, así que preservar la agilidad mental resulta tan importante en estos momentos como cuando nuestros ancestros se exponían a importantes riesgos para recoger hierbas y frutos evitando el ataque de enormes depredadores. Este hechizo te permitirá estimular tu rapidez mental tanto en el estudio como en el trabajo.

CÓMO PRACTICAR EL HECHIZO

NECESITARÁS
Una vela plateada de 15-20 cm de altura
Cerillas o un mechero
Un cuadrado de 15 x 15 cm de papel amarillo
Una pluma con tinta negra
Un tubo de pegamento con un aplicador de punta fina
Un tubo de purpurina plateada

MOMENTO DE APLICACIÓN: realiza este hechizo durante la luna creciente para atraer la rapidez mental, y en miércoles para honrar a Mercurio, patrocinador de este conjuro.

PROCEDIMIENTO:

1 Establece un círculo según las pautas especificadas en las páginas 32-35.

2 Enciende la vela y declara:

Mercurio plateado,
ofréceme tu vertiginosa ayuda.
Permite que mi cabeza juzgue veloz,
concede agilidad a mi mente.

Para eso invocarás a Mercurio, el veloz mensajero de los dioses. El metal mercurio, que debe su nombre al mensajero divino, también es conocido como *quicksilver*, término inglés en el que *quick* significa «vivo». Destaca por sus cualidades de mutación, como expandirse y encogerse a diferentes temperaturas, y su capacidad para llenar el espacio en el que es vertido. La mutabilidad resulta relevante para este hechizo, tanto como la reputación de Mercurio como patrocinador de la comunicación veloz. En el mundo actual del estudio y el trabajo, tan rápidamente cambiante, necesitamos adaptarnos y ser flexibles para poder absorber, seleccionar y analizar la información a partir de la cual debemos actuar.

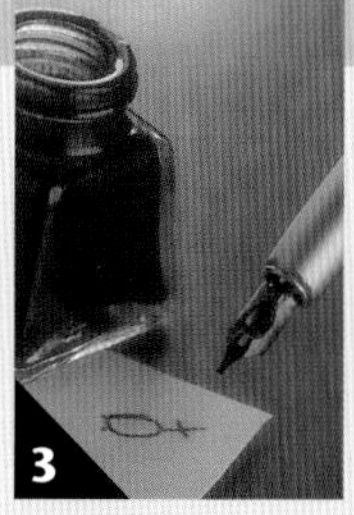

3

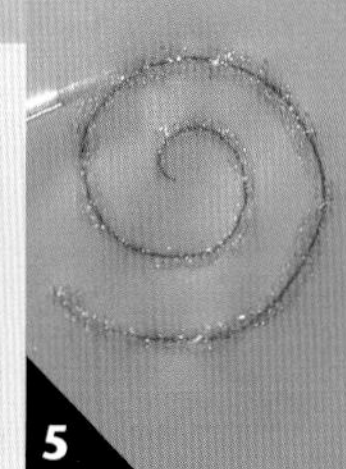

5

3 En cada esquina del papel dibuja el signo de Mercurio (similar al de Venus, con «cuernos» en la parte superior del círculo).

4 Comenzando desde el centro del folio, traza una línea de pegamento que forme una espiral que crezca hacia fuera. Mantén constante el hilo del pegamento y, cuando acabes la figura, repasa la línea ya marcada pero en sentido contrario.

5 Vierte la purpurina sobre el papel, espera unos segundos y deshazte del material sobrante. Deja secar el pegamento por completo a la luz de la vela.

6 Cuelga esta espiral plateada, que representa a Mercurio y la agilidad mental, en el sitio donde suelas retirarte a pensar.

HECHIZO DEL INCIENSO DEL AIRE

PARA COMUNICAR TUS IDEAS EN EL TRABAJO O EN CLASE

FINALIDAD. Dar a conocer tus ideas en tu trabajo o en clase.

INFORMACIÓN ADICIONAL. En el ámbito de la magia, el aire está muy relacionado con la comunicación. En este hechizo, creado para que tus ideas «alcen el vuelo» en tu entorno laboral o tu clase, se plasma la asociación mágica entre el incienso y el elemento aire. El incienso no sólo produce humo —para que el aire resulte momentáneamente visible—, sino que también distribuye perfumes

CÓMO PRACTICAR EL HECHIZO

NECESITARÁS

- Un disco de carbón vegetal sobre un plato resistente al fuego
- Una vela amarilla de 15-20 cm de altura
- Cerillas o un mechero
- Dos cucharaditas de gránulos de benjuí
- Una cucharadita de agujas de pino
- Una cucharadita de lavanda seca
- Mortero
- Tres gotas de aceite esencial de pino
- Tres gotas de aceite esencial de lavanda

MOMENTO DE APLICACIÓN: procura practicar el hechizo durante la luna creciente para estimular el flujo de comunicación, y en miércoles, día de Mercurio.

PROCEDIMIENTO:

1 Establece un círculo según las pautas especificadas en las páginas 32-35.

2 Visualiza un círculo plateado brillante alrededor del área ritual.

3 Enciende el disco de carbón vegetal, luego la vela, y recita:

Invoco al elemento aire
para que vea mi hechizo y le dé poder.

que se perciben a través del olfato, también relacionado con el aire.

Los ingredientes utilizados en esta receta encierran tanto propiedades simbólicas como beneficios fisiológicos. La lavanda, sagrada para Mercurio, planeta de la comunicación, se convierte en un excelente relajante si es inhalada, además de favorecer la elocuencia y la receptividad a las ideas. El benjuí, simbólicamente relacionado con el aire, actúa positivamente en el entorno laboral o estudiantil. Y el pino, también vinculado al aire en términos simbólicos, desprende un aroma capaz de generar niveles de conciencia en los que es posible percibir mensajes convencionales y subliminales.

4 Coloca todos los ingredientes secos en el mortero y muélelos hasta conseguir una consistencia fina, mientras declaras:

Flor de Hermes,
hoja de pino,
transportad mis palabras
para que sean oídas.

Mezcla con los aceites.

5 Vierte un poco de incienso sobre el disco incandescente. Cierra los ojos e imagina que tus palabras surcan rápidamente el aire, impulsadas por alas. Visualiza reacciones positivas en personas influyentes cuyo respeto te gustaría conseguir.

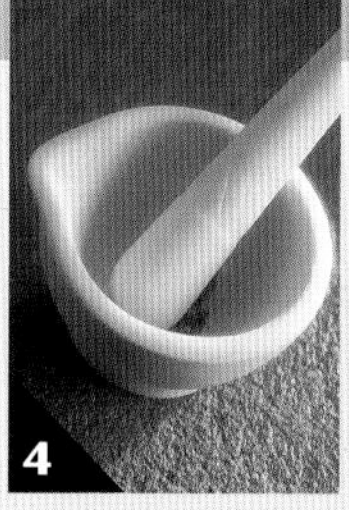

4

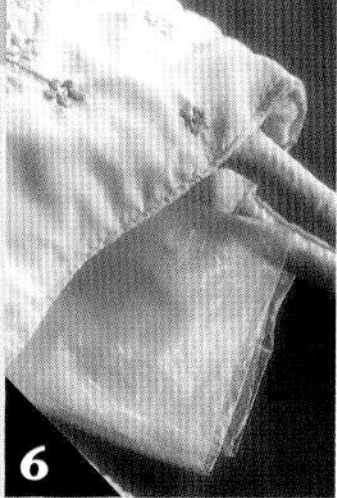

6

6 Guarda el resto del incienso en una bolsa hermética para utilizarlo en futuros hechizos relacionados con la comunicación. Cuando desees recibir un buen impulso energético, coloca un poco de incienso en una bolsita y cuélgatela del cuello.

TALISMÁN DEL BÚHO

PARA MEJORAR TUS APTITUDES EN LA EXPRESIÓN ESCRITA

FINALIDAD. Impulsar tus aptitudes en la escritura y contribuir a que tu comunicación escrita resulte más fluida y produzca el impacto que deseas.

INFORMACIÓN ADICIONAL. En estos días, además de titulaciones, se nos exigen otras aptitudes adicionales. Tanto los empleadores como los educadores coinciden en que las facultades interpersonales y la capacidad de autogestión o de asumir responsabilidades se convierten en factores clave para triunfar tanto en el mundo laboral como el estudiantil. Así, entre las principales cualidades que debemos desarrollar en la actualidad figura la comunicación, lo cual supone demostrar seguridad y competencia no sólo en el lenguaje verbal sino también en el campo de la escritura.

Este conjuro invoca la bendición de Atenea, diosa griega de la sabiduría, el aprendizaje y la comunicación, y patrona de la escritura. Su tótem es el búho —símbolo arquetípico de la sabiduría—, por lo que en ocasiones el arte de escribir es descrito como «el don del búho». Para confeccionar este talismán debes conseguir una pluma de búho que se haya desprendido del ave de forma natural, así que tendrás que visitar algún centro de aves o un santuario y pedir ayuda al personal.

Si realmente no destacas en la expresión escrita, puedes apuntarte a clases básicas en tu centro educativo local. Este hechizo favorecerá tu proceso de aprendizaje y te ayudará a concentrarte en las tareas escritas en general.

CÓMO PRACTICAR EL HECHIZO

MOMENTO DE APLICACIÓN: realiza este hechizo durante la luna creciente para incrementar tus aptitudes en el campo de la escritura, y en miércoles, día de Mercurio.

PROCEDIMIENTO:

1 Establece un círculo según las pautas especificadas en las páginas 32-35.

2 Enciende cada una de las velas y recita:

Enciendo esta llama en honor de la sabiduría;
enciendo esta llama en honor del aprendizaje;
enciendo esta llama en honor del don del búho.
Que el tiempo me permita
acceder a los tres.

3 Cogiendo la pluma con la mano que utilizas para escribir y la piedra con la otra, imagina que tu trabajo escrito consigue la aprobación de tus profesores o empleadores.

4 Sostén la pluma frente a las velas y declara:

Atenea, tú conoces mis pensamientos,
ayúdame a volcarlos sobre el papel.

Repite con la piedra y expresa:

Atenea, tú conoces mis deseos,
ayúdame a concretarlos.

5 Introduce la piedra en la bolsita y ciérrala. Enrolla el hilo alrededor de la base de la pluma, y átala a la bolsa.

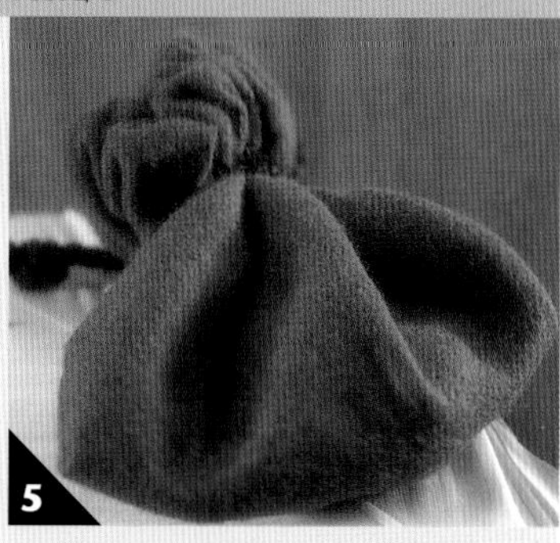

NECESITARÁS

- Tres velas amarillas de 15-20 cm de altura
- Cerillas o un mechero
- Una pluma de búho
- Una piedra blanca lisa pequeña
- Una bolsita marrón de las que se cierran con un cordel
- 75 cm de hilo grueso para bordar, de color marrón
- 75 cm de cordel fino

6 Utilizando el cordel, cuelga el talismán en la habitación donde llevas a cabo la mayor parte de tus tareas escritas.

HECHIZO DE LA SALVIA *SCLAREA*

PARA FACILITAR LA COMUNICACIÓN VERBAL

FINALIDAD. Conceder el don de la expresión verbal clara y persuasiva.

INFORMACIÓN ADICIONAL. Equivalente mágico de la piedra de Blarney, una piedra mágica irlandesa que, al besarla, imparte «el don de la palabra» o la habilidad para encantar mediante las palabras, se cree que la salvia *sclarea*, principal ingrediente de este hechizo, confiere sabiduría y el don de la claridad, ambos importantes ingredientes de la expresión verbal clara y persuasiva. Utilizada como hierba medicinal, incrementa la confianza y favorece la percepción.

El poder de los buenos oradores fue debidamente reconocido por muchas culturas de la antigüedad, en particular en aquellas tradiciones donde la supervivencia dependía de la aptitud de los narradores de historias, los trovadores, los sacerdotes y las sacerdotisas. Los celtas apreciaban particularmente el don de la palabra, y el poder atribuido a los oradores de talento resulta evidente en general en varias leyendas a lo largo de la historia, como aquella que asegura que san Patricio dejó mudos mágicamente a los sacerdotes paganos y los consejeros del pueblo que él debía convertir al cristianismo. Se cree que la habilidad de pronunciar siempre palabras bonitas y encantar a cualquier acompañante es característica de las hadas o la «buena gente», lo cual deja entrever que en ciertas tradiciones aún se concede una gran importancia a la elocuencia.

Castillo de Blarney

CÓMO PRACTICAR EL HECHIZO

Momento de aplicación: lo ideal es practicar este hechizo durante la luna creciente y en lunes, día de la Luna.

PROCEDIMIENTO:

1 Establece un círculo según las pautas especificadas en las páginas 32-35.

2 Enciende el disco de carbón vegetal y la vela, y recita:

Poder de los antiguos,
los superiores,
los inferiores.
Poder de la luna,
concédeme el habla amable
que a nadie perjudique.

3 Vierte sándalo sobre el disco de carbón vegetal y agrega tres hojas de salvia *sclarea* declarando:

Ésta es mi ofrenda a los antiguos.

4 Une tres hojas con hilo y colócalas bajo la vela, exclamando:

Ésta es mi ofrenda a la luna.

5 Introduce tres hojas en una taza y vierte sobre ellas una cucharadita de miel. Luego llénala de agua hirviendo y declara:

Ésta es mi ofrenda a mí mismo.

Cuando la infusión se haya enfriado un poco, bébela de un trago y entierra las hojas fuera de tu casa.

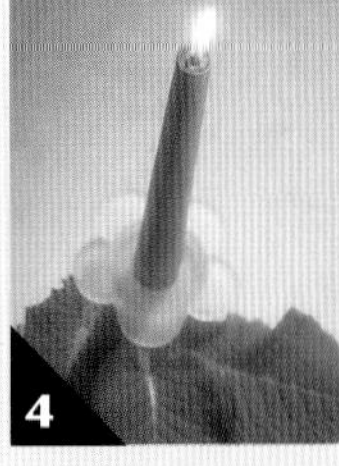
4

5

NECESITARÁS

- Un disco de carbón vegetal en un plato resistente al fuego
- Una vela plateada o blanca de 15-20 cm de altura
- Cerillas o un mechero
- Incienso de sándalo blanco
- Nueve hojas de salvia *sclarea*
- 45 cm de hilo de coser de color negro
- Una cucharadita de miel
- 250 ml de agua hirviendo

6 En la próxima luna llena traslada las hojas atadas al exterior y ofréceselas a la luna; luego bésalas y arrójalas a una masa de agua natural lo más rápido posible.

HECHIZO DEL ACEITE DE LA ARMONÍA

PARA PROPICIAR LA ARMONÍA EN EL LUGAR DE TRABAJO

FINALIDAD. Favorecer la creación de una atmósfera armoniosa en el lugar de trabajo, en particular si existe discordia entre colegas.

INFORMACIÓN ADICIONAL. Cuando nuestro entorno laboral se desequilibra, tendemos a perder el equilibrio nosotros también, y tanto nuestra vida laboral como personal pueden sufrir las consecuencias. Así sucede cuando las disputas entre colegas se descontrolan y otras personas resultan afectadas, por lo general involuntariamente. Aunque actúes con su-

CÓMO PRACTICAR EL HECHIZO

NECESITARÁS

- Una vela verde de 15-20 cm de altura
- Cerillas o un mechero
- Cinco hojas de saúco
- Cinco gotas de aceite esencial de sándalo
- Cinco gotas de aceite esencial de camomila
- Cinco gotas de aceite esencial de ylang-ylang
- Cuatro cuentagotas esterilizados
- Una botella de aceite esterilizada
- Una pieza de gasa de 10 cm x 20 cm, cosida en forma de bolsita
- 30 cm de hilo blanco
- Una aguja

MOMENTO DE APLICACIÓN: realiza la mezcla durante la luna creciente para conseguir un impacto máximo, y en viernes, día de Venus, planeta de la armonía

PROCEDIMIENTO:

1 Establece un círculo según las pautas especificadas en las páginas 32-35.

2 Enciende la vela, y cogiendo las hojas de saúco frente a la llama, recita:

Saúco para la protección
amor para marcar la dirección.

3 Vierte cinco gotas de aceite de sándalo en la botella esterilizada y declara:

ficiente astucia como para mantenerte alejado de estas peleas, puedes quedar expuesto a esa atmósfera hostil, y por esa razón se justifica que tomes medidas mágicas para restablecer la armonía.

Esta poción mágica apunta a tranquilizar los ánimos y restablecer el equilibrio en el trabajo. Tú y tus compañeros os beneficiaréis de sus efectos aromaterapéuticos, ¡así que todo el mundo gana! Sin embargo, si en la disputa hay un componente de intimidación, aconseja a los involucrados que pidan ayuda al resto del personal o a su sindicato. Este hechizo, de todos modos, calmará los ánimos, pero dado que la magia sólo ayuda a quienes demuestran sensatez e ingenio, procura aplicar medidas prácticas cuando sea apropiado. Recuerda cuidar de tu planta una vez finalizado el hechizo.

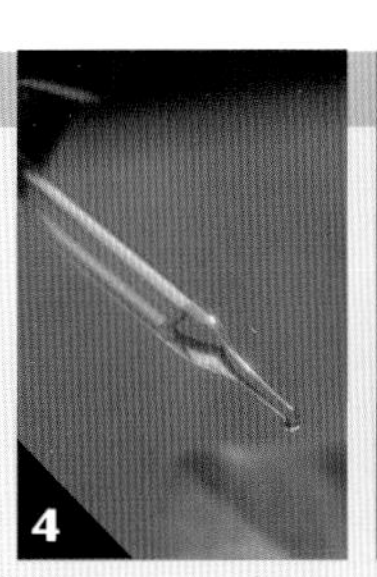

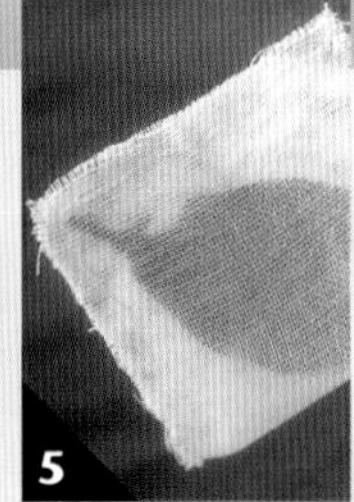

Fuera la negatividad.

Agrega cinco gotas de aceite de camomila y anuncia:

Adelante con la armonía.

Añade ahora cinco gotas de aceite de ylang-ylang y finaliza:

Que la disputa se resuelva pacíficamente.

4 Vierte tres gotas de la mezcla de aceites sobre cada hoja de saúco. Introduce una dentro de la bolsita de gasa y cósela.

5 Esconde una hoja en cada rincón de tu despacho, y lleva la bolsita siempre contigo para propagar la armonía.

6 Una vez que la atmósfera se sosiegue, entierra las cinco hojas bajo las raíces de una planta de maceta en tu lugar de trabajo.

ADVERTENCIA: los aceites de esta receta pueden producir efectos negativos durante el embarazo o en ciertas enfermedades.

HECHIZO DEL CÍRCULO DE CENIZA

PARA PROTEGERTE DE LA ENVIDIA O EL RENCOR DE UN COMPAÑERO DE TRABAJO

FINALIDAD. Proporcionar protección contra un compañero de trabajo que busca problemas.

INFORMACIÓN ADICIONAL. El desagradable comportamiento de un colega, en particular cuando resulta difícil probarlo o precisarlo, puede convertir el trabajo en un infierno. Este conjuro tiene el objetivo de defenderte del rencor, pero también de frustrar los planes de tu atacante.

Los magos experimentados conocen a la perfección la naturaleza protectora de los círculos de ceniza. Las cenizas de una hoguera simbolizan, de forma concentrada, la protección del fuego y el cobijo que ofrece la hoguera. En este hechizo se confeccionan dos círculos de ceniza: uno que representa la situación actual y otro la situación futura, mejorada. Ambos recurren a las cualidades protectoras de la ceniza y a su capacidad de condensación, un aspecto derivado de la idea de que un elemento quemado condensa, y por consiguiente concentra, el poder de aquello que simboliza. Por ejemplo, si quemas la efigie de una persona rencorosa, la ceniza resultante contendrá y representará su rencor de forma concentrada. Y la forma en que actúes sobre la ceniza determinará lo que suceda con el comportamiento que ésta representa: en el caso que nos ocupa, ¡literalmente se lo llevará el viento!

Un último comentario: la magia se basa en el sentido común y el ingenio. Si eres víctima de otra persona, pide consejo y apoyo antes de recurrir a este conjuro.

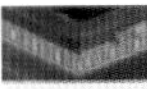

CÓMO PRACTICAR EL HECHIZO

Momento de aplicación: durante la luna menguante para desterrar el mal comportamiento. El sábado, dedicado al autoritario Saturno, es el mejor día.

PROCEDIMIENTO:

1 Establece un círculo según las pautas de las páginas 32-35 y enciende ambas velas.

2 Levanta el cuarzo y declara:

Yo te nombro [tu nombre].

Colócalo sobre el espejo vuelto hacia arriba.

3 Dibuja en un folio un bosquejo de la persona conflictiva. Prende fuego al papel con la vela negra y colócalo en el cuenco. Con las cenizas forma un círculo alrededor de la piedra, recitando:

Que el mal no prospere
y prevalezca el bien.
Vete entonces,
¡y desaparece!

Sopla la ceniza.

4 Dibuja un ojo en el segundo folio, y préndele fuego con la vela blanca. Luego introduce los restos en el cuenco.

5 Dispersa las cenizas sobre el suelo, en forma circular. Písalas y declara:

Tal como me alzo ahora en este círculo,
ruego recibir protección siempre.

6 Introduce la piedra en la bolsita, ciérrala y guárdala en un lugar seguro.

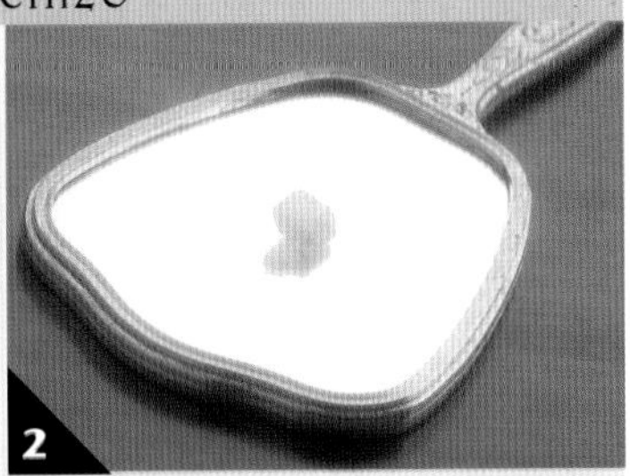

2

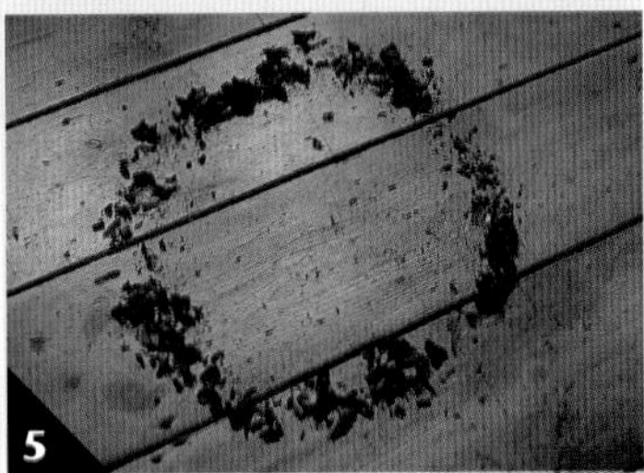

5

NECESITARÁS

- Una vela blanca de 15-20 cm de altura
- Una vela negra de 15-20 cm de largo
- Cerillas o un mechero
- Un cuarzo pequeño
- Un espejo pequeño
- Un lápiz
- Dos folios
- Un cuenco resistente al fuego
- Una bolsita pequeña que se cierre con cordel

HECHIZO DEL TAROT

PARA ATRAER A UN CONSEJERO EFICAZ Y QUE RESPALDE TU TRABAJO

FINALIDAD. Ayudarte a conseguir un mentor que respalde tu trabajo.

INFORMACIÓN ADICIONAL. Siempre merece la pena escuchar la voz de la experiencia, y conseguir el consejo y el interés de una persona experimentada o influyente en tu lugar de trabajo puede resultarte muy beneficioso. Este hechizo te ayuda a llamar la atención de un mentor apropiado que pueda ampararte, y con ese fin recurre a la antigua sabiduría del tarot.

En todos los mazos del tarot, las cartas que más asociamos a los consejeros son las de la corte, que representan a los reyes y las reinas de copas, bastos, espadas y oros. Por esa razón, an-

CÓMO PRACTICAR EL HECHIZO

NECESITARÁS

- Un quemador de aceite con una vela de té
- Dos cucharaditas de agua
- Seis gotas de aceite esencial de heliotropo
- Una vela de color azul oscuro de 15-20 cm de altura
- Cerillas o un mechero
- Una carta de tarot
- Una ramita de álsine, o *Stellaria media*
- Un espejo de pie de dimensiones reducidas

MOMENTO DE APLICACIÓN: realiza el hechizo con luna creciente para atraer a tu consejero, y en jueves, regido por el generoso Júpiter

PROCEDIMIENTO:

1 Establece un círculo según las pautas especificadas en las páginas 32-35.

2 Enciende el quemador de aceite, y vierte el agua y el aceite en un plato.

3 Enciende la vela y repite:

Buen Júpiter, yo te invoco;
ofréceme buen consejo.

4 Elige una carta. Apóyala contra el espejo para que quede «de pie», ambos frente a ti.

tes de comenzar con el conjuro elige una reina si te decantas por una mujer, o un rey si prefieres a un hombre.

Rey o reina de oros: ambos ofrecen buen consejo en temas económicos.

Rey o reina de copas: ambos ofrecen ideas y consejos creativos, en particular en el área del arte, las ciencias y los viajes.

Rey o reina de bastos: ambos favorecen la comunicación, en particular en la enseñanza, el periodismo o las situaciones comerciales.

Rey o reina de espadas: ambos son incisivos y perceptivos, y ofrecen excelente consejo en el ámbito legal y de los seguros, aunque también sobre el progreso profesional en general.

4

5 Pasa el álsine por el aroma que desprende el quemador de aceite, y ruega:

Atrae palabras amables.

Ahora pásalo por el calor de la llama de la vela y pide:

Atrae buenos consejos.

Coloca el álsine frente a la carta y exclama:

Generoso y sabio consejero,
mírame con ojos amistosos;
antes de que pase otra luna
búscame para ofrecerme tu consejo.

6 Mantén la carta frente al espejo durante un ciclo lunar, o hasta que aparezca el consejero que esperas.

HECHIZO DE LA HIEDRA

PARA TENER ÉXITO EN UN NUEVO NEGOCIO O EMPRESA

FINALIDAD. Proteger un nuevo negocio o empresa y, por consiguiente, favorecer su éxito futuro.

INFORMACIÓN ADICIONAL. Este hechizo bendice y protege un nuevo negocio e incrementa las posibilidades de que prospere en el futuro. Recurre a la hiedra, una planta conocida como *gort* entre los celtas y asociada a la protección y la resistencia, dos cualidades que repercutirán satisfactoriamente sobre cualquier nueva empresa. La hiedra crece de prisa y es tenaz, además de contar con la habilidad de abrirse camino y superar los obstáculos. Por tanto, cualquier proyecto bendecido por el poder de la hiedra se beneficiará de dichas cualidades.

A pesar de que iniciar un proyecto empresarial propio resulta muy estimulante, también provoca bastante temor, en particular cuando salir airoso o fracasar depende de las acciones de quien lo gestiona. Si te decides a trabajar por cuenta propia, ten la certeza de que posiblemente te permita abrirte camino en el mundo, pero que también acarrea ciertas responsabilidades y riesgos que seguramente no has conocido en tu vida laboral anterior. Por esa razón, además de proteger y favorecer el inicio de tu nuevo proyecto, este hechizo también elimina las preocupaciones, ¡y calma los nervios del orgulloso nuevo propietario/gerente! A fin de maximizar este beneficio en particular, quema bayas de enebro todas las noches durante las siete jornadas previas a la luna llena, y ata una rama de hiedra alrededor del cabecero o el pie de tu cama.

CÓMO PRACTICAR EL HECHIZO

MOMENTO DE APLICACIÓN: trabaja durante la luna creciente para atraer el éxito y generar protección y resistencia, y opta por el jueves, día del fortuito Júpiter.

PROCEDIMIENTO:

1 Establece un círculo según las pautas especificadas en las páginas 32-35.

2 Enciende el disco de carbón vegetal, luego la vela azul y recita:

Fortuna, madre de la suerte,
sonríe a tu hijo.

Enciende la vela verde y exclama:

Erce, madre de las hojas perennes,
sonríe a mi empresa.

3 Quemas las bayas de enebro en el disco.

4 Pasa la rama de serbal silvestre por el humo aromatizado, y repite:

Firme y pura,
mantente inalterable y resistente.

5 Enrolla la hiedra alrededor de la rama, de abajo hacia arriba y viceversa, y pásala por el humo del incienso una vez más, repitiendo:

Semper, semper, semper.

6 Coloca la rama enrollada frente a las velas, y con ambas manos dirige el incienso hacia tu corazón, rogando:

Cuida de mí y protégeme;
a nadie hago daño.

3

4

NECESITARÁS

- Un disco de carbón vegetal en un plato resistente al fuego
- Una vela de color azul oscuro de 15-20 cm de altura
- Una vela verde de 15-20 cm de altura
- Cerillas o un mechero
- Dos cucharaditas de bayas de enebro secas
- Una rama bifurcada de serbal de los cazadores, de unos 20 cm de largo
- Un tramo largo de hiedra silvestre, de aproximadamente 60 cm de largo

HECHIZO DEL IMÁN

PARA ATRAER CLIENTES A UN NEGOCIO O EMPRESA

FINALIDAD. Atraer clientes a un nuevo negocio. Debes utilizarlo por necesidad, pero no por avaricia.

INFORMACIÓN ADICIONAL. Puede resultar inmensamente decepcionante, incluso hiriente, que los artículos o los servicios que ofreces queden inutilizados por no despertar el interés de los consumidores. Por esta razón, el siguiente hechizo se centra en atraer la atención de potenciales clientes y hacerles entrar por tu puerta, literal o metafóricamente. El resto, por supuesto, depende de ti y la mercancía o los servicios que ofrezcas, pero tal como pueden tes-

CÓMO PRACTICAR EL HECHIZO

NECESITARÁS
Dos cucharaditas de agua
Tres gotas de aceite esencial de lavanda
Un quemador de aceite con una vela de té
Cerillas o un mechero
Una aguja
Cinco velas de té blancas
Una hoja de papel amarillo de 15 x 15 cm
Un imán pequeño
Una cucharadita de miel
Una telaraña

MOMENTO DE APLICACIÓN: realiza este hechizo a comienzos del ciclo de la luna creciente, y en miércoles, día regido por Mercurio, patrono del comercio.

PROCEDIMIENTO:

1 Establece un círculo según las pautas especificadas en las páginas 32-35.

2 Vierte el agua y el aceite en el disco del quemador de aceite, y enciéndelo.

3 Con una aguja traza unas líneas que representen una figura humana sobre la superficie de cada vela de té.

tificar muchos empresarios fracasados, la mitad de la batalla está ganada cuando consigues mostrar lo que ofreces.

Este hechizo se basa en metáforas y símbolos antiguos. Todo el mundo reconoce el simbolismo de dibujar abejas en un frasco de miel. Lo mismo es aplicable a las proverbiales propiedades de la telaraña para atrapar a sus presas, y al poder de atracción de los imanes. En este caso, las tres facultades confluirán para captar la curiosidad del público, aunque presumiblemente no estarás «cazando» clientes, sino ofreciéndoles productos y servicios de los que ellos se beneficiarán... y que a ti te harán ganar dinero.

3

4 Dispón las velas de té en círculo alrededor del papel, sobre una superficie resistente al calor. Apoya el imán sobre el papel y declara:

Yo te invoco / por el poder del norte.

Vierte la miel sobre el imán y afirma:

Atraigo tu dinero,
como las abejas vuelan hacia la miel.

Coloca la telaraña sobre la miel, y repite:

Aférrate bien,
como la telaraña a la mosca.

5 Enciende las cinco velas de té y declara:

Por esta luz intensa
y la voluntad de Mercurio;
por el hierro, la telaraña y el aguijón
te atraigo hacia este anillo.

6 Cuando todas se hayan consumido, vierte los ingredientes sobre el papel, pliégalo y escóndelo en tu lugar de trabajo.

HECHIZO DE LA ESCOBA

PARA ASEGURAR EL COMERCIO Y LA PROSPERIDAD DE TU NEGOCIO

FINALIDAD. Promover la prosperidad en negocios ya establecidos.

INFORMACIÓN ADICIONAL. La escoba es el símbolo arquetípico de las brujas, que abunda no sólo en las películas de Hollywood de clase B sino también en las descripciones históricas de la brujería. La asociación de este artilugio con las brujas resulta muy interesante, dado que tradicionalmente el símbolo de la escoba ha funcionado más para definir límites que para representar el vuelo. En los días previos a la existencia de las aceras y las calles asfaltadas, la huella de la escoba y el rastro que dejaba al barrer delimitaba el territorio propio de cada vivienda. Y si el propietario la dejaba junto al portal, indicaba que se encontraba en casa o, por el contrario, que había salido.

En este hechizo, la escoba se utiliza para bendecir los límites de tu negocio con la esperanza de que continúe alzando vuelo sin obstáculos. Los elementos aire y tierra también son invocados para que aporten a tu empresa la viabilidad comercial y la estabilidad que necesita para continuar.

Para este encantamiento necesitarás una escoba, que encontrarás fácilmente en cualquier centro de jardinería. Una vez practicado el hechizo, la escoba deberá permanecer dentro de la habitación, concretamente sobre el dintel de la puerta por la que los clientes accedan a tu establecimiento.

CÓMO PRACTICAR EL HECHIZO

NECESITARÁS

- Un disco de carbón vegetal en un plato resistente al fuego
- Cerillas o un mechero
- Una cucharadita de gránulos de benjuí
- Una cucharadita de albahaca picada
- Una vela verde de 15-20 cm de altura
- Una vela amarilla de 15-20 cm de altura
- Una escoba
- Un manojo grande de romero fresco
- 1,80 m de cáñamo natural
- 30 cm de bayas de enebro secas, engarzadas
- Seis gotas de aceite esencial de menta

MOMENTO DE APLICACIÓN: practica este encantamiento durante el período de luna creciente para favorecer el crecimiento, y en miércoles, día regido por Mercurio, el rey del comercio.

PROCEDIMIENTO:

1 Establece un círculo según las pautas especificadas en las páginas 32-35.

2 Enciende el disco de carbón vegetal y vierte el benjuí y la albahaca.

3 Enciende la vela verde, y declara:

Tierra, presencia este hechizo.

Enciende la vela amarilla y ruega:

Aire, transpórtalo bien.

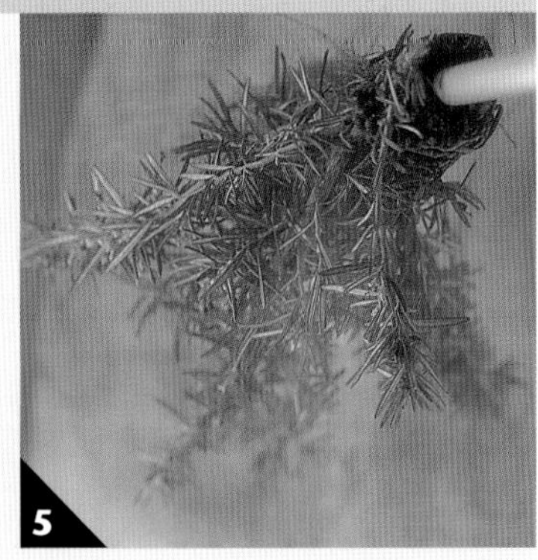

4 Utilizando la totalidad del cáñamo, ata el romero alrededor de la banda que ajusta el mango a la escoba. Mientras tanto recita:

Nacido de la tierra,
transportado por el aire,
incrementa los ingresos
y destierra las preocupaciones.

Sujeta con firmeza y luego rodea el cáñamo con las bayas de enebro engarzadas.

5 Unta el mango y el cepillo con el aceite de menta; a continuación pasa la escoba por el humo del incienso en tres ocasiones, repitiendo:

Una vez te consagro,
dos veces te decoro,
tres veces te bendigo.

6 Conserva este talismán de la escoba sobre el dintel de la puerta de acceso a tu local.

TALISMÁN DE LA EXPLOSIÓN SOLAR

PARA RECUPERAR UNA EMPRESA DEBILITADA

FINALIDAD. Impulsar la recuperación de una empresa.

INFORMACIÓN ADICIONAL. Resulta bastante desalentador comprobar que una empresa que has construido de la nada y con gran esfuerzo personal comienza a debilitarse. En ocasiones los proyectos fracasan porque no han sido bien diseñados, publicitados o respaldados económicamente. En otros casos, una empresa puede hundirse por circunstancias completamente ajenas al control de su creador. Si éste es tu caso y ya has tomado todas las medidas prácticas posibles para asegurar la continuidad de tu empresa, este hechizo puede ofrecerte la ayuda que necesitas para revivirla.

En la magia —al igual que en muchos sistemas adivinatorios, como el tarot—, el Sol representa la alegría, la felicidad y el éxito. El símbolo de la explosión solar, un disco central con una penumbra en zigzag a su alrededor, fue utilizado por muchos pueblos de la antigüedad para representar la bendición divina. Y aún en la actualidad vislumbramos la presencia de los dones del Sol en expresiones como «un destino brillante», en referencia a la suerte o el éxito de una persona.

El talismán de la explosión solar tiene la finalidad de atraer todos los beneficios del Sol —y sus poderes asociados— a la recuperación de tu empresa. Si da buenos resultados, deberías destinar una pequeña porción de tus ganancias futuras a quienes son menos afortunados que tú.

CÓMO PRACTICAR EL HECHIZO

Momento de aplicación: el talismán debería ser confeccionado durante la luna creciente para favorecer el crecimiento, y en domingo, día regido por el Sol.

PROCEDIMIENTO:

1 Establece un círculo según las pautas especificadas en las páginas 32-35.

2 Enciende el carbón vegetal y quema el incienso. Enciende la vela y repite:

Invoco al sol infinito
para que brille sobre esta/ este
empresa/ tienda/ negocio.

3 Cubre el disco de arcilla con el papel dorado; luego, con el lápiz sin punta, traza sobre él la figura del Sol.

4 En el centro marca un punto, y a su alrededor escribe las palabras:

Bel, Sol, Salve.

5 Mezcla el benjuí, la canela y el salitre en el mortero, y viértelos sobre el disco de carbón vegetal, repitiendo las palabras que acabas de escribir. Pasa el talismán por el humo del incienso.

6 Cuelga «tu sol» en el punto central más elevado de tu local.

4

5

NECESITARÁS

- Un disco de carbón vegetal en un plato resistente al fuego
- Cerillas o un mechero
- Una cucharadita de incienso
- Una vela anaranjada o dorada de 15-20 cm de altura
- Un disco de arcilla con un orificio ya perforado
- Papel dorado para cubrir el disco
- Un lápiz sin punta
- Una pizca de benjuí
- Una pizca de canela
- Una pizca de salitre
- Mortero
- 75 cm de cordel fino

Hechizos para la salud, la belleza y el bienestar

INTRODUCCIÓN A LOS HECHIZOS PARA LA SALUD, LA BELLEZA Y EL BIENESTAR

Cada una de las categorías cubiertas en esta sección debe ser interpretada en términos generales con el fin de abarcar las diversas percepciones de los conceptos salud, belleza y bienestar. La salud, en este contexto, es interpretada como un estado positivo y completo de existencia mental y física, y no simplemente como la ausencia de dolor. Del mismo modo, el concepto de bienestar incorpora nuestra propia sensación de paz interior y equilibrio. La belleza, el más subjetivo de los ideales, es interpretada aquí como un parámetro que supera la «perfección» marcada por la sociedad y la cultura para incluir nociones alternativas de belleza física y espiritual.

En su conjunto, las interpretaciones de salud, belleza y bienestar que se ofrecen en esta sección poseen más validez que los arbitrarios y limitados parámetros en los que son habitualmente definidos.

Quizá se deba a que la magia no depende de un presupuesto para gastos que ahorra en curas, ni tiene el menor interés en que las mujeres «sufran» a causa de su cuerpo, ni tampoco sobrecarga a los participantes con más ansiedad que la de conseguir suficiente espacio y privacidad para practicar los hechizos.

Algunos de los conjuros para la curación física incluidos en esta sección cuentan con un importante linaje, ya que nuestros ancestros utilizaban la magia para curar o disipar la enfermedad. Durante milenios, antes de la profesionalización de la medicina y la cirugía, los sanadores contaban con importantes conocimientos sobre anatomía y plantas medicinales, que por lo general combinaban con la magia y la religión. Muchos hechizos curativos han pasado a formar parte de los anales de las tradiciones populares, pasando de las manos de los antiguos médicos rurales, conocidos como sabios o sabias, a las de los recopiladores de costumbres tradicionales y otras curiosidades. Otros hechizos han sido transmitidos de una generación a otra —por lo general de madre a hija—, sobreviviendo como «supersticiones» o «cuentos de brujas», es decir, como un epíteto que vincula dicho conocimiento con las sabias.

Además de conjuros para aliviar los síntomas físicos, encontrarás recetas mágicas para superar el dolor emocional, aliviar la angustia y luchar contra la melancolía, dado que la salud y el bienestar significan mucho más que «funcionar» correctamente. Eliminar los hábitos perjudiciales y encontrar un equilibrio mental y físico son importantes factores en ambos campos. La cualidad de la belleza, tanto física como espiritual, se encuentra íntimamente conectada con la autoestima, la salud y la paz interior, que a su vez representan elementos fundamentales del bienestar. Por consiguiente, en esta sección descubrirás que hechizos y objetivos se entremezclan con una fluidez típica de las tradiciones que estimulan el holismo y la salud.

HECHIZO DE LA PIEDRA SANADORA

PARA CURAR DOLENCIAS FÍSICAS

FINALIDAD. Curar diversos problemas físicos.

INFORMACIÓN ADICIONAL. Este hechizo proviene de una antigua tradición de la magia compasiva, basada en la idea de que la enfermedad o el deterioro pueden transferirse a otra persona, o a un objeto inanimado. En tiempos menos iluminados, se creía posible transferir simbólicamente una enfermedad a un animal vivo; un antiguo conjuro para curar las verrugas, por ejemplo, exigía frotar la lesión contra un sapo, que luego debía ser arrojado cargado de peso a un estanque, para que se ahogara.

Te alegrará saber que a pesar de que este hechizo actúa respetando los antiguos principios de la transferencia simbólica, no recurre a actos tan crueles. Por el contrario, emplea un ingrediente que no resulta dañado en lo más mínimo durante la práctica del conjuro: una piedra. La utilización de un elemento inanimado no es una opción de segundo grado: primero, porque el poder de las piedras, los cristales y otros objetos de la tierra era ampliamente conocido por nuestros ancestros, y segundo, porque un gran número de antiguos hechizos de transferencia mencionan el uso de tipos específicos de piedras.

Antes de ponerte manos a la obra, deberás encontrar una piedra suave, blanca y de forma oval que entre cómodamente en la palma de tu mano. Tiene que haber sido modelada por la acción del agua o el clima, así que para buscarla tendrás que salir de expedición al mar, un río o un lago.

CÓMO PRACTICAR EL HECHIZO

Momento de aplicación: deberías practicar este hechizo durante la luna menguante para eliminar las dolencias, y en lunes, día de la misteriosa Luna.

PROCEDIMIENTO:

1 Establece un círculo según las pautas especificadas en las páginas 32-35.

3 Visualiza un círculo blanco que abarque toda la habitación.

4 Utilizando el clavo, traza una X sobre la superficie de la vela de té, de tal forma que la mecha quede en el punto de intersección de ambas líneas, y declara:

Queden eliminados los males
y la enfermedad aniquilada.

4 Enciende la vela, pliega la gasa por la mitad y cose los lados con hilo doble para crear una bolsita abierta.

5 Frota la piedra sobre la parte del cuerpo que te está causando problemas, y visualiza lo que deseas expulsar como un humo negro que emana de tu cuerpo y se dirige a la piedra. Mientras, repite lo siguiente:

La luna menguante
encogerá hasta los huesos,
y se llevará consigo
lo que esta piedra encierra.

6 Cuando hayas finalizado, introduce la piedra en la bolsita y átala con firmeza utilizando el cordel. A continuación arrójala a la masa de agua natural más profunda que encuentres en tu zona de residencia.

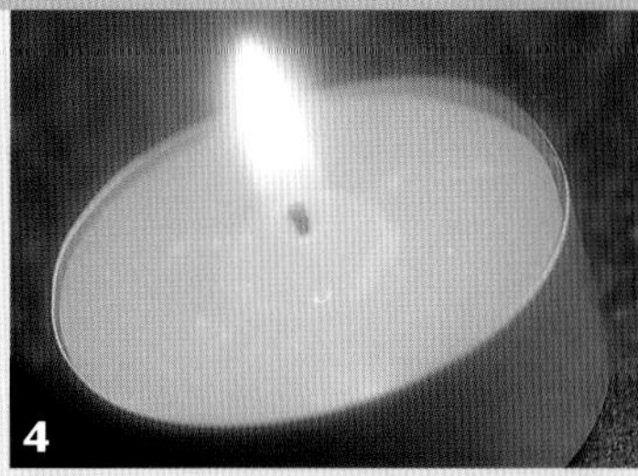

4

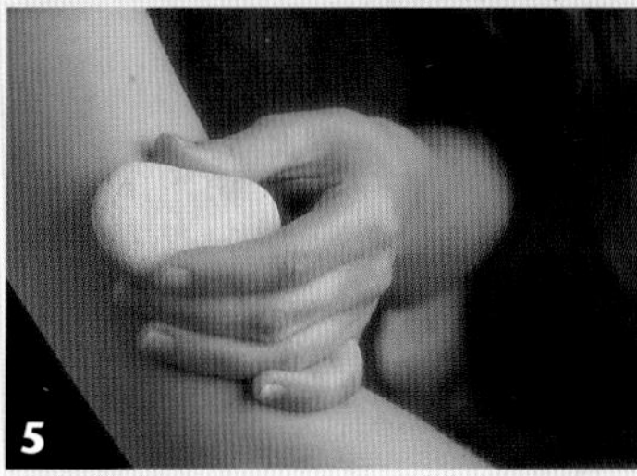

5

NECESITARÁS

- Un clavo de hierro afilado
- Una vela de té blanca
- Cerillas o un mechero
- Una tira de gasa de 10 x 20 cm
- Una aguja de coser
- 60 cm de hilo blanco para coser
- Una piedra blanca ovalada
- 22,5 cm de cordel fino negro

HECHIZO DEL CÁLIZ DEL CORAZÓN

PARA INCREMENTAR LA AUTOESTIMA

FINALIDAD. Incrementar la autoestima.

INFORMACIÓN ADICIONAL. La presión que ejercen las modas actuales y las cambiantes ideas sobre la perfección física puede impedir que apreciemos lo que tenemos y lo que somos. Este hechizo se convierte en el antídoto perfecto para esa clase de pensamiento que sólo encuentra belleza y mérito en el aspecto de unos pocos; y por eso te ayudará a centrarte en el atractivo y la valía de tu propio aspecto, personalidad y espíritu.

El simbolismo del cáliz mantiene un claro vínculo con muchas leyendas del norte y el oeste de Europa; como la búsqueda del Santo Grial, versión cristianizada de una copa que representa la sanación y la búsqueda espiritual. En el *Mabinogion* —libro que compendia antiguas tradiciones e historias galesas—, un caldero mágico simboliza el don de renovarse. Y en las tradiciones mágicas occidentales, el cáliz representa las mágicas cualidades sanadoras del agua y además el amor, sentimiento que corresponde a dicho elemento.

El cáliz de este hechizo es una copa de salud y amor, ya que el desarrollo de la autoestima consiste en llegar a amarse y curar el daño causado por valores distorsionados.

CÓMO PRACTICAR EL HECHIZO

NECESITARÁS

- Una varilla de incienso en un recipiente seguro
- Una vela verde de 15-20 cm de altura
- Una vela azul claro de 15-20 cm de altura
- Cerillas o un mechero
- Una tachuela afilada
- Un disco de cobre liso
- Una copa
- Un capullo de rosa roja
- Una ramita de romero
- 85 ml de zumo de manzana
- 85 ml de agua natural de manantial

MOMENTO DE APLICACIÓN: durante la luna creciente para incrementar la autoestima, y en viernes, día de la amante y armoniosa Venus, en cuanto salga la luna.

PROCEDIMIENTO:

1 Establece un círculo según las pautas especificadas en las páginas 32-35.

2 Enciende el incienso y las velas verde y azul.

3 Utilizando la tachuela, inscribe la inicial de tu nombre de pila y el símbolo de un corazón sobre el disco de cobre.

4 Introdúcelo en tu cáliz, declarando:

Por aquello que estimo.

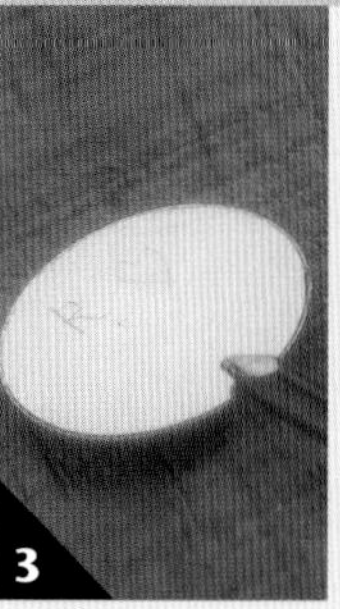

3

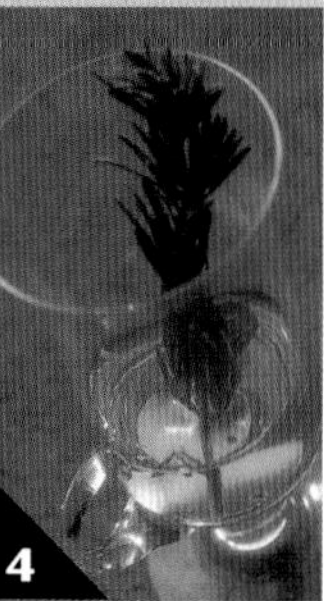

4

Agrega el capullo de rosa y prosigue:

Por aquello que más amo.

Añade el romero y continúa:

Por aquello que valoro.

Vierte el zumo de manzana y el agua, y repite:

Por lo dulce,
por lo puro.

Sostén el cáliz entre ambas manos frente a las velas, y ruega:

Deseo estimarme,
deseo amarme,
quiero llegar a ser lo que valoro.

5 Deja el cáliz al aire libre bajo la luz de la luna durante una hora, y bebe la poción una vez transcurrido ese tiempo.

6 Entierra el disco, el capullo de rosa y el romero bajo una planta de tu jardín que te guste particularmente, o en un espacio verde próximo a tu domicilio.

HECHIZO DE LOS CUATRO VIENTOS

PARA PROMOVER UNA VIDA ARMONIOSA

FINALIDAD. Generar armonía y equilibrio en todas las áreas de tu vida.

INFORMACIÓN ADICIONAL. Este hechizo invoca el poder de los cuatro vientos para equilibrar todas las áreas de tu vida. No garantiza la protección contra todas las crisis, pero actúa en pos de un equilibrio vital que te permita afrontarlas cuando lleguen.

Existen diversas tradiciones relacionadas con el control de los vientos, muchas de las cuales tienen que ver con las brujas, acusadas durante la época de su persecución en Europa de invocar tormentas para causar naufragios y arruinar cosechas. Uno de los métodos con los que las brujas invocaban a los vientos más poderosos consistía en «anudarlos» en una tela o una cuerda.

De estas historias supersticiosas, sólo la referencia a los nudos en las actividades mágicas se acerca un poco a la verdad; las brujas han recurrido a los nudos como un medio para sellar un hechizo desde tiempos inmemoriales, aunque no para provocar mal tiempo. A través de este trabajo mágico estarás poniendo en práctica una técnica verdaderamente antigua.

CÓMO PRACTICAR EL HECHIZO

Momento de aplicación: trabaja durante la media luna creciente; el día de la semana no tiene importancia, ya que lo primordial es la fase de la luna.

PROCEDIMIENTO:

1 Establece un círculo según las pautas especificadas en las páginas 32-35.

2 Coloca el agua, la sal, el incienso y la vela de té en puntos equidistantes alrededor del círculo. Enciende el disco de carbón vegetal y la vela de té; prosigue luego con las velas y declara:

Me alzo entre la oscuridad y la luz.

3 Ata cuatro nudos en puntos equidistantes de la cuerda, uno después de cada verso:

Invoco al viento del este, mediante mi aliento.
Invoco al viento del sur, mediante el calor de mi cuerpo.
Invoco al viento del oeste, mediante el agua de mi sangre.
Invoco al viento del norte, por mi carne y mis huesos.

4 Introdúcela en la sal, diciendo:

Te enseño a la tierra.

Ahora introdúcela en agua y declara:

Te enseño al agua.

Pásala por el humo del incienso y exclama:

Te enseño al aire.

5 Pásala por el calor de la vela de té y añade:

Te muestro al fuego.

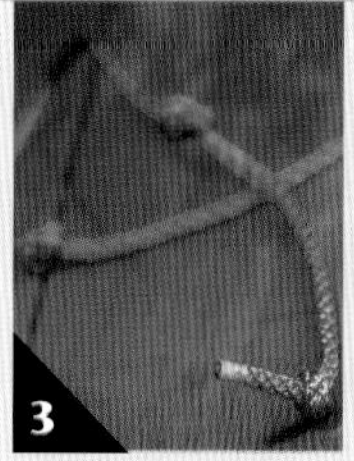
3

4

NECESITARÁS

- Un cuenco de agua
- Un cuenco de sal
- Una pizca de incienso
- Una vela de té en un recipiente
- Un disco de carbón vegetal en un plato resistente al fuego
- Una vela negra de 15-20 cm de altura
- Una vela blanca de 15-20 cm de altura
- Cerillas o un mechero
- 60 cm de cordel de seda de color azul claro.

6 Coge la cuerda en alto y manifiesta:

Que todo lo que me rodea se equilibre
cuando los cuatro vientos soplen sobre mí.
Que conserve la armonía verdadera
¡y bendecido sea!

Guarda la cuerda en un lugar seguro.

HECHIZO DE LA INVOCACIÓN A LA PAZ

PARA DISFRUTAR DE TRANQUILIDAD Y PAZ INTERIOR

FINALIDAD. Ayudar a quienes desean alcanzar la paz interior.

INFORMACIÓN ADICIONAL. Todos tenemos problemas de vez en cuando, y podemos afrontarlos cuando contamos con recursos como la calma y la tranquilidad. En ocasiones resulta más fácil decirlo que hacerlo, ya que alcanzar la paz interior requiere paciencia, persistencia y determinación. Este hechizo ayuda a alcanzar la serenidad, y puede ser repetido tantas veces como sea necesario. Comprobarás que tu sensación de paz crecerá cada vez que lo pongas en

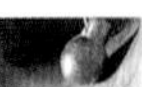

CÓMO PRACTICAR EL HECHIZO

NECESITARÁS

- Trece velas blancas de diversas alturas
- Cerillas o un mechero
- Un disco de carbón vegetal en un plato resistente al fuego
- Dos cucharadas de incienso compuesto por partes iguales de sándalo, camomila y mirra, y seis gotas de aceite de esencia de manzana
- Una campanilla

MOMENTO DE APLICACIÓN: la noche de luna llena, en cualquier día de la semana, resulta ideal para practicar este hechizo.

PROCEDIMIENTO:

1 Dispón las velas en círculo alrededor del área en la que estés trabajando. Establece un círculo según las pautas especificadas en las páginas 32-35.

2 Enciende el disco de carbón vegetal y quema el incienso.

3 Comenzando por el este del círculo y moviéndote en el sentido de las agujas del reloj, enciende todas las velas. Siéntate en el centro de la figura y relaja la respiración hasta que te sientas en calma. Pronuncia en voz alta:

Iris, diosa de la paz,
ayúdame en mi búsqueda.

práctica. El canto es una técnica muy antigua que forma parte de diversas religiones mundiales. Una teoría sostiene que cantar ocupa el hemisferio cerebral izquierdo, el lógico, permitiendo que el hemisferio derecho, supuestamente el centro más espiritual, pase a primer plano. Sin lugar a dudas, el ritmo y el acto de cantar en sí mismo consiguen alterar nuestros niveles de conciencia y promover diferentes estados del ser. De hecho, la repetición produce un efecto muy sedante, y aunque puedes regresar al círculo tantas veces como lo desees para practicar el conjuro completo, notarás que repetir el cántico de la paz fuera del círculo también te es muy fortalecedor.

4 Haz sonar la campanilla para indicar que te encuentras preparado para comenzar.

5 Canta las siguientes líneas, siguiendo un patrón de notas que encaje con el ritmo de las palabras:

El aire fluye en mí y a mi alrededor;
el aire fluye a mi alrededor y dentro de mí.
La vida fluye en mí y a mi alrededor;
la vida fluye a mi alrededor y dentro de mí.

Continúa el cántico hasta mencionar los cinco elementos —aire, fuego, agua, tierra y espíritu— y finaliza con los siguientes versos:

La paz fluye en mí y a mi alrededor;
la paz fluye a mi alrededor y dentro de mí.

6 Repite el conjuro completo nueve veces; luego haz sonar la campana una vez más para marcar el final del canto.

HECHIZO DE LA VELA ESPINADA

FAVORECE LA SALUD Y LA HIGIENE MENTAL

FINALIDAD. Ayudar a eliminar las preocupaciones persistentes y el «desorden» mental.

INFORMACIÓN ADICIONAL. El estrés se ha convertido en un importante problema de salud en los países industrializados, por ello es importante eliminar las preocupaciones. Mantener una buena salud mental depende, en parte, de nuestra capacidad para deshacernos de estas preocupaciones. Un buen ejemplo es lo que nos sucede al final de una jornada laboral o durante el fin de semana, cuando las preocupaciones relacionadas con el trabajo continúan perturbándonos y no podemos abordarlas directamente. Si es lo que te perturba a ti, este hechizo podría ayudarte a deshacerte de tan irritante estado de estrés y ansiedad.

No resulta difícil descubrir de dónde proviene el simbolismo de este conjuro: si una persona se ha convertido en una molestia constante para nosotros o nos preocupa, decimos que «es una espina que tenemos clavada». Aquí, las espinas clavadas a cada lado de la vela representan las preocupaciones más abstractas. Y mientras la cera se consume, los problemas se alejan y la mente se aclara. Además, esta práctica te enseñará a deshacerte de este tipo de preocupaciones mucho más eficazmente en el futuro.

CÓMO PRACTICAR EL HECHIZO

NECESITARÁS

- Un disco de carbón vegetal en un plato resistente al fuego
- Cerillas o un mechero
- Una cucharada de bayas de enebro secas
- Una vela de color azul claro de 15-20 cm de altura
- Una vela negra de 15-20 cm de altura
- Suficientes espinas de rosa para representar cada una de tus preocupaciones

MOMENTO DE APLICACIÓN: trabaja durante la luna menguante para desterrar las preocupaciones, y en cualquier día de la semana.

PROCEDIMIENTO:

1 Establece un círculo según las pautas especificadas en las páginas 32-35.

2 Enciende el carbón vegetal y vierte algunas bayas de enebro.

3 Enciende la vela azul.

4 Coge la vela negra entre tus palmas y, cerrando los ojos, concéntrate en la ansiedad que te acosa. Imagina que se trata de una nube oscura que sale de ti y se dirige hacia la vela.

5 Sostén la vela negra sobre el calor que emana de la vela azul para ablandar su

5

superficie lateral. Coge las espinas y disponte a clavarlas en la cera blanda, dándoles el nombre que prefieras, por ejemplo:

*Yo te bautizo [ansiedad por el dinero/
preocupaciones relacionadas con la
oficina, etc.].*

6 Cuando consideres que has cubierto todas tus ansiedades, enciende la vela negra y declara:

Mientras te consumes
dejarás salir
la ansiedad,
que así cesará.
Mientras te consumes
las espinas se llevarán
todas las preocupaciones,
que así desaparecerán.

HECHIZO DE LA BOTELLA

PARA GENERAR BIENESTAR

FINALIDAD. Producir una sensación de bienestar.

INFORMACIÓN ADICIONAL. El bienestar proviene tanto de un buen estado de salud general como de una sensación de plenitud que nace en nuestro interior. En ocasiones, un toque de magia impulsa la tarea de equilibrar la vida, la salud y el trabajo incorporando, además, una sensación de bienestar.

Este hechizo tiene como objetivo dar el pistoletazo de salida en tus planes de equilibrar tu vida más eficazmente, y para ello invoca los poderes del Sol, tradicional patrono de la buena salud y la suerte, y pretende que alcances una sensación de bienestar que te permita explorar aquellas partes de tu vida y tu salud que necesitan equilibrio o simplemente requieren ciertos cuidados. Si estás decidido a no ocuparte de algunos aspectos de tu salud o forma de vida, practicar un hechizo no te compensará. La sensación de bienestar que se consigue mediante este conjuro no es más que una pequeña muestra de lo que puedes lograr con paciencia, raciocinio y esfuerzo.

CÓMO PRACTICAR EL HECHIZO

NECESITARÁS

- Dos cucharaditas de agua
- Seis gotas de aceite esencial de canela
- Un quemador de aceite con una vela de té
- Cerillas o un mechero
- Una vela anaranjada o dorada de 15-20 cm de altura
- Una flor de caléndula
- Una copa (de las de vino)
- 50 ml de agua pura
- Una botella esterilizada, con tapa y cuentagotas

MOMENTO DE APLICACIÓN: realiza este hechizo durante el día, durante la luna creciente y en domingo, día del pródigo Sol.

PROCEDIMIENTO:

1 Establece un círculo según las pautas especificadas en las páginas 32-35.

2 Vierte el agua y el aceite dentro del disco del quemador, y enciéndelo.

3 Enciende la vela anaranjada y declara:

Que el Eterno poder del Sol
contenido en esta tierna flor
me conceda buena salud a partir de ahora.

Debes elevar la flor, o la llama de la vela, hacia los cuatro puntos cardinales a modo de saludo, y luego devolverla al centro.

4 Coloca la caléndula en la copa y vierte el agua sobre sus pétalos. Llévala al aire libre para que el sol brille sobre ella, y a continuación regresa al círculo e introduce la flor en la botella.

5 Vierte tres gotas del agua sobre tu lengua, y ruega:

Pueda yo hablar
de aquello que busco.

Ahora moja tus párpados y repite:

Pueda comprender
aquello que conozca.

Moja tus orejas y declara:

Pueda yo cumplir con
aquello que reciba.

Moja tu frente y repite:

Que la sabiduría se acerque a mí
a partir de ahora.

6 Guarda la botella en un lugar seguro, y utiliza el agua en cualquier momento que desees percibir el poder del Sol.

HECHIZO DEL ROCÍO

PARA GANAR BELLEZA

FINALIDAD. Sacar al exterior la belleza que encierras dentro de ti.

INFORMACIÓN ADICIONAL. El concepto de la belleza es claramente subjetivo, difiere de una cultura a otra y cambia con el paso del tiempo. Lo que en una época se considera bello suele resultar poco atractivo en otra, y aquello que supuestamente representa la belleza en una cultura puede causar indiferencia en otra, ¡o incluso ser considerado antiestético!

Si deseas destacar tus rasgos más atractivos y sacar a relucir tu belleza interior, éste es el hechizo que buscas. Basado en una costumbre muy antigua, requiere trabajar con hierba que no se encuentre contaminada por pulverizaciones ni productos químicos y pueda recoger el rocío puro de la mañana. La época más conveniente para practicar este conjuro es el verano, de mayo en adelante, y durante el amanecer, ¡así que el día que lo prepares deberás despertarte muy temprano!

El hechizo se lleva a cabo al aire libre, razón por la cual necesitas preservar tu privacidad; sin embargo, dado el momento del día en que tienes que salir, no creo que te resulte difícil. Por favor, no descuides tu seguridad: en la medida de lo posible, pide a un amigo que te acompañe.

CÓMO PRACTICAR EL HECHIZO

NECESITARÁS

Una vela verde reducida, en un bote

Cerillas o un mechero

Un poco de hierba empapada del rocío de la mañana

MOMENTO DE APLICACIÓN: trabaja al alba durante la luna creciente, entre el 1 de mayo y el 31 de agosto, y en cualquier día menos sábado.

PROCEDIMIENTO:

1 En lugar de formar un círculo de la manera habitual, en esta ocasión determinarás tu posición según el sol; debes inclinarte, respectivamente, hacia el este, el sur, el oeste y el norte, pronunciando la línea correspondiente a cada punto cardinal:

En el este honro al elemento aire;
en el sur honro al elemento fuego;
en el oeste honro al elemento agua;
en el norte honro al elemento tierra.

2 Luego, de frente al sol naciente, declara:

En el centro del todo, honro al elemento del espíritu.

3 Enciende la vela verde, exclamando:

Invoco al espíritu de este campo verde
y a la esencia de la naturaleza
para que reflejen en mí su gloria
y belleza natural.

4 Coge el rocío de la hierba con ambas manos, y moja tu rostro.

5 Repite esta acción nueve veces, siempre recitando las palabras antes mencionadas.

6 Apaga la vela de un soplo, y llévala a tu casa. Vuelve a encenderla al atardecer y deja que se consuma por completo.

HECHIZO DEL CALDERO SANADOR

PARA AYUDAR A SUPERAR LA ANGUSTIA Y CURAR EL DOLOR EMOCIONAL

FINALIDAD. Poner fin a la angustia y el dolor emocional.

INFORMACIÓN ADICIONAL. Sin intención de sonar morbosa ni pesimista, resulta razonable afirmar que la angustia y el dolor emocional forman parte de la experiencia humana. De hecho, algunos pueden argumentar que si no nos concedemos tiempo y espacio para estas emociones no logramos crecer ni madurar. Sin embargo, cuando el período de angustia y dolor finaliza, nada resulta más saludable que desprenderse de esos sentimientos. No siempre es fácil, desde luego, y algunas culturas lo reconocen creando rituales para marcar el final del duelo.

La muerte no es la única situación capaz de provocar aflicción: el final de un período feliz o la ruptura de una relación también causan una profunda tristeza. El modo más sano de afrontar la angustia consiste en tomarse un tiempo para expresarla, recordar a la persona o la etapa perdida, y a continuación seguir adelante para crecer a partir de la experiencia. Si te cuesta alejarte de la angustia y desprenderte de los sentimientos de dolor, porque ya se han convertido en un hábito más que en una forma sana de afrontar la pérdida, este ritual te ayudará a salir adelante.

CÓMO PRACTICAR EL HECHIZO

NECESITARÁS

- Una vela negra de 15-20 cm de altura
- Cerillas o un mechero
- Una moneda de cobre o de color bronce
- Un caldero de metal grande o una vasija de cerámica redonda
- Una piedra pequeña, oscura y redondeada
- Una cucharadita de agua
- Dos palas de tierra o sustrato
- Vino tinto o zumo de uva, 125 ml

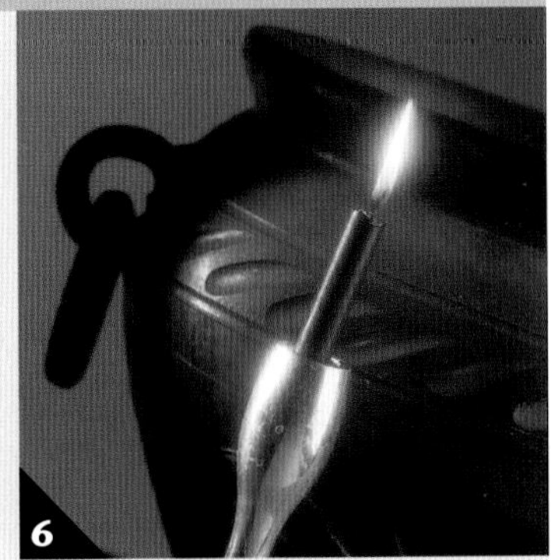

MOMENTO DE APLICACIÓN: realiza este conjuro con luna menguante para que la marea arrastre la desdicha, cualquier día, aunque el sábado, día de Saturno, es el más propicio.

PROCEDIMIENTO:

1 Haz un círculo (ver páginas 32-35).

2 Enciende la vela y declara:

Brilla sobre la angustia,
elimina el dolor;
atrás queden las lágrimas
y resurja la alegría.

3 Introduce la moneda en el caldero y exclama:

Las ataduras se han desgarrado
y la ira ha quedado atrás.

Ahora introduce la piedra y repite:

Desterrado el enfado
que me abruma.

Añade el agua y finaliza:

Ésta es la última
lágrima vertida.

4 Cubre estos elementos con la tierra o el sustrato; luego eleva la copa de vino, y declara:

Un brindis por las penas olvidadas
que ya no volverán.

5 Bebe la mitad, y vierte el resto sobre la tierra mientras recitas:

Que la tierra absorba
el resto de esta copa.

6 Coloca el caldero junto a la vela hasta que se haya consumido por completo. Luego escóndelo en un lugar seguro durante un ciclo lunar y entierra el sustrato y su contenido lejos de tu casa, después del anochecer.

HECHIZO DE LA HOGUERA

PARA ELIMINAR LAS PREOCUPACIONES

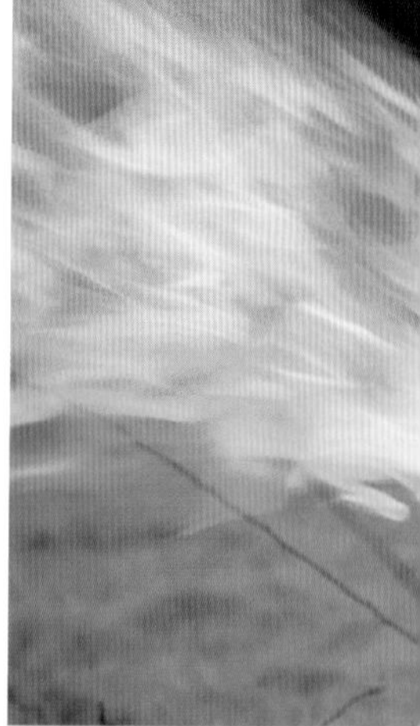

FINALIDAD. Eliminar preocupaciones en el humo.

INFORMACIÓN ADICIONAL. Es el hechizo idóneo para acabar con los problemas que te agobian, puesto que su objetivo no es rechazar las preocupaciones en general sino destruir las que ya te están perturbando. Aunque no elimina todos los problemas, actúa nombrándolos ritualmente y quemándolos en una hoguera mágica.

CÓMO PRACTICAR EL HECHIZO

NECESITARÁS

- Un haz de leña seca
- Una vela de té en un bote o un farol
- Cerillas o un mechero
- Una pluma con tinta roja
- Suficientes trozos de papel para representar cada preocupación
- Un manojo grande de mala hierba seca
- Un manojo grande de aquilea seca
- La piel seca de cinco naranjas

MOMENTO DE APLICACIÓN: después del anochecer, durante la luna menguante y en cualquier día de la semana; pero advierte a tus vecinos que retiren la ropa que hayan colgado en su patio, ya que la hoguera producirá mucho humo.

PROCEDIMIENTO:

1 Enciende una hoguera usando madera seca.

2 Visualiza un círculo de luz blanca alrededor de la hoguera y el área en que trabajarás.

En inglés, esta clase de fuego recibe el nombre de *balefire*, y designa cualquier hoguera encendida con fines mágicos y, en consecuencia, preparada para quemar los ingredientes de un conjuro. La destrucción de lo que se nombra en un círculo mágico es un acto muy poderoso, y cuanto más sencillo sea el conjuro, más beneficios obtendrás de él. Intenta resumir tus preocupaciones en una sola palabra. Si quien te trae problemas es una persona, escribe su nombre. Y no te preocupes, que no le causarás ningún daño. Aquí sólo cuenta la intención, que consiste en eliminar las preocupaciones pero *no* a la persona que las causa (por tentador que pueda resultar).

3 Enciende la vela de té, y a la luz de su llama escribe todas tus preocupaciones, cada una en un trozo de papel.

4 Arroja la mala hierba a la hoguera y declara:

Por esta perdición, te arranco de raíz.

Ahora arroja la aquilea y repite:

Mediante esta bendición, yo te elimino.

Nombrando cada una de tus preocupaciones, lanza al fuego los trozos de papel de uno en uno y observándolos mientras se queman.
Arroja ahora la piel de naranja y declara:

Que los problemas desaparezcan
y surja la dulzura.

3

5 Permanece al aire libre hasta que el fuego se haya consumido por completo.

6 Recoge las cenizas y entiérralas lejos de tu casa.

TALISMÁN DEL OJO DE WEDJAT

PARA CONTROLAR LA ANSIEDAD

FINALIDAD. Exorcizar la ansiedad y alejarla de tu vida.

INFORMACIÓN ADICIONAL. El ojo de Wedjat es el del dios egipcio Horus, que según la mitología antigua representa los poderes de la Luna. Durante siglos ha sido empleado con fines protectores si se utiliza como amuleto para el cuerpo o se cuelga fuera de una casa. En este hechizo, el ojo de Wedjat tiene el objetivo de proteger contra los sentimientos negativos de otras personas, ya sea envidia, malevolencia u otros. Sin embargo, antes de poder invocar este poder correctamente, es necesario eliminar todas las causas de ansiedad de tu vida.

CÓMO PRACTICAR EL HECHIZO

NECESITARÁS

- Un plato blanco grande
- Un pincel artístico fino
- Un tubo de pintura negra al óleo
- Un disco de carbón vegetal en un plato resistente al fuego
- Una cucharadita de resina de incienso untada con miel y aceite esencial de geranio
- Una vela negra de 15-20 cm de altura
- Una vela plateada de 15-20 cm de altura
- Cerillas o un mechero
- Un plato de té pequeño y llano (o un plato de postre)

MOMENTO DE APLICACIÓN: este conjuro debería ser puesto en práctica durante la fase oscura de la luna, en cualquier día de la semana después del anochecer.

PROCEDIMIENTO:

1 Antes de formar el círculo, pinta las siguientes palabras sobre la cara interna del plato y deja secar convenientemente la pintura:

> *Todas las palabras ruines, todas las frases viles, todas las calumnias, todos los pensamientos negativos, todas las conspiraciones perversas, todos los miedos, todas las peleas, todos los planes malvados, todas las cosas malas, todas las pesadillas, todos los sueños maliciosos.*

Y la forma de conseguirlo es simbólica, recurriendo a un hechizo egipcio de aproximadamente cuatro mil años de antigüedad.

Para practicarlo necesitarás un plato que no te sirva, ya que sobre su superficie tendrás que pintar las palabras que especificaremos más adelante, y romperlo inmediatamente después de pronunciar las palabras en el interior del círculo. También deberás comprar un soporte para colgar el amuleto del ojo de Wedjat fuera de tu casa. Antes de iniciar el conjuro sería conveniente que, si tu salud te lo permite, ayunaras durante ese día.

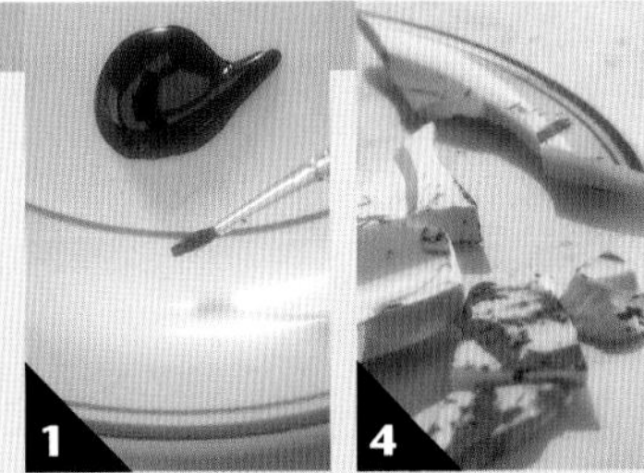

2 Forma el círculo según las pautas especificadas en las páginas 32-35.

3 Enciende el disco de carbón vegetal, y quema el incienso.

4 Enciende la vela negra, y lee en voz alta las palabras escritas en el plato. Después de hablar, rompe el plato contra el suelo.

5 Enciende la vela plateada, y pinta el ojo de Wedjat en el centro del plato de té (o plato de postre).

6 Déjalo secar, y posteriormente cuélgalo en la parte exterior de tu casa para que te proteja de la ansiedad. Entierra el plato roto en la tierra, lo más profundo que puedas, y lejos de tu hogar.

HECHIZO DEL UROBOROS

PARA FAVORECER EL EQUILIBRIO FÍSICO

FINALIDAD. Alcanzar el equilibrio físico y, en consecuencia, potenciar la buena salud.

INFORMACIÓN ADICIONAL. Este hechizo se basa en un antiguo principio que se ajusta perfectamente a nuestra vida actual, y que prescribe la «moderación en todas las cosas» como base de la buena salud. No se trata de una advertencia en contra de los excesos, sino de un estímulo positivo para mantener el equilibrio en todos los aspectos imprescindibles, y asegurar que ningún deseo o necesidad física menoscabe el bienestar del resto de nuestros requerimientos físicos.

CÓMO PRACTICAR EL HECHIZO

NECESITARÁS
Un disco de carbón vegetal en un plato resistente al fuego
Cerillas o un mechero
Gránulos de benjuí
Una vela negra de 15-20 cm de altura
Una vela blanca de 15-20 cm de altura
Una pluma con tinta verde
Una tira de papel de 2,5 x 1 cm
Nueve tramos de hilo de bordar grueso de algodón: tres negros, tres rojos y tres blancos
45 cm de hilo de bordar de algodón grueso, de color gris

MOMENTO DE APLICACIÓN: procura llevar a cabo el conjuro durante la media luna creciente para incitar al equilibrio positivo. Puedes trabajar durante cualquier día de la semana, si bien el lunes es el más poderoso.

PROCEDIMIENTO:

1 Establece un círculo según las pautas especificadas en las páginas 32-35.

2 Enciende el carbón y quema el benjuí.

3 Coloca la vela negra a la izquierda de la blanca, y enciende ambas repitiendo:

Hermes, mago de lo eterno,
concédeme la bendición
del perfecto equilibrio elemental.

El símbolo utilizado en este hechizo es el uroboros, la «serpiente que muerde su propia cola». Se trata de un antiguo signo alquímico que representa la unidad, la plenitud y la naturaleza del equilibrio universal. En Oriente Próximo y el norte y oeste de Europa existe un claro vínculo entre las serpientes y la curación, ya que han evolucionado como una imagen de la sabiduría de la tierra. Brígida, diosa irlandesa relacionada con los manantiales curativos, suele ser asociada a las serpientes, al igual que muchas otras diosas de las artes curativas.

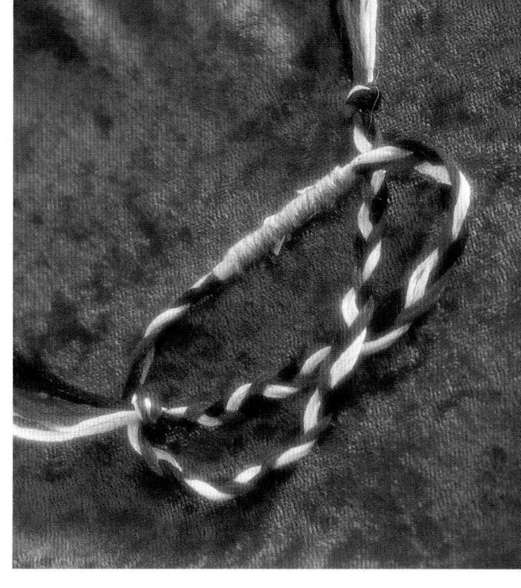

4

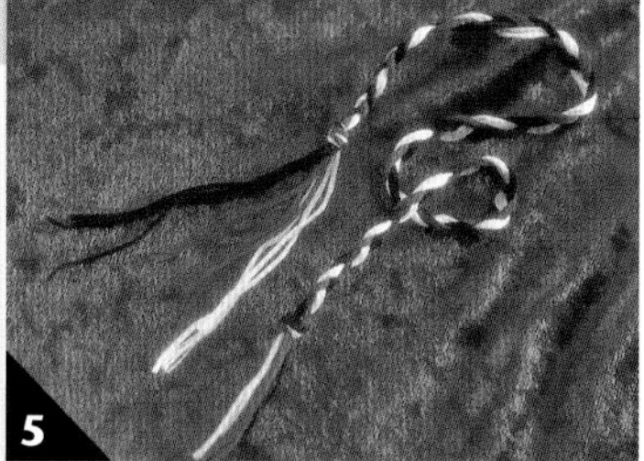

5

4 Utilizando la pluma, dibuja sobre la tira de papel el símbolo del uroboros, la serpiente curvada que muerde su propia cola.

5 Cuando la tinta se haya secado, pasa el papel por el humo del incienso. Pónlo a un lado, y trenza las hebras de hilo rojo, blanco y negro hasta formar una pulsera para tu muñeca izquierda.

6 Antes de atarla alrededor de la muñeca, enrolla la tira de papel en la que has dibujado el uroboros, y cúbrela enroscando a su alrededor el hilo gris. Ata con firmeza el rollo de papel y usa la pulsera del uroboros hasta que se rompa y se caiga.

HECHIZO DEL GIRASOL

PARA PROPICIAR EL BUEN TALANTE

FINALIDAD. Invocar a la felicidad.

INFORMACIÓN ADICIONAL. El secreto de la verdadera felicidad difiere según a quién le preguntes y la fase de la vida que dicha persona esté atravesando. Aquellos que llevan muchos años sobre la tierra y que han meditado profundamente sobre el tema asegurarán que la felicidad consiste en encontrar la paz interior. Quienes han sufrido o presenciado el sufrimiento generado por la privación podrán afirmar, con igual validez, que la felicidad radica en contar con las cosas más simples para la subsistencia física y espiritual, es decir, alimento, calor, vestimenta, cobijo, libertad, compañerismo y amor. Con mucha frecuencia, el secreto de la verdadera felicidad mora en el interior de quienes formulan la pregunta.

Este hechizo se basa en el gran poder de nuestro amigo el Sol —generador de calor, salud y alegría en la tierra—, cuya fuerza suele concentrarse en ciertas plantas, particularmente en las semillas del girasol. Desde el punto de vista nutricional, las semillas de girasol contienen una propiedad solar concentrada, ya que actúan como una buena fuente de vitamina D, que favorece la absorción del calcio y ayuda a regular el metabolismo. Dado que en la tradición mágica el girasol representa los poderes solares, las semillas encierran, de forma concentrada, la capacidad del astro para generar salud y felicidad.

CÓMO PRACTICAR EL HECHIZO

NECESITARÁS

Un disco de carbón vegetal en un plato resistente al fuego

Cerillas o un mechero

Incienso

Una vela anaranjada de 15-20 cm de altura

Quince semillas de girasol

Una bolsita que se cierre con cordel

65 cm de cuerda fina

MOMENTO DE APLICACIÓN: practica este conjuro durante la luna creciente para atraer la felicidad, y en domingo, día regido por el glorioso Sol.

PROCEDIMIENTO:

1 Establece un círculo según las pautas especificadas en las páginas 32-35.

2 Enciende el carbón y quema el incienso. Enciende la vela y declara:

Sol invictus,
aquí te honro.
Irradia tus bendiciones
sobre tu hijo.

3 Ahueca la mano izquierda y vierte cinco semillas de girasol, y a continuación eleva la mano derecha, exclamando:

Pase a mí
tu poder.

Come las semillas.

4 Coge cinco semillas más e introdúcelas en la bolsita, declarando:

Que tu fuerza
me sustente.

Cierra la bolsa, átale el cordel y cuélgatela del cuello mientras añades:

Que la felicidad se arraigue en mi interior,
que la felicidad me rodee.

5 Lleva el incienso alrededor del círculo *deosil* (siguiendo las agujas del reloj) tres veces, luego inclina la cabeza ante la vela y repite:

Sol invictus,
bendito seas.
Pueda yo devolver
lo que reciba.

6 Planta las restantes cinco semillas de girasol en primavera, bajo una capa de aproximadamente 5 mm de tierra fina.

HECHIZO DE LA LAVANDA
PARA FAVORECER EL SUEÑO REPARADOR

FINALIDAD. Favorecer el sueño relajado y tranquilo.

INFORMACIÓN ADICIONAL. La lavanda es una de las más reconocidas hierbas aromáticas. Destacable por sus cualidades antisépticas, su aceite esencial también resulta magnífico para curar dolores de cabeza y escaldaduras, así como para tratar eccemas y otras complicadas enfermedades cutáneas. Es además un excelente relajante utilizado con frecuencia en almohadas para favorecer el descanso, que no son más que sobres rellenos con hierbas soporíferas que favorecen el sueño reparador natural. Por lo general, para provocar somnolencia basta con verter

CÓMO PRACTICAR EL HECHIZO

NECESITARÁS

- Una vela gruesa con aroma a lavanda, de cualquier tamaño
- Cerillas o un mechero
- Una vela blanca de 15-20 cm de altura
- Una rama flexible de sauce, suficientemente larga para formar un aro por el que pase una persona
- 90 cm de cáñamo fuerte
- Un ramo grande de camomila seca
- Un ramo grande de lavanda seca
- Un rollo de cordel de florista

MOMENTO DE APLICACIÓN: trabaja durante la luna creciente para favorecer el descanso, y en cualquier día de la semana menos sábado, regido por el restrictivo Saturno.

PROCEDIMIENTO:

1 Establece un círculo según las pautas especificadas en las páginas 32-35.

2 Enciende la vela con aroma a lavanda, y transpórtala por todo tu espacio de trabajo *deosil* (en el sentido de las agujas del reloj) para perfumarlo.

3 Enciende la vela blanda, y declara:

La pureza de la luz
conduce hasta el amable descanso.
Deseo ser reconocido
por la paz que encierro.

unas gotas de aceite esencial en la bañera antes de dormir, o sobre la funda de una almohada.

Este hechizo recurre a una técnica mágica que cuenta con una venerable historia en los anales de la magia, y consiste en pasar un aro alrededor del cuerpo de la persona a quien se le practica el conjuro. La técnica de instar a alguien a pasar por una apertura o un orificio es realmente muy antigua; de hecho, en el pasado era costumbre bendecir a las personas invitándolas a pasar por una serie de orificios tallados en piedras verticales. El aro de flores empleado en este hechizo encierra un principio similar: una vez que alguien atraviesa un espacio sagrado, su paso es irreversible y, por consiguiente, la bendición queda sellada.

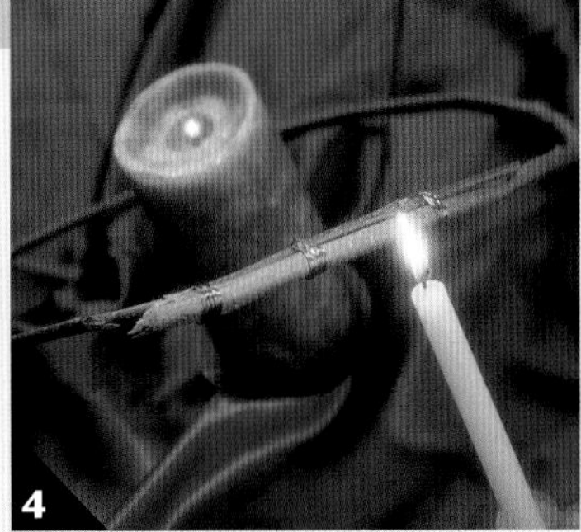
4

4 Flexiona la rama de sauce hasta formar un aro, y ata sus extremos con fuerza utilizando el cáñamo. Añádele la camomila y la lavanda con el cordel de florista hasta que el sauce quede completamente cubierto por las flores secas.

5 Sostén el aro verticalmente frente a la vela blanca, y repite:

Este círculo
atravesaré
de camino
hacia Morfeo,
para que mi hechizo para dormir
sea bendecido.

Pasa el aro por tu cuerpo, empezando por la cabeza, y sal de él cuando llegue a tus pies.

6 Cuelga el aro sobre tu cama.

HECHIZO DE LA ARAÑA

PARA PROVOCAR SUEÑOS FELICES

FINALIDAD. Provocar sueños sanos y felices.

INFORMACIÓN ADICIONAL. Los «atrapasueños» de los nativos norteamericanos actúan como redes que dejan pasar los sueños positivos y atrapan los negativos, a la espera de que la luz de la mañana los deshaga. Hay distintos tipos de redes para diferentes finalidades; en este caso, una telaraña aprisionará los sueños felices para que alimenten tu imaginación y bendigan tus noches.

El conjuro se inspira en el simbolismo mágico y espiritual de la araña, que si bien ha sido falsamente relacionada en ocasiones con el mal y el engaño, es venerada en muchas culturas como símbolo de creatividad y energía espiritual. En las tradiciones mágicas occidentales, sus redes son comparables a patrones de magia, espíritu y conexión. La araña es una criatura realmente asombrosa, y su habilidad para tejer, proverbial. En efecto, las maravillosas telarañas que unen las hojas de árboles al cemento, o los portales a los árboles —es decir, la naturaleza a las construcciones del entorno— anuncian cambios en las mareas de los sueños. Después del equinoccio de septiembre los días son más oscuros y, en consecuencia, accedemos a nuestro ser más creativo, que por lo general se revela a través de los ricos e intensos sueños que experimentamos en esa época.

CÓMO PRACTICAR EL HECHIZO

NECESITARÁS

- Un quemador de aceite con una vela de té
- Dos cucharaditas de agua
- Seis gotas de aceite esencial de amapola
- Cerillas o un mechero
- Una vela blanca de 15-20 cm de altura
- Un trozo pequeño de pirita («oropel»)
- Una telaraña
- Una bolsita que se cierre con cordel
- 60 cm de cinta blanca fina

MOMENTO DE APLICACIÓN: trabaja durante la luna creciente, y en lunes, dedicado a la Luna, regidora de nuestros sueños, por ser el día más favorable.

PROCEDIMIENTO:

1 Establece un círculo según las pautas especificadas en las páginas 32-35.

2 Enciende la vela de té, vertiendo el agua y el aceite de amapola en el quemador.

3 Enciende la vela blanca, y declara:

Señora de la luna,
abuela araña,
teje tu magia
en mis sueños.

4 Envuelve la pirita con la telaraña, e introduce ambas en la bolsita.

4

5 Ciérrala con firmeza anudando la cinta en su parte media. Luego, encerrando la bolsita entre tus palmas ahuecadas, recita los siguientes versos durante al menos sesenta latidos de tu corazón:

Abuela araña,
teje tus hilos,
encierra toda la belleza
en tu tela.

6 Cuelga la bolsita del cabecero de tu cama o encima de ésta. Todos las noches, hasta la luna llena, tócala con la mano antes de dormirte y repite las siguientes palabras:

Felices argumentos
para mis sueños.

TALISMÁN DEL CICLAMEN

PARA PROTEGER CONTRA LAS PESADILLAS

FINALIDAD. Defender contra los malos sueños.

INFORMACIÓN ADICIONAL. Todo el mundo ha tenido un mal sueño alguna vez; después de todo, los sueños actúan como una válvula de seguridad, así que no es extraño que los malos sentimientos se traduzcan en pesadillas. Sin embargo, si los sueños desagradables son frecuentes y no existe ningún trauma que los justifique, podemos utilizar un poquito de magia para producir buenos efectos.

Este talismán en particular se basa en un antiguo hechizo para curar los sueños nocturnos infantiles, y resulta adecuado tanto para los adultos como para los niños. El ciclamen destaca, según los especialistas, por su capacidad para defender contra las malas vibraciones. Se dice que mantener la planta en el dormitorio durante la noche reduce la incidencia de las pesadillas, y en ocasiones las flores se emplean para aliviar la angustia. La naturaleza esperanzadora del ciclamen posiblemente se refleja en el hecho de que crece mejor en las zonas más oscuras de los jardines y los bosques, aportando color y brillo a las zonas menos iluminadas.

Observa que la sangre utilizada en este hechizo debe provenir de la persona que se beneficiará del mismo. Las indicaciones que aparecen a continuación están dirigidas al encargado de poner en práctica el conjuro.

CÓMO PRACTICAR EL HECHIZO

Momento de aplicación: es preferible trabajar durante la luna nueva (oscura) para incrementar la protección, y en cualquier día de la semana, si bien el sábado, regido por Saturno el expulsado, es el más favorable.

PROCEDIMIENTO:

1 Establece un círculo según las pautas especificadas en las páginas 32-35.

2 Enciende el carbón vegetal, y quema el incienso.

3 Enciende la vela negra y ruega:

Hécate oscura,
Venus brillante,
llevaos lo malo
y traed la luz.

4 Con la aguja realiza un pequeño corte en tu dedo índice y extrae una gota de sangre, que has de verter sobre el sustrato donde se encuentra el ciclamen, declarando:

Defiende lo que vive en esta casa de piel
protegido por fuera, contenido por dentro.

5 Pasa toda la cinta por el humo del incienso, y afirma:

Lo que es puro
perdurará.

Ata la cinta alrededor de la maceta, formando un lazo.

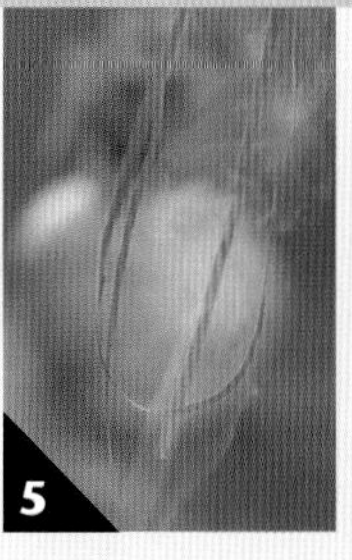

5

6

NECESITARÁS

- Una disco de carbón vegetal en un plato resistente al fuego
- Cerillas o un mechero
- Una mezcla de incienso compuesta de partes iguales de goma copal, bayas de enebro y flores secas de ciclamen
- Una vela negra de 15-20 cm de altura
- Una aguja esterilizada
- Una planta sana de ciclamen de cualquier color
- 60 cm de cinta roja de raso

6 Lleva esta maceta a tu dormitorio y mantenla allí día y noche. Cuídala siempre si deseas alejar los malos sueños.

HECHIZO DE LA CERA DE VELA

PARA ERRADICAR HÁBITOS POCO SALUDABLES

FINALIDAD. Erradicar los hábitos poco saludables de una vez por todas.

INFORMACIÓN ADICIONAL. ¿Alguna vez has intentado dejar de fumar, de comerte las uñas, de chuparte el dedo, o de retorcerte el pelo? No busques más: ¡este hechizo es para ti! Un poco de magia y un espaldarazo a tu seguridad conseguirán alejarte de cualquier hábito poco saludable o no deseado. De todos modos, tendrás que preguntarte seriamente si la necesidad que impulsa tu hábito será satisfecha en cualquier otra forma una vez que el hábito haya desparecido. Si no es así, es posible que regreses a la primera casilla, así que merece la pena que te tomes tu tiempo para preparar el hechizo adecuadamente.

Comienza por identificar la causa del hábito (por ejemplo, los nervios, la falta de confianza, la ansiedad) y luego analiza cuáles podrían ser las consecuencias de eliminar esa costumbre poco deseada. Si te comes las uñas, no te gustará dejarlo para comenzar a fumar o chuparte el dedo, ¿verdad? Por eso tienes que asegurarte de que la costumbre que erradiques sea reemplazada por algo saludable, como una nueva imagen, por ejemplo. Formúlate estas preguntas, y respóndelas con sinceridad. ¡Sólo así estarás preparado para enviar tu hábito negativo a la papelera!

CÓMO PRACTICAR EL HECHIZO

MOMENTO DE APLICACIÓN: trabaja durante la luna menguante para facilitar la erradicación, y en domingo, día regido por Saturno, partidario de la disciplina.

PROCEDIMIENTO:

1 Establece un círculo según las pautas especificadas en las páginas 32-35.

2 Enciende el disco de carbón vegetal, y quema el incienso. Enciende la vela marrón, y declara:

Saturno, presencia y respalda este hechizo.

3 Calienta la punta del clavo en la llama de la vela, y luego utilízalo para tallar el nombre del hábito que deseas erradicar a un lado de la vela blanca, desde la base hasta la mecha.

4 Sujeta esta vela frente a la llama de la otra, y exclama:

Consúmete.

Pásala por el humo del incienso y agrega:

Vuela lejos de aquí.

Coge esta vela entre tus palmas, y finaliza:

Que el hábito que reside en mí
vuele hacia ti
y el fuego lo consuma.

Enciende la vela.

3

6

NECESITARÁS

- Un disco de carbón vegetal en un plato resistente al fuego
- Cerillas o un mechero
- Incienso de copal negro
- Una vela marrón de 15-20 cm de altura
- Un clavo de hierro de 15 cm
- Dos velas blancas domésticas de aproximadamente 15 cm de altura

5 Recurriendo al mismo método, talla a un lado de la segunda vela blanca, desde la llama hasta la base, la palabra «SALUD».

6 Enciende la segunda vela, y deja que ambas se consuman por completo dentro del círculo.

HECHIZO DE LA PIEDRA CELTA

PARA PROTEGER CONTRA LOS DOLORES DE CABEZA FRECUENTES

FINALIDAD. Eliminar los dolores de cabeza frecuentes causados por la tensión.

INFORMACIÓN ADICIONAL. Existen muchos remedios antiguos para los dolores de cabeza frecuentes; como la matricaria que se usa para las migrañas, y la conocida aspirina o la corteza de sauce para eliminar el dolor. Si sufres jaquecas frecuentes causadas por la tensión, y has comprobado que no existe ninguna enfermedad grave,

CÓMO PRACTICAR EL HECHIZO

NECESITARÁS
Una vela negra de 15-20 cm de altura
Cerillas o un mechero
Una pieza afilada de sílex (o un clavo afilado)
Una piedra gris o blanca en forma de huevo
Agua pura, 50 ml
Vino tinto, 50 ml
Un salero

MOMENTO DE APLICACIÓN: realiza el hechizo durante la luna menguante para erradicar la dolencia, y en cualquier día de la semana.

PROCEDIMIENTO:

1 Establece un círculo según las pautas especificadas en las páginas 32-35.

2 Enciende la vela negra, y declara:

Que esta enfermedad se reduzca bajo esta luz,
que disminuya con la luna,
que desaparezca al arrojar esta piedra.

3 Utilizando el sílex o el clavo, dibuja sobre la piedra una forma ovalada y a continuación una cruz que la atraviese.

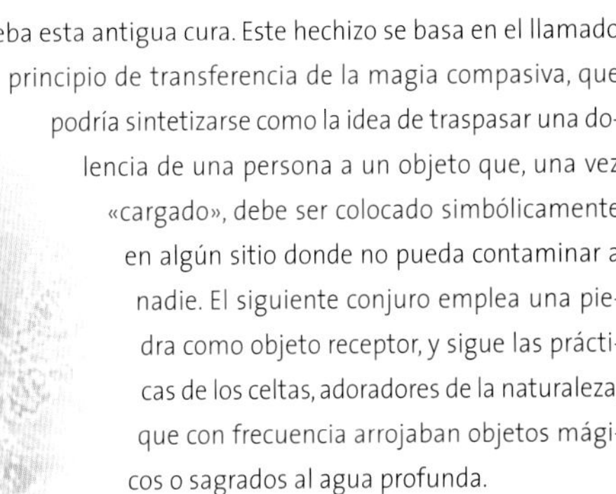

prueba esta antigua cura. Este hechizo se basa en el llamado principio de transferencia de la magia compasiva, que podría sintetizarse como la idea de traspasar una dolencia de una persona a un objeto que, una vez «cargado», debe ser colocado simbólicamente en algún sitio donde no pueda contaminar a nadie. El siguiente conjuro emplea una piedra como objeto receptor, y sigue las prácticas de los celtas, adoradores de la naturaleza, que con frecuencia arrojaban objetos mágicos o sagrados al agua profunda.

En este caso entran en juego las propiedades curativas y protectoras del agua, que aseguran que la transferencia del dolor de cabeza hacia la piedra quede sellada, y la dolencia se cure.

4 Frota la piedra tres veces sobre la parte más dolorida de tu cabeza y recita:

Traslada mi dolor de cabeza hacia esta piedra
para que ya no me queje
y hasta que su carne se reduzca a hueso.

Vierte el agua sobre la piedra. Sostén el vino en alto, declarando:

Te nombro mi dolor.

Vierte el vino sobre la piedra.

5 Rodea la piedra con un círculo de sal, y repite:

Redúcete y marchítate,
y ya no vuelvas.

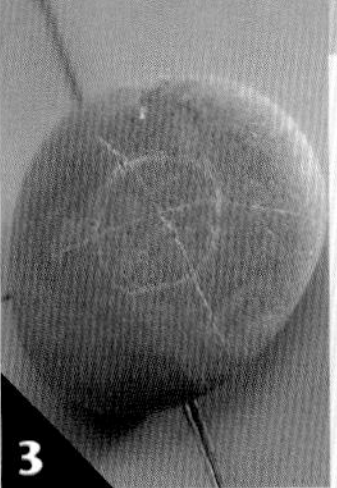

3

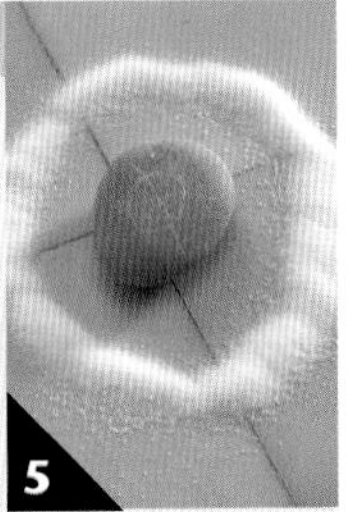

5

6 Arroja la piedra a la masa natural de agua más profunda que encuentres en tu zona de residencia.

TALISMÁN DEL ESPÍRITU DEL SOL

PARA PROTEGER CONTRA LA PENA

FINALIDAD. Evitar que caigas en la melancolía.

INFORMACIÓN ADICIONAL. El siguiente talismán te ayudará a ver siempre el lado positivo de las cosas, en especial si tiendes a caer en la melancolía o el pesimismo. Por todos es sabido que el sol produce alegría, levanta el ánimo, y el término en sí mismo encierra una connotación positiva, como cuando opinamos que una persona es «un sol». En este hechizo invocamos al espíritu del astro para que respalde un talismán cuyo objetivo es evitar la tendencia a hundirse en la pena. Sin embargo, si tienes depresión debes acudir a tu médico o a un terapeuta.

CÓMO PRACTICAR EL HECHIZO

NECESITARÁS
Cuatro velas blancas de 15-20 cm de altura
Una vela amarilla de 15-20 cm de altura
Una varilla de incienso de canela en un recipiente
Cerillas o un mechero
Una pluma con tinta marrón
Un disco pequeño de madera de roble extraído de una rama caída
Un bote de barniz transparente
60 cm de cuerda

MOMENTO DE APLICACIÓN: realiza este hechizo durante la luna creciente y en domingo, día regido por el Sol, patrono de la salud y la felicidad.

PROCEDIMIENTO:

1 Establece un círculo según las pautas especificadas en las páginas 32-35.

2 Coloca las velas en hilera, con la amarilla en medio.

3 Enciende la varilla de incienso y todas las velas blancas.

Si estás pensando en practicar este hechizo, merece la pena que reflexiones sobre la gran influencia del sol a la hora de disipar la tristeza. En los climas templados, ya se reconoce que la falta de luz solar durante el invierno puede provocar una depresión grave. Y aunque esta situación no sea aplicable a tu caso, deberías pasar más tiempo al aire libre. Piensa que si la falta de sol nos pone enfermos, por lógica una cantidad razonable de luz solar diaria elevará nuestro ánimo. Por último, y a fin de complementar este hechizo, procura participar en el mayor número posible de actividades al aire libre, puesto que así maximizarás los beneficiosos efectos que el sol ejercerá sobre ti.

4

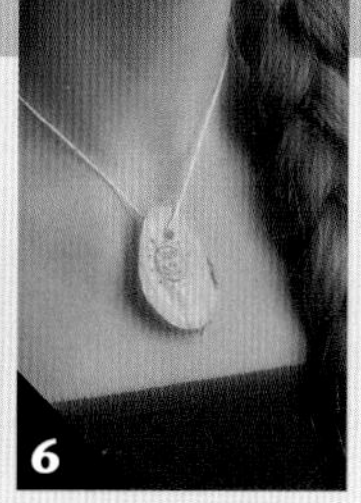
6

4 Con la pluma dibuja un círculo en el centro del disco, rodeado de puntos para representar los rayos del sol. En el centro de la circunferencia escribe:

SALVE
SOL.

5 Enciende la vela amarilla y exclama:

Invoco los poderes del sol creador de la vida,
Invoco los poderes de los fuegos del sol;
que la pena se queme
y la alegría se revele.

Deja secar la tinta a la luz de las velas hasta que todas ellas se consuman.

6 Una vez cerrado el círculo, perfora el disco cerca del borde. Barnízalo para proteger las inscripciones en tinta, y a continuación pasa el cordel por el orificio y cuélgate el adorno del cuello. Debes llevarlo encima en todo momento.

BOLSITA DE HOJAS DE FRAMBUESA

PARA FACILITAR EL PARTO

FINALIDAD. Preparar un tónico para la última etapa del embarazo y trabajar en pos de facilitar el parto.

INFORMACIÓN ADICIONAL. Durante siglos, las únicas mujeres que dispusieron de conocimientos sobre hierbas medicinales y partería fueron las «sabias», que los transmitieron de madres a hijas. Pero la persecución que se ensañó con la brujería durante los siglos XVI y XVII condenó a muchas mujeres a ser catalogadas de «brujas». De todos modos, su preparación general y su sabiduría en el campo de las hierbas no desapareció por completo, y muchas brujas de hoy día aún justifican el vínculo histórico entre brujería y partería. Por ello, sería impensable

CÓMO PRACTICAR EL HECHIZO

NECESITARÁS

- Una vela de color azul claro, de 15-20 cm de altura
- Cerillas o un mechero
- Nueve hojas secas de frambuesa
- Una pieza rectangular de gasa blanca de 15 x 7,5 cm
- Una aguja de coser
- 45 cm de hilo blanco
- Tijeras
- Un pequeño recipiente con hojas de frambuesa secas
- Tazas para beber té

MOMENTO DE APLICACIÓN: realiza este hechizo durante la luna llena, símbolo de todo lo que llega a término. Cualquier día de la semana resulta adecuado.

PROCEDIMIENTO:

1 Establece un círculo según las pautas especificadas en las páginas 32-35.

2 Enciende la vela y recita:

Luna llena,
útero fructífero.

3 Coge las hojas de frambuesa entre tus palmas, y repite los siguientes versos al menos nueve veces:

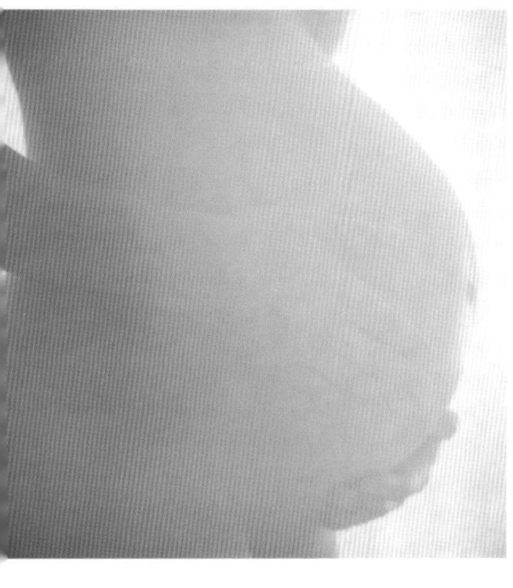

que esta *Biblia de los hechizos* no incluyese un hechizo que reflejara esta tradición.

Este conjuro, probablemente más que cualquier otro de los aquí incluidos, se basa tanto en las sanas propiedades de los ingredientes como en la naturaleza mágica del hechizo. A la hoja de frambuesa se le atribuye la capacidad de ayudar a las mujeres al final del embarazo, puesto que contiene un ingrediente que relaja el útero, y facilita las contracciones durante el trabajo de parto.

Para este hechizo puedes comprar las hojas secas en un herbolario, o cosecharlas y secarlas tú misma para asegurarte de que no contengan toxinas.

Madre de todo,
madre de la tierra,
concédeme serenidad
cuando dé a luz.

4 Coloca las hojas en la gasa, que deberás doblar por la mitad y coser. Después, corta el hilo con las tijeras y declara:

Que así sea.

5 Guarda la bolsita en el recipiente hasta el día del parto; cuando llegue el momento, cógela y llévatela al paritorio.

6 Bebe entre dos y cuatro tazas al día de una infusión preparada con dos cucharaditas de hojas de frambuesa por taza de agua.

Advertencia: no bebas esta infusión de hojas de frambuesa si tienes antecedentes de abortos, ni antes de la vigésimo octava semana de gestación.

Siempre consulta a tu médico antes de tomar un remedio de hierbas durante el embarazo.

HECHIZO DE LA TISANA

PARA PROMOVER LA BUENA SALUD

FINALIDAD. Promover la buena salud e indicar el origen de ciertos problemas de salud.

INFORMACIÓN ADICIONAL. Durante siglos, los brebajes de las «sabias» han impulsado la curación y la buena salud general. Las pociones derivan de sus conocimientos de magia y del mundo de las hierbas, y promueven tanto la salud física como la espiritual. Pero las infusiones —es decir, las tisanas— también son consideradas herramientas de adivinación dado que permiten analizar el poso, es decir, las hojas que quedan en el fondo del recipiente una vez bebido el líquido. Este hechizo combina las dos funciones, y apunta tanto a conceder buena salud como a proporcionar un sistema que advierta de dónde pueden provenir los potenciales problemas de salud que la persona pueda sufrir en el futuro.

Existe una ciencia que se dedica a la lectura de las hojas de té, la taseografía,pero aquí tenemos muy poco espacio para explorar los significados tradicionales de todas las disposiciones que pueden aparecer en el fondo de una taza. Sin embargo, sí es posible ofrecerte algunas pistas que te ayudarán si ésta es la primera vez que tienes que «leer» hojas de té. El resto depende de ti y tus poderes intuitivos... ¡y de la investigación, si la necesitas! Desde un punto de vista puramente terapéutico, te interesará saber que los ingredientes de esta tisana proporcionan una gran cantidad de vitaminas, favorecen la digestión y ayudan a conciliar el sueño, todos ellos ingredientes básicos de la buena salud.

CÓMO PRACTICAR EL HECHIZO

NECESITARÁS

Una vela de color azul claro de 15-20 cm de altura

Cerillas o un mechero

Una hoja grande de diente de león fresco, picada

Tres flores de camomila seca, picadas

Cinco hojas de menta fresca, picadas

Una taza y un plato de té

Agua hirviendo

MOMENTO DE APLICACIÓN: trabaja durante la luna creciente y en lunes, día de la Luna, para honrar el conocimiento de la sabia o el sabio que albergas en tu interior.

PROCEDIMIENTO:

1 Establece un círculo según las pautas especificadas en las páginas 32-35.

2 Enciende la vela y declara:

Por el sol, el viento y la lluvia
bendigo esta tisana.

3 Coloca los ingredientes en la taza, vierte encima el agua hirviendo, y tapa la mezcla con el plato para mantener el calor. Mientras la tisana se prepara, recita los siguientes versos:

Por la bondad de esta poción
que la enfermedad se extinga y la vida se renueve.

3

5

4 Espera cinco minutos y destapa la taza; cuando la infusión se enfríe lo suficiente, bébela.

5 Vierte el residuo sobre el plato.

6 Las siguientes formas indican las áreas que deberías cuidar especialmente en el futuro:

HERRADURA O TAZA:	*riñones o vejiga*
ANIMAL:	*muslos o cadera*
RASGOS FACIALES:	*la cabeza*
LÍNEAS Y ÁNGULOS:	*articulaciones o brazos/ manos/ piernas/ pies*
FORMA DE OCHO:	*pecho o senos*
ONDAS:	*estómago o intestinos*

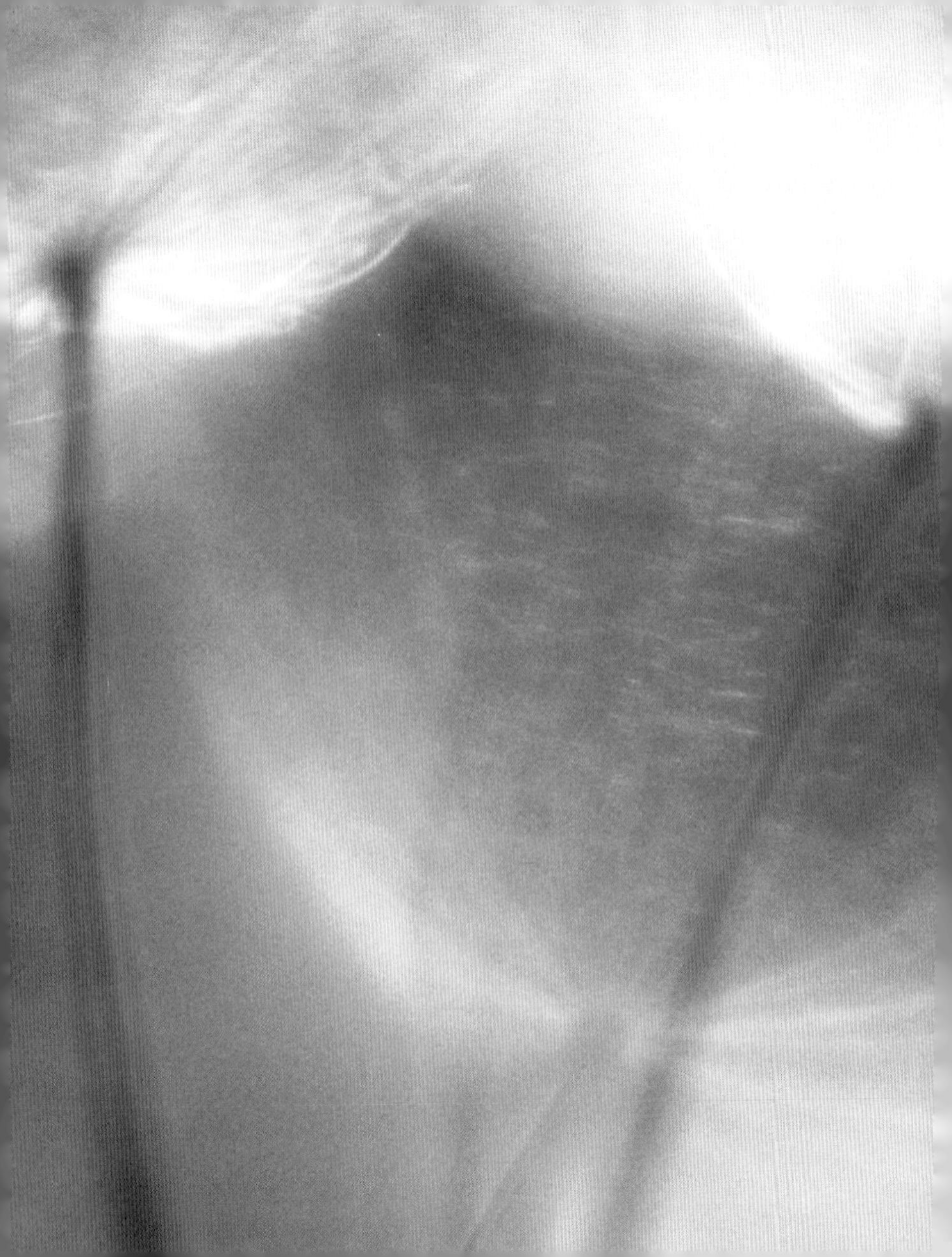

Hechizos para la familia, los amigos y el hogar

INTRODUCCIÓN A LOS HECHIZOS PARA LA FAMILIA, LOS AMIGOS Y EL HOGAR

Esta sección incluye hechizos que actúan en el ámbito del hogar, centrándose en la familia, los compañeros de habitación, los vecinos, los amigos y el entorno de la casa en sí. La armonía doméstica es muy importante en la agitada vida moderna; para mantener la salud y salir al mundo a trabajar y relacionarnos necesitamos la paz y el santuario de nuestro propio hogar. Por ello, cuando la estabilidad de nuestra «base» hogareña se ve comprometida, estos aspectos de nuestra vida también resultan amenazados. Sentirnos felices y a gusto en el espacio de nuestra casa es fundamental para equilibrar nuestra vida y nuestra salud.

Los hechizos de esta sección reconocen la importancia de ciertos elementos básicos para un hogar feliz. Sobra señalar que las desavenencias frecuentes no incrementan la sensación de seguridad de nadie, así que preservar la paz y reconocer la justicia de ciertas quejas es un factor crucial para mantener una buena vida hogareña. Aquí encontrarás encantamientos para satisfacer a los habitantes de tu hogar y tus familiares, para ayudar a solucionar peleas en el «frente», y para mantener alejados a los parientes inoportunos. Dada la importancia del esparcimiento en el hogar, también incluimos un hechizo

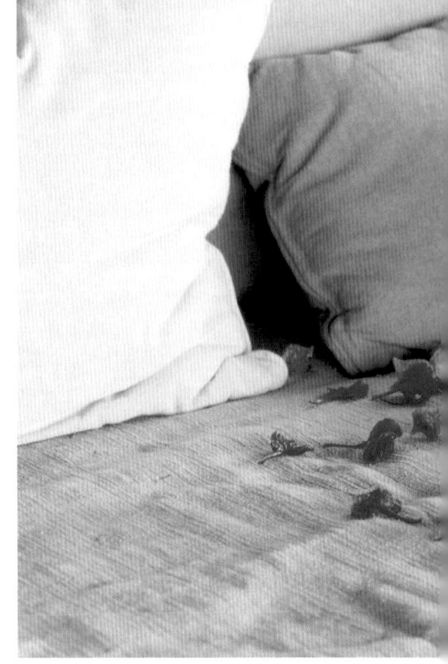

para atraer a un mayor número de visitantes gratos. Si realizas un hechizo para alejar a los familiares molestos, podrías a continuación practicar un conjuro para atraer a amigos amables y simpáticos y demostrar que no eres poco sociable, ¡sino muy exigente!

En esta sección encontrarás una serie de trabajos mágicos que se centran en el entorno físico y la atmósfera emocional de tu hogar. Entre ellos aparecen métodos para proteger tu espacio vital, dispersar el clima negativo que predomina después de las discusiones u otras formas de tensión, y favorecer la comunicación dentro del hogar. También descubrirás recetas mágicas para proteger tu territorio y lograr que tu jardín se convierta en una zona fructífera y productiva.

Antes de considerar la posibilidad de utilizar la magia para mejorar tu hogar, debes asegurarte de que cuentas con los medios básicos para crear una vida familiar y enriquecedora. Ciertas cuestiones prácticas como la justa división de las responsabilidades y las tareas hogareñas no se resuelven mediante la magia sino a través de la negociación, la sinceridad y la justicia; en otras palabras, un hechizo para la armonía no alterará la atmósfera si existen verdaderos motivos de queja. Del mismo modo, deberías también tener en cuenta las contribuciones materiales, es decir, el dinero u otras aportaciones equivalentes: pregúntate si los ingresos que entran a tu hogar son distribuidos de forma equitativa. Considera también si cuestiones como la realización de las tareas domésticas o el mantenimiento del hogar son adecuadamente reconocidos y valorados. De esta forma te resultará más sencillo identificar si alguien está actuando de forma irracional o no; la situación te resultará, en definitiva, mucho más manejable, ¡recurras a la magia o no! Recuerda que la magia siempre da mejores resultados sobre una base práctica.

HECHIZO DE LA PLANTA

PARA PROMOVER LA ARMONÍA DENTRO DE LA FAMILIA

FINALIDAD. Crear una atmósfera armoniosa para las situaciones familiares.

INFORMACIÓN ADICIONAL. Las plantas son muy populares como ingredientes mágicos. Con frecuencia, el nombre común de una planta nos indica su uso mágico, y la nigelia, no es la excepción. *Nigelia damascena*, una preciosa flor azul que crece entre delicadas frondas, suele conocerse con el nombre inglés de *love-in-a-mist* (amor en la bruma). Pero el término no sólo hace referencia al amor romántico, sino a los vínculos de parentesco y cariño.

CÓMO PRACTICAR EL HECHIZO

NECESITARÁS

- Un disco de carbón vegetal en un plato resistente al fuego
- Una vela de color verde claro de 15-20 cm de altura
- Cerillas o un mechero
- Una cucharadita con partes iguales de raíz de orris picada y sándalo blanco
- Una copa de vino en la que introducirás un paquete de semillas de *Nigelia damascena*
- Una copa de vino con 150 ml de agua

MOMENTO DE APLICACIÓN: este hechizo debería ser llevado a la práctica bajo techo y durante la luna nueva, a comienzos de la primavera y en cualquier día de la semana excepto el sábado, dedicado al severo Saturno. Deberás realizar la primera parte del encantamiento al atardecer y dentro de tu casa, y proceder a la plantación al aire libre, preferiblemente en tu propio jardín.

PROCEDIMIENTO:

1 Establece un círculo según las pautas especificadas en las páginas 32-35.

2 Enciende el disco de carbón, luego la vela verde y ruega:

Espíritu de la tierra verde,
que los deseos que planto en ti sean
fructíferos.

Para este hechizo es necesario practicar un poco de jardinería. Plantar y cosechar nigelia resulta particularmente gratificante, ya que crece bien en suelo pobre y es extremadamente fiable.

Cuando finaliza la etapa de floración, la planta produce unos atractivos frutos de los que se pueden extraer semillas para secarlas y ofrecerlas de regalo, o bien guardarlas para plantar al año siguiente. Recoger las semillas puede resultar divertido para toda la familia, aunque se recomienda trabajar con guantes de goma en caso de que haya algún problema cutáneo.

3 Quema incienso sobre el disco de carbón vegetal, y añade una pizca de semillas de nigelia, declarando:

Amor en la bruma,
semillas de dulzura,
albergadas por la tierra
y nacidas de la riqueza.

4 Coge entre ambas manos la copa que contiene las semillas, y cierras los ojos para visualizar escenas en las que los miembros de tu familia interactúen con felicidad y armonía. Inspira profundamente y espira sobre las semillas.

5 Lleva las semillas al exterior y plántalas en un suelo finamente labrado; luego vierte sobre ellas el agua de la otra copa, y exclama:

¡Benditas seáis!

HECHIZO DE LA LUNA NUEVA

PARA HACER NUEVOS AMIGOS

FINALIDAD. Facilitar el paso hacia una nueva etapa que incluya nuevas amistades, o ayudar a quienes desean ampliar sus horizontes sociales.

INFORMACIÓN ADICIONAL. Pedir un deseo a una estrella —en especial una estrella fugaz— es una costumbre muy extendida, pero la de pedir un deseo a la Luna cuenta con una historia igualmente larga. Existen diversas supersticiones relacionadas con la primera imagen de la luna creciente, como la de dar la vuelta a cualquier moneda plateada que tengas en el bolsillo cuando veas la primera sección de la luna creciente, y pedirle suerte en el dinero. Otra de las supersticiones es una prohibición relacionada con la primera imagen de la luna creciente, que jamás debería ser contemplada a través de un cristal, como por ejemplo el de una ventana cerrada.

Esta última práctica parece aludir a la importancia de actuar según los ciclos de la luna, puesto que observarla desde el exterior permite mantener el contacto con los ritmos de la naturaleza. ¡Una superstición realmente muy sabia! La Luna rige las mareas y diversos ciclos naturales, incluyendo el movimiento de los mares y muchos hábitos animales. En la magia observamos que, entre otras cosas, la Luna ejerce una poderosa influencia sobre los sueños, las habilidades psíquicas y los misterios. Y además de reflejar la luz del sol, mágicamente actúa como un espejo del alma y nuestros deseos más profundos, por lo que es muy adecuada para pedirle un deseo.

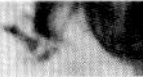

CÓMO PRACTICAR EL HECHIZO

NECESITARÁS

- Una cucharadita de azúcar granulado
- Seis huesos de cerezas que hayas comido, blanqueados al sol
- Un cuenco pequeño
- Una aguja de coser
- Una vela de té blanca en un bote
- Cerillas o un mechero

MOMENTO DE APLICACIÓN: durante la luna nueva o tres días antes, cuando aún se ve en el cielo; tienes que trabajar al aire libre, a ser posible en una colina o zona elevada.

PROCEDIMIENTO:

1 Coloca el azúcar y los huesos de cereza en el cuenco.

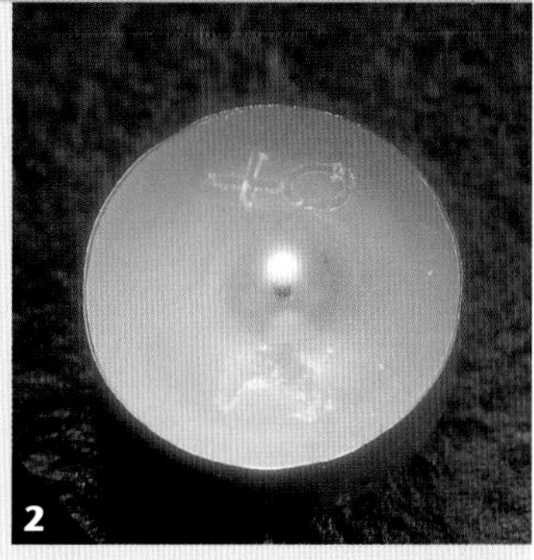

2

2 Con la punta de la aguja, a la derecha de la mecha de la vela dibuja una luna creciente, y a la izquierda el signo del planeta Venus (un círculo con una cruz en su parte inferior).

3 Enciéndela y, mirando hacia la luna, declara:

Lanzo una flecha desde tu arco,
y crece y fluye la dulzura.

4 Apoya tu palma derecha sobre los huesos y el azúcar, y agrega:

Te arrojo al viento del este, hacia el sur
el oeste y el norte
para reunir a amigos y compañeros.

5 Inclínate frente a la luna, a modo de reverencia, y a continuación dispersa el azúcar y los huesos de cereza en las cuatro direcciones.

HECHIZO DEL GUARDIÁN DE LA CASA

PARA PROTEGER TU HOGAR

FINALIDAD. Crear un guardián que proteja el espacio en el que vives.

INFORMACIÓN ADICIONAL. Proteger el hogar recurriendo a la magia es una práctica que se remonta a miles de años en la historia de las sociedades humanas. En todo el mundo se han descubierto figuritas prehistóricas que, según se cree, actuaban como guardianes del hogar. Teniendo en cuenta la importancia universal del cobijo y la protección, en realidad no es sorprendente que la práctica de crear «defensas» mágicas para el hogar sea tan antigua y se encuentre tan extendida. Es probable que las figuras con forma humana actuasen como sustitutos del dueño de casa o como su réplica, o bien como un dios o una diosa protectores.

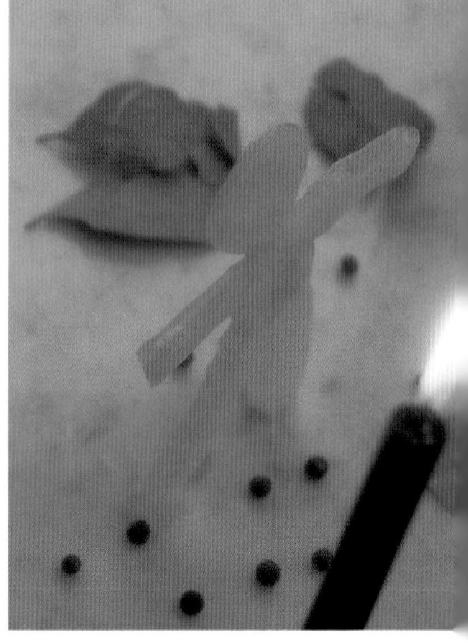

Cargar una figura mágica con tus intenciones protectoras te resultará muy sencillo. El proceso, derivado de algunas de las más antiguas tradiciones de la magia, te permitirá traspasarle no sólo tus propios deseos sino también la influencia de cualquier deidad protectora que desees invocar. Todos los nombres de diosas incluidos en este hechizo se refieren a deidades particularmente fuertes y protectoras.

Pese a que la práctica de confeccionar figuras de cera es uno de los estereotipos más relacionados con las «maldiciones», aquí el objetivo es crear al guardián y protector de tu hogar.

CÓMO PRACTICAR EL HECHIZO

MOMENTO DE APLICACIÓN: trabaja durante la noche de luna nueva.

PROCEDIMIENTO:

1 Antes de formar el círculo, coloca las velas domésticas en el bote. A continuación, introduce este último en una cacerola con agua hirviendo sobre un fuego de la cocina hasta que la cera adquiera consistencia líquida.

2 Establece un círculo según las pautas especificadas en las páginas 32-35.

3 Enciende la vela negra y declara:

Hécate, Annis Negra y Kali,
Sejmet y Lilith, presenciad
y respaldad mi hechizo.

4 Confecciona un molde de forma humana, de unos 10 cm de altura, con la pasta para modelar, y colócalo sobre un plato resistente al calor.

5 Rellena el molde con la cera derretida. Vierte en el líquido la espina, el clavo, la hoja de laurel y la baya de enebro, y exclama:

Defended este hogar con garras y dientes,
y que el mal no traspase mi puerta.

6 Cuando la figura se haya secado, retira el molde de pasta y entierra a tu guardián en las proximidades de una de las puertas de tu casa, ya sea la principal o la trasera.

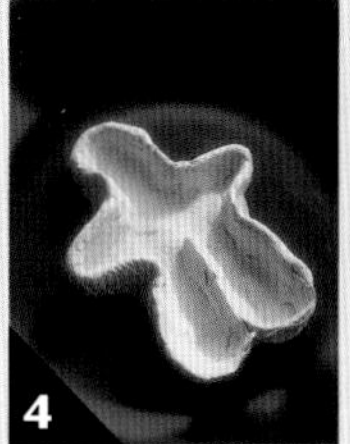

4

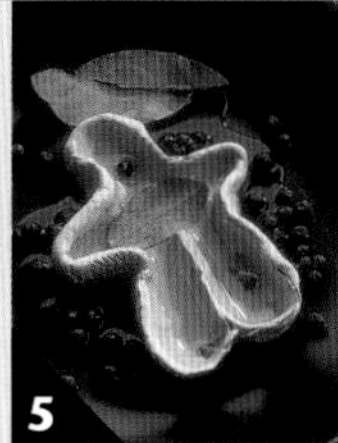

5

NECESITARÁS

- Tres velas domésticas blancas
- Un bote de cristal vacío
- Una cacerola
- Agua hirviendo
- Una vela negra de 15-20 cm de altura
- Cerillas o un mechero
- Un plato resistente al calor
- Un trozo de pasta de modelar blanda del tamaño de una pelota de tenis
- Una espina de zarzamora
- Un clavo de hierro
- Una hoja de laurel seca
- Una baya de enebro

HECHIZO DE LA BOLSITA DE CONSUELDA

PARA ACABAR CON LAS DISPUTAS

FINALIDAD. Calmar los ánimos en el hogar.

INFORMACIÓN ADICIONAL. La consuelda, o *Symphytum officinale*, es conocida por sus propiedades medicinales. A lo largo de la historia, sus hojas han sido utilizadas en cataplasmas e infusiones para curar esguinces, fracturas y dolores musculares, así como para el tratamiento de diversas dolencias cutáneas. Su uso contemporáneo se basa en sus elevados niveles de alantoína, calcio, potasio y fósforo, que favorecen la renovación celular en las lesiones óseas y musculares. En el ámbito de la magia, es reconocida como una hierba capaz de mitigar la ira e inducir a la paz.

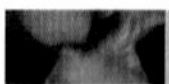

CÓMO PRACTICAR EL HECHIZO

NECESITARÁS

- Un disco de carbón vegetal en un plato resistente al fuego
- Cerillas o un mechero
- Una cucharadita de partes iguales de incienso y canela
- Una vela azul de 15-20 cm de altura
- Dos hojas de eucalipto secas
- Dos clavos de olor
- Raíz, hojas y flores de consuelda
- 7,5 x 7,5 cm de terciopelo rojo, cosido en tres de sus lados y unido a 60 cm de cuerda para formar un asa

MOMENTO DE APLICACIÓN: corta la consuelda cuando la luna creciente se encuentre a punto de convertirse en luna llena, pero realiza el hechizo en cualquier fase posterior.

PROCEDIMIENTO:

1 Establece un círculo según las pautas especificadas en las páginas 32-35.

2 Enciende el disco de carbón y quema el incienso.

3 Enciende la vela azul, y ruega:

Que la paz reine entre nosotros ahora y siempre.

En ocasiones existen buenos motivos para que las personas expongan sus puntos de vista o expresen su decepción o ira hacia los demás habitantes del hogar, pero por el bien de todos, es preferible evitar que el malestar entre familiares o amigos se prolongue.

Este hechizo ayudará a calmar los ánimos y a llevar la paz a tu hogar.

Para ponerlo en práctica necesitarás las hojas, flores y raíz de una planta de consuelda, así que en agradecimiento a la tierra por su sacrificio deja en su lugar una moneda pequeña y un trozo de pan mojado en vino tinto. También sería conveniente reemplazar la planta utilizada.

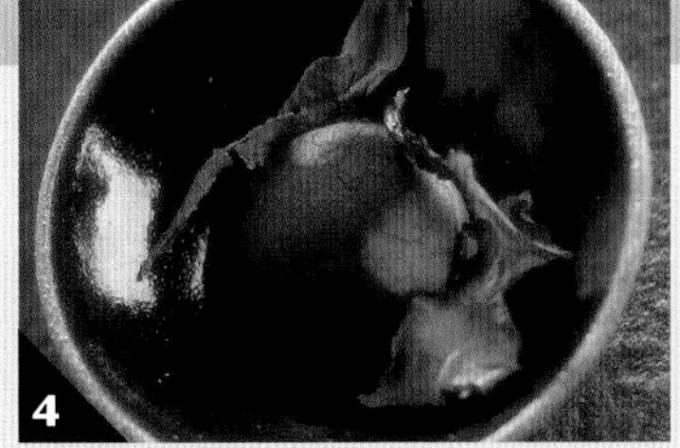

4

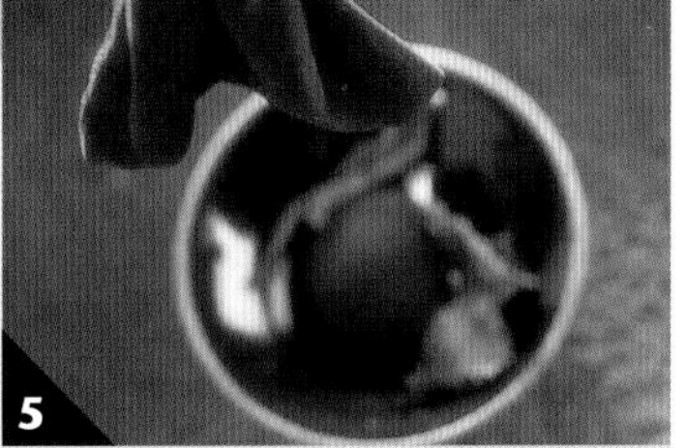

5

4 Coloca las hojas de eucalipto y los clavos en el carbón, y pide:

Que nuestras heridas sanen ahora y siempre.

5 Coloca la raíz, las hojas y las flores de consuelda dentro de la bolsita, y cósela. Sostenla sobre el humo del incienso, y repite al menos ocho veces, visualizando una reconciliación:

Que las peleas acaben,
las heridas cierren,
y todos los corazones
se recuperen.

6 Cuelga la bolsita de su asa sobre una pared, en el corazón de tu hogar.

HECHIZO DEL *ELF-SHOT*

PARA MANTENER ALEJADOS A LOS FAMILIARES PROBLEMÁTICOS

FINALIDAD. Evitar que tus familiares interfieran en tu vida y disuadirlos de que se presenten en tu hogar sin avisar previamente.

INFORMACIÓN ADICIONAL. En muchas regiones de todo el mundo se han localizado puntas de flecha de sílex de más de veinticinco mil años de antigüedad. En Europa continúan descubriéndose grandes cantidades de estos elementos, la mayoría de los cuales se remontan al Neolítico. Estos artilugios prehistóricos siguen apareciendo en granjas, después de labrar la tierra, o tras una fuerte lluvia o inundación. Y se han convertido en descubrimientos tan comunes que los campesinos les han dado un nombre —*elf-shot*— y un origen bastante inusual.

En efecto, se supone que los *elf-shot* son restos del armamento de las hadas. Se creía que los dardos de los elfos, o *saighead sidhe*, como se los conoce en Irlanda, provenían de flechas que las hadas disparaban a los humanos o los animales cuando se enfadaban o se sentían particularmente maliciosas. Pero también se los consideraba dotados de cualidades mágicas, y eran utilizados como talismanes o amuletos. Una de sus principales virtudes era la protección, cualidad a la que recurrirás en este hechizo para protegerte de los familiares problemáticos.

Si no tienes la fortuna de acceder a puntas de flecha neolíticas genuinas, deberías conseguir un trozo pequeño, del tamaño de una uña, de sílex afilado, ya sea explorando una zona en la que abunde esta roca o bien comprándolo en una tienda especializada en piedras y cristales.

CÓMO PRACTICAR EL HECHIZO

NECESITARÁS

Un disco de carbón vegetal en un plato resistente al fuego

Cerillas o un mechero

Una vela negra de 15-20 cm de altura

Una vela roja de 15-20 cm de altura

Un trozo pequeño de sílex

Pinzas

Una cucharadita de bayas de enebro secas

Una bolsita negra con cordel de 5 x 5 cm

MOMENTO DE APLICACIÓN: prepara este hechizo durante la luna nueva (oscura) o menguante. El martes, día del gran protector Marte, es el más indicado.

PROCEDIMIENTO:

1 Establece un círculo según las pautas especificadas en las páginas 32-35.

2 Enciende el disco de carbón, luego la vela negra y declara:

Por la oscuridad de la Luna.

Enciende la vela roja y finaliza:

Por la feroz luz de Marte
este hechizo se consuma.

3 Coge el sílex entre tus manos. Cierra los ojos y visualízalo como una punta de flecha que apunta a los familiares problemáticos que intentan entrar en tu casa.

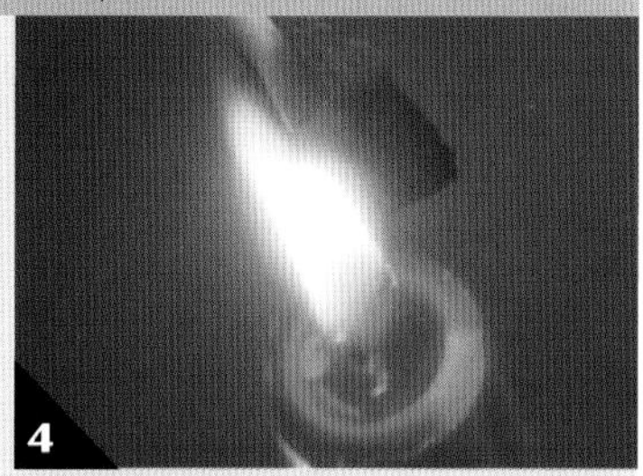

4

6

4 Usando las pinzas, acércalo a la llama de la vela roja y declara:

En el fuego te forjo,
y mi intención te endurecerá.
¡Que así sea!

5 Arroja bayas de enebro sobre el carbón, y pasa el sílex por el humo.

6 Introdúcelo en la bolsita, y cuélgala sobre la puerta de entrada de tu casa.

HECHIZO DEL INCIENSO DE LA ARMONÍA

PARA PROMOVER LA ARMONÍA DOMÉSTICA

FINALIDAD. Aportar una sensación de paz y concordia a tu hogar.

INFORMACIÓN ADICIONAL. El incienso tiene diversos usos en el campo de la magia. Puede ser empleado para «purificar» psíquicamente un espacio, para transmitir mensajes y ayudar a modificar el estado de conciencia. El incienso utilizado en este hechizo combina varias funciones, ya que sus ingredientes destacan tanto por sus poderosas energías purificadoras y calmantes como por su simbolismo mágico. Plantear y hacer públicas tus intenciones mágicas a través del incienso será una experiencia muy intensa, así que perfumar toda tu casa

CÓMO PRACTICAR EL HECHIZO

NECESITARÁS

- Un disco de carbón vegetal en un plato resistente al fuego
- Una vela rosa de 15-20 cm de altura
- Cerillas o un mechero
- Una cucharadita de polvo de raíz de orris
- Una cucharadita de lavanda seca
- Una cucharadita de azafrán
- Mortero
- Dos cucharaditas de piel de naranja seca cortada en tiras finas
- Un bote hermético

MOMENTO DE APLICACIÓN: trabaja durante la luna creciente para generar armonía, y en viernes, día de Venus, amante de la paz.

PROCEDIMIENTO:

1 Establece un círculo según las pautas especificadas en las páginas 32-35.

2 Enciende el disco de carbón, luego la vela y recita:

Estrella del amor,
estrella de la paz,
presencia y respalda
el trabajo que realizo.

con esta mezcla sin duda producirá un fuerte impacto general.

Los componentes básicos de esta mezcla aparecen en muchos otros hechizos. La lavanda es muy utilizada en los rituales relacionados con el amor, la curación y la purificación y en conjuros para la comunicación, para mantener la armonía en cualquier hogar. La raíz de orris suele ser incluida en la magia del amor, y la piel de naranja seca ayuda a alejar la enemistad y a levantar el ánimo. El azafrán, por su parte, incrementa la perspicacia y la intuición. Las propiedades de estos ingredientes lograrán «levantar» hasta la atmósfera más pesada.

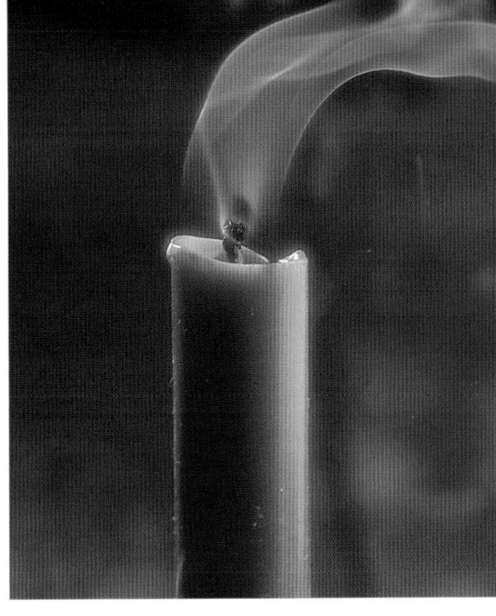

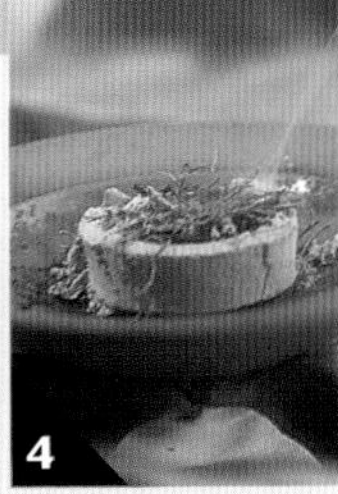

3 Coloca la raíz de orris, la lavanda y el azafrán en el mortero y muélelos completamente, recitando los siguientes versos durante el proceso:

Que el amor traiga cambios;
que los cambios traigan amor.

4 Agrega la piel de naranja; luego arroja otro poco sobre el carbón, y repite:

El círculo está abierto,
el hechizo intacto.

5 Recorre con el incienso todas las habitaciones de tu casa en el sentido de las agujas del reloj, añadiendo más cuando lo consideres necesario.

6 Regresa para apagar las velas, y sella el hechizo. Si guardas el incienso en un bote hermético se conservará perfectamente; si duplicas o triplicas las cantidades tendrás incienso para perfumar toda tu casa cuando se avecinen problemas.

HECHIZO DE LA PATATA

PARA DISIPAR UNA MALA ATMÓSFERA

FINALIDAD. Disipar los malos ambientes, cualquiera sea su origen.

INFORMACIÓN ADICIONAL. Si en este libro estás buscando un hechizo para erradicar una atmósfera negativa, probablemente ya conozcas el tipo de situación a que alude este conjuro. Tal vez en ocasiones percibas una vaga sensación de malestar en una determinada habitación de tu casa, o notes que cierto rincón te resulta «frío» o «malo». Es una sensación similar a la que se experimenta al entrar en una habitación en la que alguien está discutiendo con otra persona, o donde se percibe hostilidad o tensión. Algunas personas resultan tan afectadas por esta clase de percepciones que se convencen de que su casa está «embrujada».

La capacidad humana de decidir si un espacio es bueno o malo encierra cierto misterio. Si nos analizamos como especie repararemos en que nos apegamos notablemente a ciertos lugares por la sencilla razón de que nos sentimos como en casa o en paz cuando los visitamos o vivimos en ellos. Esta misma habilidad puede también permitirnos detectar una atmósfera «cargada» —independientemente de dónde provenga— y desear que desaparezca. Pero recuerda que una vez que hayas disipado un ambiente negativo deberás reemplazarlo por uno positivo, por ejemplo utilizando la mezcla de incienso de la armonía que aparece en las páginas 192-193.

CÓMO PRACTICAR EL HECHIZO

MOMENTO DE APLICACIÓN: realiza este hechizo durante la luna menguante o nueva (oscura), y en sábado, día sagrado para Saturno el expulsor.

PROCEDIMIENTO:

Veinticuatro horas antes de establecer el círculo, corta la patata por la mitad y coloca una parte en el norte y otra en el sur de la habitación afectada. Justo antes de iniciar el hechizo, enciende una cerilla en el este, el sur, el oeste y el norte de esa misma habitación, y deja que cada una de ellas se consuma antes de apagarla. Deberás formar el círculo en otra parte de la casa, pero previamente has de recoger las mitades de patata y las cerillas quemadas.

1 Establece un círculo según las pautas especificadas en las páginas 32-35.

2 Enciende la vela negra y declara:

Invoco a Saturno el expulsor
para que conceda poder a este hechizo.

3 Une las mitades de patata insertando varias cerillas quemadas en una de ellas, y luego clavándolas en la otra.

4 Apoya la patata sobre la gasa junto con las cerillas quemadas, y ata los extremos de la tela.

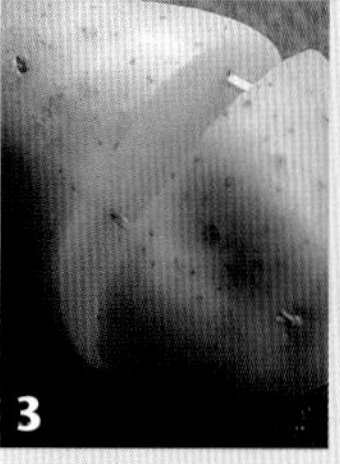

3

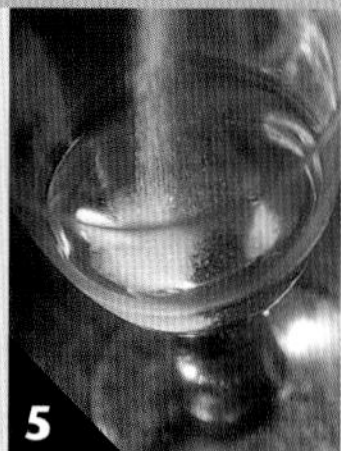

5

NECESITARÁS

- Una patata grande
- Una caja de cerillas
- Una vela negra de 15-20 cm de altura
- Una pieza cuadrada de gasa blanca de 30 cm de lado
- Una cucharadita de sal en un recipiente
- Una copa de agua

5 Sala el agua y repite:

Que la unión de estos elementos genere pureza.

Ve a la habitación afectada y salpica el agua por toda su superficie, declarando:

Esta habitación está limpia;
que sólo entre la bondad.

6 Entierra la gasa lejos de tu hogar.

HECHIZO DEL AZÚCAR

PARA ATRAER GRATOS VISITANTES A TU HOGAR

FINALIDAD. Ayudar a quienes gustan recibir visitas en su hogar.

INFORMACIÓN ADICIONAL. Muchos de los hechizos de este libro tienen la finalidad de atraer o repeler a ciertas personas o influencias. Éste en particular resulta muy atractivo, ya que ha sido especialmente concebido para personas sociables que deseen atraer un grato flujo de visitantes a su hogar. Basado en el simbolismo de la magia compasiva (quizá excesivamente literal en ciertos casos), consiste en ofrecer una bandeja mágica de azúcar en la puerta de tu casa con el objetivo de atraer visitas interesantes.

CÓMO PRACTICAR EL HECHIZO

NECESITARÁS

- Una vela púrpura de 15-20 cm de altura
- Cerillas o un mechero
- 115 g de azúcar granulado
- Una pizca de azafrán
- Una cucharadita de raíz de diente de león molida
- Tres gotas de aceite esencial de naranja
- Un cuenco
- Una cuchara de madera
- Una hoja de periódico
- Un bote hermético

MOMENTO DE APLICACIÓN: trabaja durante la luna creciente para atraer visitantes, y en jueves, día de Júpiter, amante de la diversión.

PROCEDIMIENTO:

1 Establece un círculo según las pautas especificadas en las páginas 32-35.

2 Enciende la vela y ruega:

Amor poderoso,
creador de alegría,
tráeme
buena compañía.

El uso de esta clase de «polvos mágicos» resulta muy habitual en la magia tradicional del todo el mundo. Algunos polvos mágicos están compuestos por una mezcla específica que aleja a los enemigos, mientras que los ingredientes de otros atraen amantes, dinero o buena suerte. Este polvo en particular tiene la finalidad de rodearte de buena compañía, para que puedas experimentar la alegría que las reuniones frecuentes y divertidas suelen provocar.

Este hechizo necesita un poco de paciencia. Observa que las instrucciones recomiendan que el polvo se seque al sol sin que nadie lo toque.

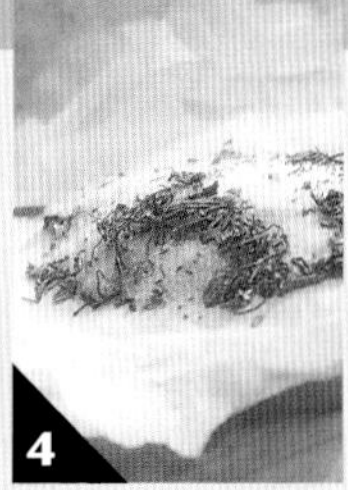

3 Coloca el azúcar, el azafrán, la raíz de diente de león y el aceite en el cuenco, repitiendo los siguientes versos:

Llegue la abeja a la miel;
llegue el sol a la flor;
llegue la marea a la costa;
llegue la alegría para compartir.

4 Mientras mezclas los ingredientes, deja que tu mente vuele e intenta visualizar una línea dorada desde la puerta de tu casa hacia el mundo. Imagina muchos amigos y gratos miembros de la familia viajando por la línea hasta la puerta de tu hogar, y continúa así hasta que los elementos se combinen de forma homogénea.

5 Vierte la mezcla sobre el papel de periódico, y déjala secar al sol.

6 Guarda el compuesto en el bote, y cada vez que necesites visitas viértelo en el suelo con una cuchara, formando una línea que parta desde la puerta de tu casa.

HECHIZO DEL FRASCO MÁGICO

PARA PROTEGERTE DE VECINOS PROBLEMÁTICOS

FINALIDAD. Evitar el rencor.

INFORMACIÓN ADICIONAL. Dada la gran importancia que concedemos a la seguridad en la vida familiar, cualquier alteración que ésta sufra puede llegar a comprometer nuestra salud y paz mental. Cuando el comportamiento indeseable o desconsiderado de nuestros vecinos nos provoca esta clase de malestar, nos parece que la situación escapa a nuestro control y que estamos sufriendo una invasión de nuestra tranquilidad. Pero lo peor es que estas situaciones suelen perjudicar seriamente nuestra calidad de vida e incluso nuestra salud. Aunque la negociación pueda resultar complicada, en ocasiones es posible establecer ciertos compromisos, y siempre merece la pena intentar alcanzar un acuerdo razonable con nuestros vecinos antes de recurrir a este hechizo.

La costumbre de enterrar recipientes con ingredientes mágicos se remonta a siglos atrás, y se ha utilizado con múltiples finalidades, como por ejemplo amparar a personas expuestas a peligros o proteger contra el mal. Hoy día hay distintas versiones de este hechizo, éste se practica en varios lugares del mundo.

La deidad a la que puedes recurrir para que respalde tu hechizo es Annis, diosa de los viajeros y ampliamente reconocida por sus poderes protectores. Ella ampara a quienes son oprimidos por otras personas, así que asegúrate de tener una causa justa y no estar actuando de forma irracional frente a tus vecinos.

CÓMO PRACTICAR EL HECHIZO

Momento de aplicación: trabaja durante la luna menguante, próxima a su fase oscura. El sábado, con sus asociaciones saturninas, es el día más favorable.

PROCEDIMIENTO:

1 Establece un círculo según las pautas especificadas en las páginas 32-35.

2 Enciende la vela y declara:

Saturno de rostro severo,
bendice este hechizo y transporta su mensaje.
Sean desdeñados todos aquellos que nos deseen el mal,
y el daño vuelva a ellos tres veces.

3 Introduce las espinas en el frasco, y exclama:

Lánzate sobre esta espina
y sólo tu sangre manará.

5

6

NECESITARÁS

- Una vela negra de 15-20 cm de altura
- Cerillas o un mechero
- Nueve espinas de endrino
- Un frasco hermético
- Tres guindillas rojas pequeñas
- Una cucharadita de guindilla en polvo
- Un cuadrado de gasa para cubrir el frasco.

4 Añade las guindillas y continúa:

Quede plasmada la malevolencia
en cada mordisco que recibas.

5 Vierte la guindilla en polvo y agrega:

Fuego del sur
vuela hacia la boca rencorosa.

6 Cierra el frasco. Pasa el frasco por la llama de la vela tres veces y en sentido contrario a las agujas del reloj, y declara:

De ti reniego.

Envuelve el frasco en gasa y entiérralo cerca de la puerta de entrada de tu casa.

HECHIZO DE MERCURIO

PARA INCREMENTAR LA COMUNICACIÓN EN EL HOGAR

FINALIDAD. Favorecer la comunicación en el seno de tu hogar.

INFORMACIÓN ADICIONAL. La capacidad de comunicación resulta fundamental en todas las áreas de la vida, pero nunca es tan importante como cuando atañe a nuestras relaciones personales. Las personas que conviven en el mismo espacio necesitan ser capaces de comunicar sus respectivas necesidades y deseos. De lo contrario, los malentendidos entre familias o compañeros de habitación pueden resultar terriblemente molestos y negativos para la vida familiar.

CÓMO PRACTICAR EL HECHIZO

NECESITARÁS

- Un disco de carbón vegetal en un plato resistente al fuego
- Una vela amarilla de 15-20 cm de altura
- Cerillas o un mechero
- Dos cucharaditas de partes iguales de lavanda, agujas de pino y limoncillo
- Una vela blanca doméstica
- Un posavasos plástico o metálico
- Una pequeña rama de pino para «escribir» en la cera
- Una bolsita negra con cordel, de 5 x 5 cm

MOMENTO DE APLICACIÓN: trabaja durante la luna creciente y en miércoles, día sagrado para Mercurio el mensajero.

PROCEDIMIENTO:

1 Establece un círculo según las pautas especificadas en las páginas 32-35.

2 Enciende el disco de carbón, luego la vela y ruega:

Yo te saludo, Mercurio,
veloz mensajero;
respalda y bendice este hechizo,
ayúdame en mis labores.

En este hechizo invocaremos a Mercurio, el planeta relacionado con las comunicaciones. La sustancia maleable que conocemos como mercurio también suele recibir el nombre de *quicksilver* ya que se la considera dotada de «vida propia». Se trata de un elemento venenoso, así que aquí lo representarás mediante una pequeña cantidad de cera derretida sobre la que grabarás el símbolo que alude tanto al planeta del mismo nombre como al metal. De esta manera confeccionarás un talismán que asegure la facilidad de comunicación, para que tu hogar funcione correctamente y se reduzca la posibilidad de que surjan malentendidos entre sus miembros.

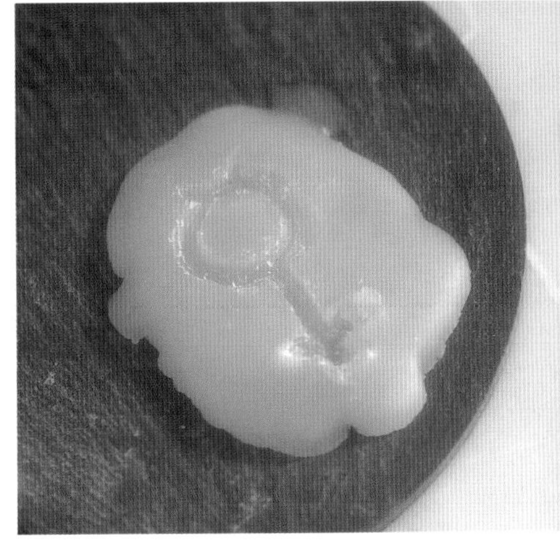

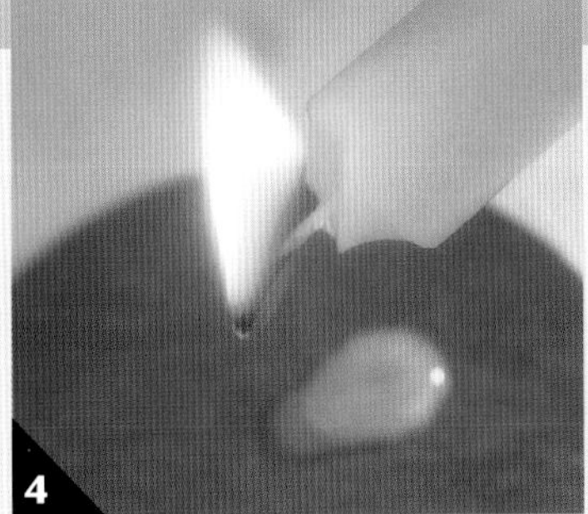

3 Quema el incienso en el carbón, y perfuma el círculo moviéndote en el sentido de las agujas del reloj. Agrega más incienso y enciende la vela blanca.

4 Deja que la cera de esta vela caiga sobre el posavasos y forme una pastilla oval de unos 2,5 cm de diámetro. Mientras la cera se mantiene blanda, graba el símbolo de Mercurio (el círculo con la cruz en la parte inferior y «cuernos» en la superior).

5 Déjala enfriar, y retírala del posavasos. Introdúcela en la bolsita y cierra con el cordel. Echa el aliento sobre la bolsa y repite:

Te sello con mi aliento,
te cargo con mi deseo.

6 Cuelga la bolsita sobre la puerta de la habitación más frecuentada de la casa.

HECHIZO DEL DRAGÓN DE LA TIERRA

PARA ASEGURAR UN JARDÍN FÉRTIL Y BONITO

FINALIDAD. Que tu jardín prospere.

INFORMACIÓN ADICIONAL. Las tradiciones y costumbres antiguas están plagadas de «supersticiones» relacionadas no sólo con el manejo espiritual de campos y cosechas sino también con el cambio de las estaciones, lo cual indica que la magia ha sido utilizada desde tiempos inmemoriales para asegurar el crecimiento. Una costumbre muy antigua dictaba que una pareja hiciera el amor sobre un campo, una vez finalizada la cosecha, con el fin de reproducir simbólicamente el cultivo que ya se encontraba en preparación para el año siguiente. Por supuesto, el siguiente hechizo no requiere que hagas lo mismo ante la mirada de tus vecinos, sino que trabaja sobre el principio de representar la transformación simbólica de la tierra, de estéril a fructífera.

El ingrediente clave en este caso es una crisálida vacía, símbolo universal de la transformación. No te costará encontrar una, en particular si tienes conciencia ecológica y cultivas plantas atractivas para las mariposas; si no es así, ponte en contacto con algún centro de conservación de mariposas y plantéales tu necesidad.

Este hechizo recurre a los poderes del gran dragón que representa las enormes energías naturales de la tierra. Reconocer y respetar las energías del Dragón de la Tierra nos permite acceder al reino de la magia, donde las leyes de la naturaleza y la fuerza vital son realmente poderosas.

CÓMO PRACTICAR EL HECHIZO

NECESITARÁS

- Un disco de carbón vegetal en un plato resistente al fuego
- Una vela verde de 15-20 cm de altura
- Cerillas o un mechero
- Sándalo
- Tres gotas de aceite esencial de pachulí
- Una pluma con tinta verde
- Una tira de papel de 2 cm x 1 cm
- Una crisálida vacía
- Una cucharadita de semillas de mostaza

MOMENTO DE APLICACIÓN: deberías practicar este hechizo a comienzos de la primavera, concretamente el día posterior a la luna nueva, para asegurar el máximo crecimiento.

PROCEDIMIENTO:

1 Establece un círculo según las pautas especificadas en las páginas 32-35.

2 Enciende el disco de carbón, luego la vela y ruega:

Dentro de mí y a mi alrededor
el poder de la tierra;
ven criatura, consumidora de fuego;
ven desde el aire,
ven desde el agua.
convierte esta buena tierra en tu hogar.

3 Quema el sándalo y el pachulí en el carbón.

4 Escribe en tinta verde, en una cara de la tira de papel, las siguientes palabras:

Draco
Erce
Venit.

Enróllalo e introdúcelo en la crisálida, junto con las semillas de mostaza.

5 Pasa la crisálida por el humo del incienso, recitando tres veces las palabras escritas en el rollo de papel.

6 Entierra la crisálida y su contenido en el centro de tu jardín.

Hechizos estacionales

INTRODUCCIÓN A LOS HECHIZOS ESTACIONALES

Todas las festividades de la sagrada rueda anual encierran su propio poder y significado mágico, y muchas brujas y magos perciben que determinadas épocas del año resultan particularmente favorables para ciertos tipos de hechizo. Estos encantamientos se relacionan tanto con las necesidades humanas en las distintas estaciones como con los poderes que prevalecen en dichos momentos. Por ejemplo, en Yule, cuando más probablemente notamos la falta de sol, conseguimos aprovechar las energías de la estación del retorno solar para fortalecernos durante el invierno. Del mismo modo, en Eostre, mientras nos adentramos en la parte más alegre del año, es probable que sintamos la necesidad de experimentar un equilibrio físico y mental para una nueva estación que exige nuestras máximas energías. Dado que Eostre es un período de equilibrio exterior entre la luz y la oscuridad, podemos buscar inspiración en él para alcanzar un equilibrio interior.

En las páginas 22-31 hemos incluido explicaciones sobre las ocho principales festividades del año, sus objetivos y sus respectivas tradiciones. No se trata de una información exhaustiva —de hecho, cualquiera de estas festividades justificaría un libro completo dedicado a su historia, costumbres y significado mágico—, pero al menos aportan un marco de referencia para la sección que ahora iniciamos en *La Biblia de los hechizos*. En las próximas páginas encontrarás varios conjuros —en concreto, tres por cada festividad— cuyos objetivos se encuentran estrechamente vinculados con la época del año que les sirve de referente. A modo de ejemplo, en la sección de Imbolc —el período de la primera siembra de semillas después del deshielo— encontrarás hechizos para los nuevos proyectos. Como Imbolc es sagrado para Brígida, diosa celta del fuego y la curación, también descubrirás un hechizo para curar o para favorecer la buena salud general. Dado que Imbolc también se relaciona con la ecuanimidad y el cambio, hemos incluido un hechizo para conseguir que se haga justicia.

Cada uno de estos trabajos mágicos está vinculado con un momento del año o con las costumbres propias de las tradiciones festivas, por ello deben realizarse dentro de un círculo creado especialmente para la festividad apropiada. En otras palabras, todos los hechizos para Beltaine deberían ser practicados en un círculo que celebre el 1 de mayo; todos los hechizos para Litha, en un círculo que celebre el solsticio de verano, etc. Los conjuros actúan como rituales que han de ser practicados como parte de una celebración estacional, lo que les confiere suficiente versatilidad como para ser utilizados en situaciones grupales y, por consiguiente, generar una poderosa energía colectiva. Así que... *Merry Meet!*, como saludan los paganos.

YULE-HECHIZO DE LA CENIZA DE FUEGO

PARA ASEGURAR LA PROSPERIDAD EN EL PRÓXIMO AÑO

FINALIDAD. Generar prosperidad para el próximo ciclo solar.

INFORMACIÓN ADICIONAL. La tradición del Yule se remonta a los tiempos paganos en el norte de Europa, y se la considera relacionada con las religiones basadas en la naturaleza, nacidas miles de años antes de la llegada del cristianismo. Nuestros ancestros creían que todas las cosas encerraban la fuerza de la vida, y veneraban particularmente a los árboles, supuesta morada de seres espirituales, dioses y diosas. Por consiguiente, ciertas especies eran consideradas sagradas, y si se las utilizaba para encender

CÓMO PRACTICAR EL HECHIZO

NECESITARÁS

- Una chimenea abierta o una hoguera al aire libre
- Una sección de cualquier rama, completa y con corteza
- Un cuchillo afilado
- Seis hojas de acebo secas
- Una vela verde

MOMENTO DE APLICACIÓN: realiza este hechizo en Yule; encontrarás más detalles en las páginas 22-31.

PROCEDIMIENTO:

1 La noche previa a las celebraciones de Yule enciende un fuego crepitante en tu chimenea, o una hoguera al aire libre.

2 Con el cuchillo talla a un lado de tu «tronco de Yule» la palabra ABUNDANCIA.

3 Coloca el «tronco» en el fuego y sobre él deja caer las hojas secas. Cuando quede reducido a cenizas, retira estos restos del fuego. Como parte de las celebraciones de Yule, y trabajando en un círculo adecuado, continúa de la siguiente manera:

una hoguera especial —en Yule, por ejemplo—, se creía que las cenizas resultantes encerraban poderes especiales.

La tradición del tronco de Yule proviene originalmente de Escandinavia, como también el nombre del solsticio de invierno, *Yul* (que significa «rueda»), desde comienzos del siglo XI de la era cristiana. La alineación de muchos monumentos erigidos en Gran Bretaña e Irlanda durante la prehistoria demuestra que el solsticio de invierno formaba parte del año ritual, de lo que se desprende que los invasores provenientes de Dinamarca «encubrieron» esta tradición con otra de su propiedad. Si el tronco de Yule era de roble se consideraba portador de una magia intensa. También se empleaban otras maderas.

4 Talla tu nombre de pila a un lado de la vela verde, y enciéndela mientras recitas:

Recibes mi nombre,
bendita seas.

5 Espolvorea la mitad de la ceniza en círculo, alrededor de la vela, y exclama:

Aun en tiempos tormentosos
nada te eliminará.

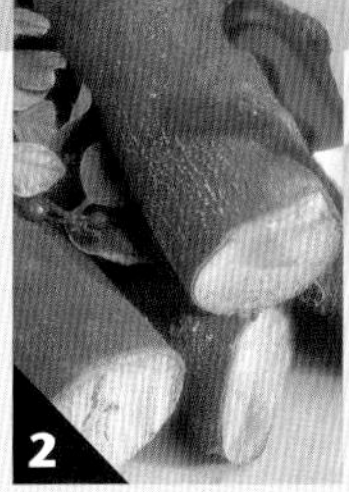
2

5

6 Guárdate una pizca de cenizas para arrojarlas al fuego de Yule el año próximo, y vierte el resto sobre el umbral de tu casa para asegurar que la prosperidad llegue a tu hogar con el año venidero.

YULE-HECHIZO DEL MUÉRDAGO

PARA GENERAR FUERZAS DURANTE EL INVIERNO

FINALIDAD. Ayudarte a reunir fuerzas para el resto del invierno.

INFORMACIÓN ADICIONAL. El muérdago, o *Viscum album*, ocupa un lugar venerable en el mundo de las plantas, dado que los druidas lo consideraban sagrado. Quizá debido a sus hábitos semiparasitarios se lo relacionaba con la fertilidad, y la costumbre de besar a una persona debajo de esta planta alude vagamente a esta creencia. Pero su asociación con la potencia sexual se debe a otra razón: nuestros ancestros consideraban que las bayas lechosas que rodean la semilla eran comparables al semen, así que la facultad de este fluido de generar vida trasladó su reputación a la planta. En el campo de la magia, el muérdago representa el poder y la fuerza en muchas de sus formas, aunque en este hechizo en particular lo hace a partir de su relación con el roble sagrado, árbol del sol.

Conseguir que el sol vuelva a brillar en medio de la oscuridad forma parte del objetivo de las celebraciones de Yule; de hecho, en los momentos más lúgubres no sólo celebramos la perspectiva de recuperar la fuerza del sol, ¡sino que la estimulamos! En resumen, el acto de celebrar apunta a conseguir que el sol regrese. No se trata tanto de una tendencia humana a creer que controlamos la naturaleza, sino al miedo que nos produce pensar que el astro no asome en el día más importante. Por ello, además de celebrar el regreso del sol, animamos a que la luz se abra paso en la oscuridad utilizando una especie de magia compasiva que, en otros contextos, conocemos como luces, espumillón y adornos brillantes. Este hechizo recurre a la potencia del sol de la misma manera en que el muérdago aprovecha el poder del roble, árbol solar.

CÓMO PRACTICAR EL HECHIZO

NECESITARÁS

- Seis velas blancas de 15-20 cm de altura
- Un ramo de muérdago seco
- Mortero
- Tres piezas cuadradas de papel blanco de 7,5 cm de lado
- Una pluma con tinta verde
- Un plato resistente al fuego

MOMENTO DE APLICACIÓN: realiza este hechizo en Yule; encontrarás más detalles en las páginas 22-31.

PROCEDIMIENTO:

Como parte de las celebraciones de Yule, procede de la siguiente manera después de establecer el círculo:

1 Coloca las velas en círculo y enciéndelas de forma alterna, declarando:

En la estación del retorno solar
vuelvan la vida y la fuerza.

2 Utilizando el mortero, muele el muérdago seco hasta convertirlo en polvo.

3 Elige hasta tres áreas de tu vida en las que necesites fuerza, y resúmelas en una sola palabra en cada trozo de papel. Por ejemplo: SALUD, ENERGÍA, EMOCIONES, etc.

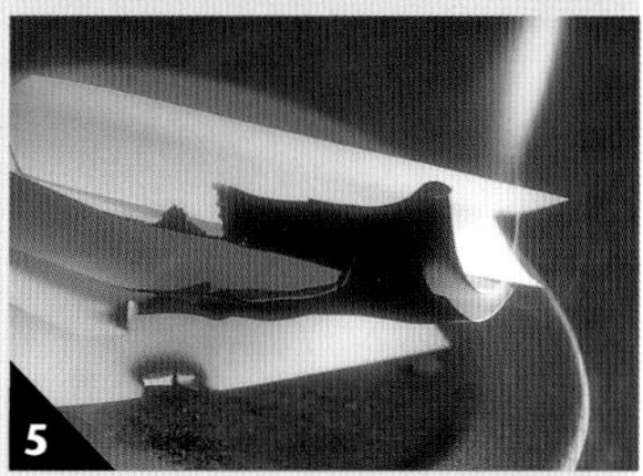

4 Espolvorea el polvo de muérdago sobre cada uno de ellos; luego pliégalos y enciéndelos utilizando las velas.

5 Colócalos sobre el plato resistente al fuego hasta que se consuman, y enciende las velas restantes.

6 Entierra las cenizas debajo de una planta de hoja perenne.

YULE-HECHIZO DEL PASTEL DE FRUTAS DE YULE

PARA HALLAR LA CLAVE DEL AÑO ENTRANTE

FINALIDAD. Ayudarte a reconocer las influencias más importantes del nuevo ciclo solar.

INFORMACIÓN ADICIONAL. Yule es un período idóneo para analizar el año que ha pasado, ya que coincide con el *solsticio* (cuya traducción literal es «el sol se mantiene inmóvil»). La estación más oscura nos invita a hacer una pausa para analizar los acontecimientos sucedidos desde el último solsticio de invierno, y para esperar ansiosamente lo que vendrá. El objetivo de este hechizo es, precisamente, ayudarte a conseguirlo.

CÓMO PRACTICAR EL HECHIZO

NECESITARÁS
175 g de harina integral de trigo con levadura incorporada
115 g de azúcar moreno
115 g de mantequilla
55 g de fruta deshidratada variada
Una cucharadita de pimienta de Jamaica
Una cuchara de madera
Doce moldes para hornear
Doce tiras de papel de 5 cm x 1 cm
Un bolígrafo
Doce tiras de papel de aluminio de 7,5 cm x 5 cm

MOMENTO DE APLICACIÓN: realiza este hechizo en Yule; encontrarás más detalles en las páginas 22-31.

PROCEDIMIENTO:

1 Mezcla los ingredientes comestibles con una cuchara o con la mano hasta que se ablanden, añadiendo la fruta en último lugar. Vierte la mezcla en los moldes, y antes de establecer el círculo hornéalos a 200 °C hasta que se doren.

Como parte de las celebraciones de Yule, procede de la siguiente manera, una vez establecido el círculo:

En la Inglaterra victoriana, la costumbre de introducir amuletos de plata en el budín de Navidad se extendió en los hogares de clase media, y las familias más humildes escondían una moneda en el interior de la masa. Esta práctica refleja una tradición más antigua: quienes comían una rica tarta o un pan horneado en Yule esperaban encontrar una fruta en su interior, como predicción de que el año sería muy beneficioso. ¡Esta lejana tradición resulta mucho más segura para la salud!

Esta versión del pastel de frutas de Yule te parecerá mucho menos peligrosa y más sabrosa; además, también honra una costumbre que se remonta a varios siglos atrás.

2 Escribe las siguientes palabras, cada una en una pieza de papel:

SALUD	*VIAJE*
DINERO	*ESPÍRITU*
HOGAR	*AMIGOS*
AMOR	*COMIENZOS*
NIÑOS	*ANCIANOS*
TRABAJO	*TIEMPO*

3 Enrolla las tiras de papel y envuélvelas de una en una en el papel de aluminio. Luego mézclalas. Introduce estas «balas» plateadas en los pasteles, por su parte inferior.

4 Elige un pastel y córtalo para extraer la sorpresa. Cómelo y al final lee el mensaje.

1

5 Distribuye los pasteles restantes entre tus amigos, explicando su finalidad. Asegúrate de que todos extraigan el mensaje antes de comer los pasteles.

6 La palabra del mensaje te dará la clave de los acontecimientos que tendrán lugar en tu vida durante el año entrante.

IMBOLC-HECHIZO DE LA SEMILLA

PARA FORMULAR DESEOS Y FAVORECER EL ÉXITO DE LOS NUEVOS PROYECTOS

FINALIDAD. Formular deseos y respaldar los nuevos proyectos.

INFORMACIÓN ADICIONAL. Imbolc está relacionado con la aparición de las primeras flores de primavera, un signo que en Europa indica la retirada del invierno y la proximidad del buen tiempo. Es también el momento de las primeras siembras, por lo que en los climas templados los granjeros se dedican a observar el suelo para comprobar si está suficientemente cálido para favorecer el crecimiento. Pero también es una época para sembrar otro tipo de «semillas», como ideas, planes y proyectos que hayas concebido para el año entrante.

El siguiente hechizo se basa en un primer principio de la magia compasiva, que simboliza las semejanzas. En otras palabras, las semillas que ahora plantas representan tus deseos para los próximos meses, y la finalidad del círculo de Imbolc es que traslades a ellas todo lo que deseas. En resumen, plantas tus semillas en suelo fértil y prometes cuidarlas, alimentarlas y nutrirlas, confiando en que la naturaleza les ayude a crecer de la misma manera en que nosotros confiamos nuestros deseos a la magia. Así como tú te ocupas de estas semillas, la magia se ocupará de los deseos que representan.

En esta época del año dispones de un gran número de semillas. Incluso es posible que algunos jardineros hayan guardado algunas del año pasado. La especie a la que pertenezca la planta carece de importancia; lo fundamental son las intenciones con las que cargues mágicamente a las semillas, y que éstas sean lo suficientemente grandes como para ser manipuladas individualmente.

CÓMO PRACTICAR EL HECHIZO

NECESITARÁS

- Tres velas blancas de 15-20 cm de altura
- Cerillas o un mechero
- Nueve semillas de cualquier variedad
- Un bolígrafo y papel
- Tierra o sustrato de buena calidad
- Una pequeña paleta de jardinero
- Una maceta para interiores

MOMENTO DE APLICACIÓN: realiza este hechizo en Imbolc; encontrarás más detalles en las páginas 22-31.

PROCEDIMIENTO:

Como parte de las celebraciones de Imbolc, procede de la siguiente manera después de establecer el círculo:

1 Enciende las velas y exclama:

Triple Brígida, eres bienvenida;
tres veces eres bienvenida.

2 A cada semilla otórgale el nombre de un deseo o proyecto que esperas que arraigue y se desarrolle durante el próximo año. Escribe estos deseos en el papel, recordando renovarlos en el próximo Imbolc.

2

4

3 Coge las semillas con la mano derecha, y ahueca la izquierda sobre ellas, declarando:

Ahora su aliento cubre la tierra;
su calor dará vida a nuevas semillas.
Santa Brígida, bendice todo lo que vive
entre mi mano derecha y mi mano
izquierda.

4 Planta las semillas en la tierra o el sustrato siguiendo las instrucciones de la especie que estés utilizando.

IMBOLC-HECHIZO DEL POZO DE BRÍGIDA

PARA CURAR O FAVORECER LA BUENA SALUD GENERAL

FINALIDAD. Erradicar la mala salud o generar bienestar para el año entrante.

INFORMACIÓN ADICIONAL. La festividad de Imbolc también es conocida como la Fiesta de Brígida, una adorada diosa irlandesa considerada patrona de las curaciones. En Bretaña, Inglaterra, Irlanda, Escocia y Gales muchos manantiales y ríos son considerados sagrados y evocan a la diosa a través de su nombre, pero en realidad son los pozos los que mantienen un vínculo más estrecho con los poderes curativos de la deidad.

En épocas precristianas se veneraba a los *genii loci*, o «espíritus del lugar», propios de emplazamientos naturales considerados particularmente sagrados. Los manantiales y los pozos, fuentes de agua proveniente del interior de la tierra, eran considerados muy especiales; y sus propiedades curativas (para ciertos problemas oculares y cutáneos, por ejemplo) acabaron relacionadas con diversas fuentes de agua atribuidas a Brígida. En este hechizo recrearás el Pozo de Brígida simbólicamente, en forma de cuenco o taza de cerámica o piedra. Dado que el Pozo curativo de Brígida es un símbolo espiritual, esta recreación resulta tan válida como una invocación al espíritu de un pozo en Kildare, Irlanda, o a un río de Gales. Puedes formular hasta tres peticiones de curación, incluyendo una para la buena salud general si lo consideras apropiado.

CÓMO PRACTICAR EL HECHIZO

NECESITARÁS

Seis velas blancas de 15-20 cm de altura

Un cuenco o taza de cerámica o piedra

Tres piedras de playa pequeñas

Un recipiente pequeño con sal

Agua de manantial

Cerillas o un mechero

MOMENTO DE APLICACIÓN: realiza este hechizo en Imbolc; encontrarás más detalles en las páginas 22-31.

PROCEDIMIENTO:

Como parte de las celebraciones de Imbolc, procede de la siguiente manera después de establecer el círculo:

1 Coloca las velas alrededor de la taza.

2 Otorga a cada piedra el nombre de la dolencia que quieres curar, echando una pizca de sal sobre cada una. Cúbrela con tu aliento, y declara:

Por mi aliento.

Cúbrelas con tus manos, y continúa:

Por mi carne.

Introdúcelas en la copa y cúbrelas con agua, rogando:

Por las aguas vivas de Brígida,
prevalezca la salud e impere el bien.

3 Enciende cada vela y recita:

Yo te saludo, señora del fuego.

4 Acerca las palmas hacia las llamas y cierra los ojos; visualiza que las manchas oscuras de las piedras se disuelven en el agua, emergiendo hacia la superficie para ser quemadas en las llamas de las velas.

5 Repite el siguiente cántico hasta que percibas las energías del círculo:

Tierra, agua, llama,
actuad en su nombre,
tierra, agua, fuego,
concretad mi deseo.

6 Devuelve las piedras a una playa lo antes posible una vez finalizada la noche de Imbolc.

IMBOLC-HECHIZO DEL *CLOUTIE* (BANDA DE TELA)

PARA QUE SE HAGA JUSTICIA

FINALIDAD. Ayudar a aquellos que defienden una causa justa.

INFORMACIÓN ADICIONAL. La diosa patrona de Imbolc, Brígida, es una famosa protectora de las mujeres, los niños y los animales, además de defensora de la justicia y la igualdad. No es extraño que este aspecto de Brígida se celebre en esta época del año, ya que así como la luz incipiente hace visible la suciedad que el invierno ha escondido, la brillante luz solar de Brígida también puede iluminar los actos ocultos. Siempre es posible eliminar el polvo con una fregona y un cubo con agua, pero las injusticias requieren un procedimiento especial. Afortunadamente, esta época favorece la magia relacionada con la justicia y la equidad.

CÓMO PRACTICAR EL HECHIZO

NECESITARÁS

- Un disco de carbón vegetal en un plato resistente al fuego
- Cerillas o un mechero
- Una cucharadita de mirra
- Una vela blanca de 15-20 cm de altura
- Una vela púrpura de 15- 20 cm de altura
- Trece bandas de tela de algodón blanco de 30 x 7,5 cm
- Una rama seca, apuntalada

MOMENTO DE APLICACIÓN: realiza este hechizo en Imbolc; encontrarás más detalles en las páginas 22-31.

PROCEDIMIENTO:

Como parte de las celebraciones de Imbolc, inicia este conjuro en un círculo correctamente establecido y continúa al aire libre, en un árbol donde el hechizo permanezca intacto durante el máximo tiempo posible. Sigue las siguientes instrucciones:

1 Enciende el disco de carbón vegetal, y quema la mirra.

2 Enciende la vela blanca, y declara:
Brígida está aquí.

3 Enciende la vela púrpura y afirma:
Y la justicia llegará.

La antigua costumbre de adornar con *clouties*, o bandas de tela, los árboles que rodean los pozos sagrados tenía originalmente la finalidad de presentar peticiones de curación y misericordia allí donde el espíritu del lugar gozaba de mayor poder. A continuación recurriremos a esta costumbre para que a través del sol, el viento y la tierra envíes tu petición de justicia a la gran red del espíritu, donde todas las cosas se equilibran. Bendecido por la protectora Brígida, tu hechizo no mantiene ninguna relación con la venganza, sino con la intención de corregir un penoso desequilibrio. Imbolc es un período para empezar de nuevo, y alcanzar el equilibrio forma parte del proceso.

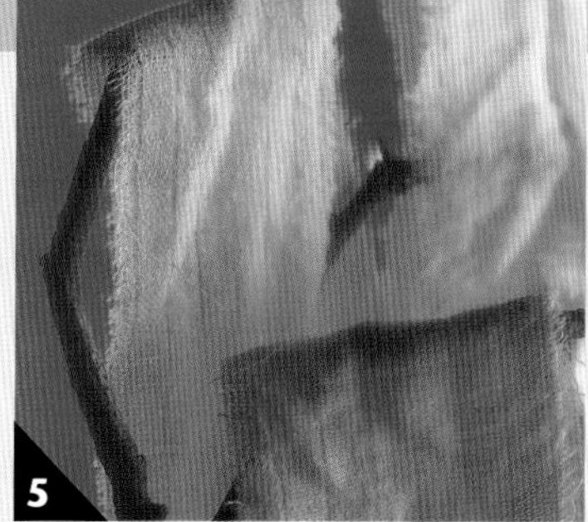

5

4 Expresando tu ira, miedo o desesperación frente a la injusticia que deseas reparar con cada banda de tela, sella tu petición pasándolas de una en una por el humo del incienso.

5 Cuélgalas de la rama seca, y apoyando las manos sobre la ramilla más elevada, ruega:

Brígida, apiádate de esta rama
pues ha muerto como la causa de mi enemigo.

6 Sal al exterior y dirígete hacia el árbol, y mientras atas cada banda de tela de sus ramas inferiores, pide:

Que la tierra me oiga en las raíces de este árbol;
que el aire transporte mi grito,
que el sol eleve mi súplica,
y la luna la condene,
porque con Brígida de mi lado
mi causa prosperará.

EOSTRE-HECHIZO DE LA LIEBRE

PARA FAVORECER LA FERTILIDAD

FINALIDAD. Proporcionar toda la ayuda posible cuando no exista causa médica conocida que justifique la imposibilidad de embarazo.

INFORMACIÓN ADICIONAL. La antigua asociación entre las liebres y la fertilidad se debe a un hecho natural y al vínculo simbólico de este animal con las diosas de la Luna de todo el mundo. La fertilidad de las liebres es proverbial —una hembra puede engendrar cuarenta y dos crías en un solo año—, por lo que se las asocie con la fertilidad de la tierra y de los humanos. Las liebres corren desaforadamente por el campo durante su época de apareamiento, que por lo general coincide con Eostre, un período sagrado para la deidad teutona de la ferti-

CÓMO PRACTICAR EL HECHIZO

NECESITARÁS

- Una vela verde de 15-20 cm de altura
- Cerillas o un mechero
- Un lápiz
- Un cuadrado de papel tisú blanco de 30 cm de lado
- Tijeras
- Un cuadrado de papel tisú negro de 30 cm de lado
- Un huevo de granja
- Cinta amarilla de 45 x 2,5 cm

MOMENTO DE APLICACIÓN: realiza este hechizo en Eostre; encontrarás más detalles en las páginas 22-31.

PROCEDIMIENTO:

Como parte de las celebraciones de Eostre, procede de la siguiente manera después de establecer el círculo:

1 Enciende la vela verde y exclama:

Que Ostara se presente ahora
y su pueblo despierte a la tierra.
Que Ostara se presente.

2 Traza un círculo de aproximadamente 22,5 cm de circunferencia sobre el papel blanco,

lidad conocida como Oestra u Ostar. Esta asociación, presente en diversas culturas, y la variedad de diosas de la Luna encierran cierta lógica. Una explicación es que las formas que se observan en la superficie lunar desde la Tierra recuerden a una liebre. Y como los ciclos de la luna coinciden con la menstruación y los ciclos reproductivos femeninos, ambos se convirtieron en sinónimos. Las diosas de la Luna eran consideradas patronas de la fertilidad, el embarazo y el parto, por lo que la liebre se ha convertido en un tótem de muchas de ellas, como Andraste en Gran Bretaña, Maia en Italia, Chang O en China, Freya en Escandinavia y Harfa en el norte de Europa.

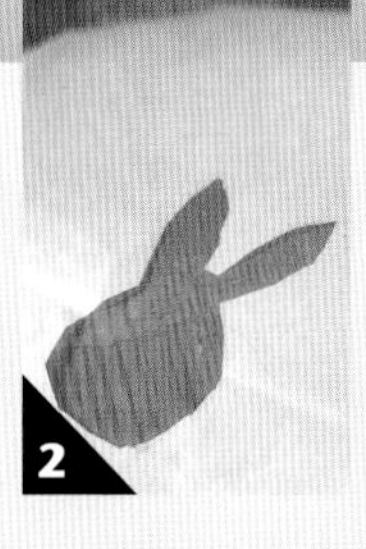

2

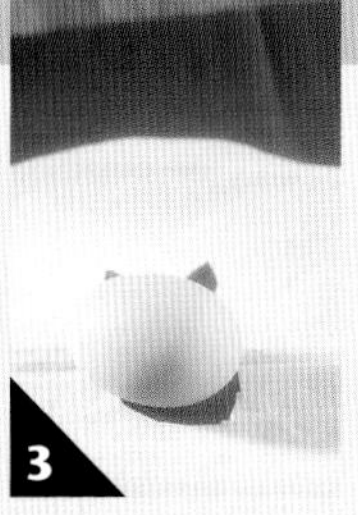

3

dibujando el contorno de una cabeza de liebre en el centro. A continuación recórtalo.

3 Apoya la cabeza de liebre sobre el papel negro; pon el huevo en el centro del disco blanco, y cúbrelo con el papel blanco y dí:

Enviado desde la Luna.

4 Cubre ahora todos los elementos con el papel negro y agrega:

Desarrollado en el útero.

5 Átalo con la cinta amarilla, formando una especie de paquete.

6 Llévalo al exterior e introdúcelo en un orificio de aproximadamente 30 cm de profundidad, declarando:

Cuando la liebre salte
y la luna asome
¡crezcamos juntos!

EOSTRE-HECHIZO DE LA JAMBA DE LA PUERTA

PARA EQUILIBRAR TU SALUD FÍSICA Y MENTAL

FINALIDAD. Ayudar a equilibrar todas las áreas de tu vida.

INFORMACIÓN ADICIONAL. Además de los aspectos de Eostre relacionados con la fertilidad, el acontecimiento astronómico del equinoccio de primavera también cuenta con su celebración. Es el momento en que la luz diurna y la oscuridad duran lo mismo y nos adentramos en la parte más luminosa del año. Es el período más favorable para asegurar el equilibrio, dentro y fuera de nosotros. Eostre se convierte en un buen momento para comprobar nuestro estado de salud y si el estilo de vida que llevamos en la actualidad favorece nuestro equilibrio

CÓMO PRACTICAR EL HECHIZO

NECESITARÁS

- Un disco de carbón vegetal en un plato resistente al fuego
- Cerillas o un mechero
- Una mezcla de partes de iguales de incienso y mirra
- Una vela negra de 30 cm de altura
- Una vela blanca de 30 cm de altura
- Dos cucharaditas de aceite de almendra en un plato
- Un poco de sal en un plato

MOMENTO DE APLICACIÓN: en Eostre; encontrarás más detalles en las páginas 22-31.

PROCEDIMIENTO:

Como parte de las celebraciones de Eostre, haz el círculo y actúa así:

1 Enciende el disco de carbón vegetal y quema el incienso.

2 Enciende la vela negra y exclama:

El pilar de mi izquierda es la noche,
y en su interior todo permanece latente.

3 Enciende la vela blanca y repite:

El pilar de mi derecha es la luz,
y en su interior todo prospera.

4 Unta tus pies, rodillas, pecho, boca y frente con aceite, y repite:

mental y físico. El espacio del equilibrio, de la perfecta igualdad entre la luz y la oscuridad, puede ser representado mediante círculos trazados con una vela blanca y otra negra, que simbolizan las jambas de una puerta a través de la cual ingresamos en la estación de la luz. Situarse entre estos dos «postes» supone entrar en un reino mágico en el que ni la oscuridad ni la luz dominan, sino que ambas se equilibran. Mediante este hechizo podrás acceder a este espacio para encontrar la fuente de tu equilibrio. Antes de establecer el círculo, reflexiona sobre las prioridades y los aspectos superfluos de tu vida, y sobre tus posibilidades de encontrar un equilibrio.

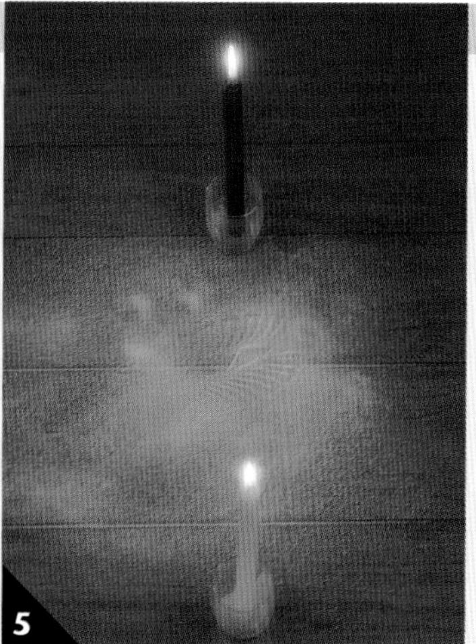

Me transformo en un ser sagrado para
ingresar en un espacio sagrado.

5 Arroja sal sobre el suelo entre las velas y písala, declarando:

Me transformo en un ser puro para
ingresar en un espacio puro.

Recita lo siguiente:

En la entrada del año,
entre la puerta de la noche y el día,
dejo una palabra: EQUILIBRIO
y ruego recibir otra.

6 Cierra los ojos y espera «recibir» alguna palabra, ésta encerrará la clave para encontrar el equilibrio en el próximo año.

EOSTRE-HECHIZO DEL NARCISO, O *DAFFODOWN DILLY*

PARA CRECER EN TODAS LAS ÁREAS DE LA VIDA

FINALIDAD. Pedir deseos relacionados con todas las áreas de la vida.

INFORMACIÓN ADICIONAL. Esta época del año resulta muy adecuada para «sembrar» deseos que darán fruto durante el verano. Recurrir al uso de plantas para llevar a cabo prácticas mágicas es una costumbre muy difundida, y ejecutar un hechizo empleando bulbos de flores no sólo resulta sencillo, sino sobre todo divertido y eficaz. En muchos círculos, uno de los métodos de trabajo favoritos consiste en cargar mágicamente a los bulbos —vida en potencia— con un deseo. Sin embargo, la plantación sistemática es un método mucho más difundido entre los jardineros que entre los magos, por lo cual este hechizo resulta un poco diferente es ese aspecto.

CÓMO PRACTICAR EL HECHIZO

NECESITARÁS

- Una vela verde de 15-20 cm de altura
- Una vela amarilla de 15-20 cm de altura
- Cerillas o un mechero
- Bulbos de semillas de floración estival
- Tierra o sustrato en una maceta mediana de interior

MOMENTO DE APLICACIÓN: realiza este hechizo en Eostre; encontrarás más detalles en las páginas 22-31.

PROCEDIMIENTO:

Como parte de las celebraciones de Eostre, procede de la siguiente manera después de establecer el círculo:

1 Enciende la vela verde y exclama:
Por el brote.

2 Enciende la amarilla y continúa:
Por la flor
invoco el poder de Ostara.

3 Coge cada bulbo, y de uno en uno concédele el nombre de tu deseo.

El narciso es una flor de primavera que aparece en Inglaterra en el mes de marzo, y por esa razón este hechizo recibe el nombre inglés con que se conocía a la planta en la antigüedad. Aquí, los bulbos empleados no son de narciso, ya que durante el período de Eostre ya está floreciendo. La idea es trasladar la fertilidad del narciso energizando los bulbos de floración de verano, y plantándolos a muy poca distancia entre sí. Los bulbos de verano ofrecerán el aspecto de los narcisos en flor y, cargados con tus deseos, no tardarán en crecer.

Elige alguna de las múltiples especies de bulbos de verano de las que disponemos, aunque procura que se trate de una variedad fuerte. ¡No sería conveniente que tus «deseos» acabaran devorados por babosas o insectos!

3

4 Cógelos entre las manos, y con las siguientes palabras transmíteles tu deseo:

Mientras las noches se acortan
y este bulbo se introduce en la tierra;
mientras los días se alargan
ruego que se fortalezca mi deseo.

5 Introduce los bulbos en la tierra o el sustrato. Apoya las palmas de las manos sobre la tierra y visualiza el crecimiento que has deseado.

6 Mantén los bulbos dentro de tu casa hasta que la amenaza de las heladas haya pasado, y luego plántalos en el exterior, junto a los bulbos de floración primaveral.

BELTAINE-HECHIZO DE LA ALMENDRA

PARA CUMPLIR LAS PROMESAS

FINALIDAD. Incrementar tu fuerza de voluntad para ayudarte a cumplir con una promesa que te hayas hecho a ti mismo.

INFORMACIÓN ADICIONAL. En algunas mitologías paganas, Beltaine celebra la boda del Hombre Verde y la diosa de la tierra, y por ello el período en que aparecen las flores de mayo es conocido como las *Nupcias de la Diosa*. Esta unión requiere que el Señor del Bosque y la diosa embarazada declaren su compromiso entre sí y también hacia el fruto de su unión, lo cual convierte a Beltaine en un excelente período para hacer promesas y celebrar y honrar los compromisos. Es un momento ideal para hacer una promesa y comprometerse a mantenerla durante el resto del año.

Antes de establecer el círculo de Beltaine, analiza cuidadosamente las implicaciones de tu promesa. Pregúntate si es necesaria y reflexiona sobre cualquier sacrificio que pudiera suponer. Tu promesa puede referirse a un hábito, un rasgo de comportamiento o un deseo de mejorar un área determinada de tu vida. En cualquier caso, asegúrate de que sea necesaria, y que no estás intentando cumplir con la idea de otra persona en áreas como la salud, la belleza, el comportamiento conformista, etc.

La promesa será representada en este caso por un fruto seco, símbolo frecuente de la fertilidad de mayo. Comerlo sella el hechizo y te permite absorber literalmente la promesa que nutrirá tu vida.

CÓMO PRACTICAR EL HECHIZO

5

NECESITARÁS

- Un palo de escoba
- Dos velas verdes de 15-20 cm de altura
- Cerillas o un mechero
- Una almendra fresca por cada promesa
- Un cascanueces
- El zumo de un limón
- Un plato de azúcar

MOMENTO DE APLICACIÓN: realiza este hechizo en Beltaine; encontrarás más detalles en las páginas 22-31.

PROCEDIMIENTO:

Como parte de las celebraciones de Beltaine, procede de la siguiente manera después de establecer el círculo:

1 «Cruza» el palo de escoba frente a ti, en el suelo.

2 Coloca una vela en cada extremo del palo y enciéndelas, recitando:

Para Marion en el bosque,
para Jack tan verde y bueno.

3 Coge el fruto seco entre tus palmas. Imagina la promesa que deseas cumplir, y exprésala en voz alta a la almendra.

4 Abre la almendra e introduce uno de sus extremos en el zumo de limón, declarando:

Amargo, aunque demuestra
mi promesa solemne.

5 Ahora introduce el mismo extremo en el azúcar, y repite:

Dulzura a quien
se une y es fiel.

6 Coge el fruto seco entre tus dientes, y salta sobre el palo de escoba. Come la almendra a continuación, y repite el proceso para cada promesa que desees hacer.

BELTAINE-HECHIZO DEL LAZO

PARA ATRAER A UNA PAREJA EXCITANTE

FINALIDAD. Atraer a un nuevo amante.

INFORMACIÓN ADICIONAL. Beltaine se ha ganado la reputación histórica de encarnar un momento del año bastante erótico. Gran parte de las objeciones de la Iglesia inglesa del siglo XVI a los rituales de Beltaine se basaban en la naturaleza de las diversiones y, sobre todo, en la costumbre de pasar toda la noche del 30 de abril al aire libre para «traer a mayo». Dada la oportunidad que este hábito ofrecía a los jóvenes de entregarse a las relaciones sexuales lejos de los ojos de sus mayores y los sacerdotes locales, no es de extrañar que los párrocos que predicaban sobre el «pecado» del sexo fuera del matrimonio intentasen prohibir la festividad.

Por fortuna, algunas comunidades rurales han conseguido mantener las antiguas costumbres, y en Inglaterra aún es posible encontrar Palos de Mayo.

CÓMO PRACTICAR EL HECHIZO

NECESITARÁS

- Un quemador de aceite con una vela de té
- Dos cucharaditas de agua
- Seis gotas de aceite esencial de ylang-ylang
- Cerillas o un mechero
- Una vela verde de 30 cm de altura
- Una banda elástica para ajustar alrededor de la vela
- Dos tiras de 45 cm de cinta roja
- Una tira de 45 cm de cinta verde

MOMENTO DE APLICACIÓN: realiza este hechizo en Beltaine; ver las páginas 22-31.

PROCEDIMIENTO:

Establece el círculo y actúa así:

1 Coloca el aceite y el agua en el quemador y enciende la vela de té.

2 Presiona la vela entre ambas manos, y declara:

Este Palo de Mayo yo ofrendo
con mi voto cariñoso.
Que quien me busque
¡me encuentre ahora!

Otro divertimento más actual inspirado en dichas prácticas y juegos históricos recibe el nombre de «persecución amorosa de Beltaine». Esta tradición, que permite que todo el mundo se vuelva un poco «loco», es una especie de juego del escondite en el que los hombres atan campanas a su ropa, y las mujeres deben perseguirlos por el bosque. Una vez capturado, el individuo besa a su captora y ambos regresan a la fiesta para beber a la salud de ambos. Sobra señalar que existen variantes de esta fiesta para personas del mismo sexo o grupos, ¡y se trata de una diversión completamente inocente! Este hechizo utiliza cintas, presentes en la persecución amorosa de Beltaine y en los Palos de Mayo, para conducir hacia ti a un amante aún no descubierto.

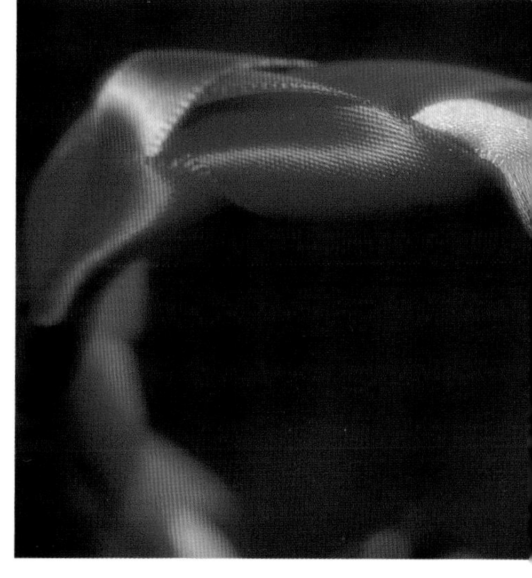

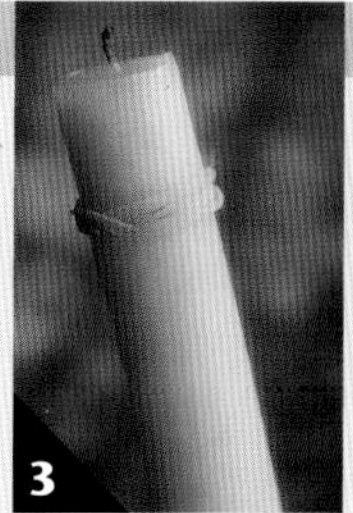
3

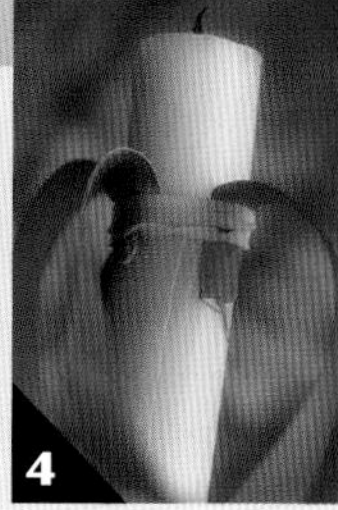
4

3 Enrolla la goma alrededor de la vela, aproximadamente a 2,5 cm de la mecha.

4 Pasa uno de los extremos de la cinta roja por debajo de la goma, y exclama:

Y si él/ella es amable
no me quejaré.

Repite, esta vez con la cinta verde:

Y si él/ella es audaz
envíamelo/a.

5 Pasa el resto de la cinta roja, y declara:

Y si él/ella me ofrece amor
no me alejaré.

6 Enciende la vela, retira los lazos y entretéjelos para llevarlos en la muñeca a modo de pulsera hasta que aparezca un amante.

BELTAINE-HECHIZO DEL ÁRBOL DE MAYO

PARA COMUNICARTE CON LOS ESPÍRITUS DEL BOSQUE

FINALIDAD. Este hechizo está destinado a quienes desean comulgar con la naturaleza y explorar una nueva senda espiritual.

INFORMACIÓN ADICIONAL. Hay dos festividades enfrentadas, pero con muchos puntos en común. Tanto Beltaine como Samhain son reconocidos como períodos en los que los velos que separan los mundos se tornan más delgados que nunca. En Samhain, los mundos de los vivos y los muertos se unen, y en Beltaine el límite entre el mundo de los humanos y el mundo de las hadas se estrecha. Por esa razón, Beltaine es un buen momento para crear un vínculo espiritual con el mundo natural y los espíritus del bosque.

Esta época del año se relaciona con muchas supersticiones, incluyendo la de evitar introducir vegetación y espino dentro de una casa, como reflejo de un miedo mucho más antiguo a los seres fantásticos, conocidos como «elfos», «señores», «personitas», «seres brillantes» o «habitantes de la colina» en diversas regiones de Europa. Hoy día, los paganos consideran que llevar vegetación o espino a una casa produce buena suerte el 1 de mayo, ya que lo consideran un modo de honrar el crecimiento de la vegetación en el exterior y de llevar al hogar esa magia natural relacionada con la fertilidad. Algunos incluso dejan un plato de leche fuera, para mostrar su buena voluntad hacia los espíritus de la naturaleza. ¡Pero sospecho que muchos de estos seres de la naturaleza adoptan la forma de gatos y erizos agradecidos!

CÓMO PRACTICAR EL HECHIZO

NECESITARÁS

- Un espacio privado bajo un árbol
- Un disco de carbón vegetal en un plato resistente al fuego
- Cerillas o un mechero
- Una vela de té
- Un bote limpio
- Dos cucharadas de artemisa seca

MOMENTO DE APLICACIÓN: realiza este hechizo en Beltaine; encontrarás más detalles en las páginas 22-31.

PROCEDIMIENTO:

Como parte de las celebraciones de Beltaine, procede de la siguiente manera después de establecer el círculo:

1 Busca un sitio bajo un árbol y enciende el carbón vegetal.

2 Sentado con la espalda apoyada en el árbol, introduce la vela de té en el bote y enciéndela.

3 Echa artemisa sobre el carbón; inhala, y expresa en voz alta:

Espíritus del bosque,
me acerco con amor y confío en
aprender lo que me enseñéis.
No deseo malicia
ni la pido.

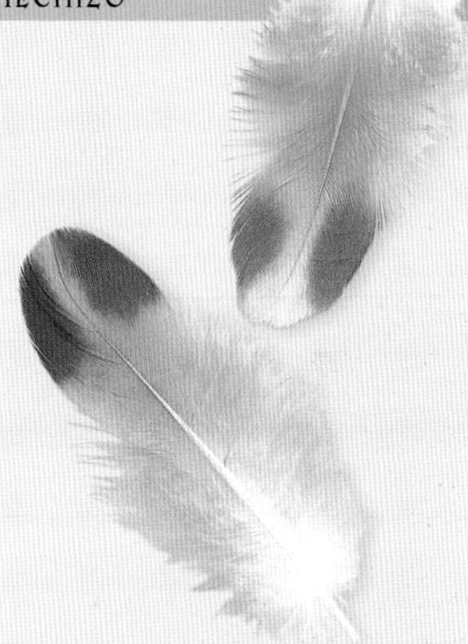

4 Cierra los ojos y medita sobre la fuerza vital del árbol que te sirve de apoyo. Permítete soñar despierto, añadiendo de vez en cuando un poco de artemisa al incienso.

5 Cuando te encuentres a punto de marcharte, coge una hoja, una rama, una piedra o una pluma del lugar y mantenla bajo tu almohada hasta pasada la siguiente luna llena.

Felices sueños...

LITHA-HECHIZO DEL TALISMÁN DE LA LLAMA

PARA ABSORBER LA ENERGÍA Y LA FUERZA DEL SOL

FINALIDAD. Absorber energía que puedas preservar hasta el solsticio de invierno.

INFORMACIÓN ADICIONAL. Litha, o solsticio de verano, celebra la máxima expresión del poder solar, y por esa razón honramos la fortaleza del sol durante el día más prolongado del año. Por lo general es bien sabido que el sol ejerce positivos efectos fisiológicos sobre los humanos: no es casual que en esta época del año salgamos más, nos sintamos más felices y gocemos de un mejor estado de salud general. Gracias a este hechizo podrás capturar parte de ese inmenso poder del sol

CÓMO PRACTICAR EL HECHIZO

NECESITARÁS

- Una vela roja de 15-20 cm de altura
- Una vela blanca de 15-20 cm de altura
- Cerillas o un mechero
- Un clavo de hierro afilado
- Un disco de cobre plano con un orificio
- 60 cm de cordel fino
- Una vela de té en un recipiente

MOMENTO DE APLICACIÓN: realiza este hechizo en Litha; encontrarás más detalles en las páginas 22-31.

PROCEDIMIENTO:

Como parte de las celebraciones de Litha, lleva a cabo la primera parte de este hechizo bajo techo y en un círculo correctamente establecido, antes de salir al aire libre durante la noche para esperar el amanecer de Litha.

1 Enciende ambas velas.

2 Utilizando el clavo, inscribe sobre el disco un círculo dividido por ocho líneas que se unan en el centro y sobrepasen la circunferencia.

y llevarlo contigo durante el verano, los breves días del otoño e incluso el comienzo del invierno, hasta el solsticio invernal.

El sol es fuego en su forma más elemental, así que encapsular al menos una pequeña porción de esa energía en el plano mágico puede aportar una gran fortaleza a quienes lo invoquen. El talismán, que recurre al poderoso símbolo de los rayos solares para personificar mágicamente dicho poder, debe ser preparado justo antes de salir a pasar la noche al aire libre, como preámbulo del saludo al gran astro durante el día más prolongado del año. En cuanto amanezca, coloca el talismán sobre una piedra o roca para que los primeros rayos solares brillen sobre él y lo carguen de energía.

2

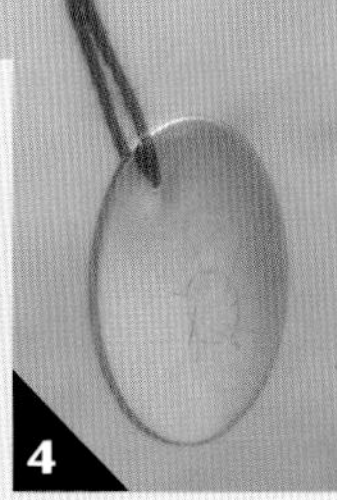

4

3 Coge el disco con tu mano izquierda, cúbrelo con la derecha y cierra los ojos. Céntrate en la imagen de las llamas de las velas que se conserva en tu retina. Visualiza que se desplaza por todo tu cuerpo hacia tu plexo solar y que, atravesando las manos, llega al disco.

4 Pasa un cordel por el colgante y llévalo contigo a saludar al sol.

5 Apóyalo sobre una roca próxima a la vela de té, que debería permanecer encendida hasta el amanecer. Cuando el sol brille sobre el colgante, eleva los brazos y exclama:

Enciende el sagrado
fuego interior.

6 Lleva el talismán colgado del cuello hasta el solsticio de invierno.

LITHA-HECHIZO DE LA ESPIRAL

PARA GENERAR OPORTUNIDADES DE VIAJAR Y CONOCER A OTRAS PERSONAS

FINALIDAD. Crear opciones de viaje e iniciar nuevas amistades.

INFORMACIÓN ADICIONAL. Durante Litha, que marca el punto medio de la mitad luminosa del año, tendemos a pasar más tiempo al aire libre. Muchos de nosotros planificamos viajes durante el verano, tanto con la intención de tomarnos unas relajantes vacaciones como para visitar a amigos y familiares. Por lo general, los humanos solemos mostrarnos más sociables en la mitad más luminosa del año, tal vez porque las salidas al aire libre nos ofrecen más flexibilidad en nuestros planes sociales o de viaje, o porque sencillamente contamos con más energía cuando el sol despliega su poder con mayor intensidad. Cualquiera que sea la razón, se trata de un momento propicio para salir, e incluso mejor para realizar un hechizo para las oportunidades de viaje y las nuevas amistades.

La forma espiralada que emplearemos en este caso es un antiguo símbolo de los misterios de la vida, la muerte y la regeneración; una alusión al espíritu, a la conexión. Y en este hechizo apuntaremos a que la conexión se manifieste en forma de oportunidades de viajar y conocer gente nueva. Deberás trabajar en una playa de arena, que seguramente no te aportará mucha privacidad en esa época del año, plagada de veraneantes... ¡Pero si llevas bañador y toalla no llamarás la atención en absoluto!

CÓMO PRACTICAR EL HECHIZO

NECESITARÁS

Una playa de arena

Una rama caída de al menos 45 cm de largo

Cinco piedras del mismo tamaño

MOMENTO DE APLICACIÓN: realiza este hechizo en Litha; encontrarás más detalles en las páginas 22-31.

PROCEDIMIENTO:

Como parte de las celebraciones de Litha, lleva a cabo este hechizo en una playa de arena de la siguiente manera:

1 Utilizando la cara lateral de la rama, alisa la arena hasta obtener un cuadrado de 1,5 m de lado.

2 Visualiza un círculo de luz blanca que te rodea completamente tanto a ti como a esa sección de arena.

3 De pie fuera del área alisada, dibuja una espiral con la rama. Partiendo desde el centro y moviéndote en el sentido de las agujas del reloj, y traza al menos cinco curvas paralelas que acaben al final del área que habías preparado.

4 Camina alrededor de la espiral nuevamente en el sentido de las agujas del reloj, depositando las cinco piedras de forma equidistante sobre la línea exterior

6

5 Imagina que una línea de luz emana de cada piedra y confluye en el centro para crear una rueda de cinco radios, y que ésta gira cada vez más rápidamente hasta elevarse del suelo y desaparecer en el cielo.

6 Camina hacia el centro de la espiral evitando alterar su diseño, y permanece allí unos minutos, meditando sobre por qué deseas viajar y qué significaría para ti entablar nuevas relaciones de amistad.

LITHA-HECHIZO DEL MAR

PARA FAVORECER LA BUENA SALUD

FINALIDAD. Propiciar la buena salud y el poder de curación.

INFORMACIÓN ADICIONAL. Éste es otro hechizo de Litha que debe llevarse a cabo en una playa, junto al mar. Una de las alegrías que producen los días más cálidos es que a todos nos resulta más sencillo viajar y acercarnos a la naturaleza. En esta época del año muchos de nosotros nos trasladamos hacia las zonas costeras, donde podemos disfrutar de la proximidad del elemento —el agua— que engendró las células que millones de años atrás se desarrollaron y evolucionaron en la vida que hoy conocemos. En el círculo mágico, el agua es el elemento del amor, el equilibrio, la justicia natural y la curación, un aspecto que mantiene un estrecho vínculo con este hechizo.

Puesto que Litha celebra la gloria del sol de pleno verano —un símbolo de salud y bienestar por derecho propio—, podemos combinar estos aspectos de poder con las energías curativas del agua en una ceremonia de bendición muy especial. Para practicar este ritual debes permanecer a orillas del mar durante el amanecer del día más largo para invocar a Yemana, diosa del mar, y pedirle que te conceda buena salud y la capacidad de curación. Para honrar a esta adorada dama del mar, luce accesorios de turquesa, perla o madreperla que te recuerden su bendición.

CÓMO PRACTICAR EL HECHIZO

Momento de aplicación: practica este hechizo en Litha; encontrarás más detalles en las páginas 22-31.

PROCEDIMIENTO:

Como parte de las celebraciones de Litha, lleva a cabo este hechizo junto al mar, de la siguiente manera:

1 Al alba, camina hacia la orilla del mar y con la rama dibuja un triángulo de 1,80 m de lado sobre la arena.

2 Coloca velas de té encendidas en cada vértice.

3 Ponte de pie en el centro sujetando la copa, y mirando hacia el mar exclama:

Yemana, diosa de las olas,
reconóceme como tu hijo/a
y concédeme el poder de curarme.

4 Cuando salga el sol acércate al mar con la copa en la mano, y llénalo de agua.

5 Regresa al centro del triángulo, y ayudándote con la concha vierte agua sobre tus pies y ruega:

Permíteme caminar gozando de buena salud.

Vierte agua sobre tu cabeza y continúa:

Permite que me cure.

Luego vierte agua sobre tus manos y declara:

Que me cure
y pueda curar a los demás.

6 Vierte el resto del agua en el centro del triángulo, y apaga las velas declarando:

Por la gracia de Yemana
¡que así sea!

NECESITARÁS

- Una playa de arena junto al mar
- Una rama caída de al menos 30 cm de largo
- Tres velas de té en sendos recipientes
- Cerillas o un mechero
- Una copa de vino
- Una concha marina grande

LUGHNASADH-HECHIZO DEL AVENTAMIENTO

PARA ERRADICAR LOS MALOS HÁBITOS

FINALIDAD. Ayudar a erradicar los malos hábitos.

INFORMACIÓN ADICIONAL. Lughnasadh coincide con el período de la cosecha de granos, y una de las actividades que se llevan a cabo durante la recolección de trigo es la separación del grano de la paja, una acción conocida como aventar. El proceso nos traslada a la «cosecha» simbólica de nuestra vida, un momento en el que reflexionamos sobre todas las cosas buenas que han dado fruto, las recogemos y decidimos cuáles dejar de lado. Lughnasadh es, por consiguiente, un buen momento para erradicar los malos hábitos.

Necesitarás dedicar algún tiempo a considerar cuál ha sido tu cosecha personal este año, para de esa manera reconocer y apreciar qué rasgos materiales y espirituales de tu vida te han sustentado y gratificado. Siempre encontrarás algún acontecimiento que forme parte de esa cosecha, como por ejemplo conseguir que un plan tenga éxito, disfrutar de buen estado de salud o vivir una experiencia valiosa. El placer que te produzcan los aspectos que coseches te permitirá identificar aquellas cosas que debes dejar de lado, en particular las que puedes controlar, como ciertas tendencias o comportamientos. Desprenderse de lo que ya no se necesita forma parte tanto de la cosecha como de la celebración de la abundancia.

CÓMO PRACTICAR EL HECHIZO

MOMENTO DE APLICACIÓN: realiza este hechizo en Lughnasadh; encontrarás más detalles en las páginas 22-31.

PROCEDIMIENTO:

Como parte de las celebraciones de Lughnasadh, empieza este hechizo en un círculo correctamente establecido, y después sal al exterior a encender una hoguera.

1 Enciende las velas y exclama:

Llegue la cosecha,
llegue el fruto;
los que necesito
y los que no.
Conservaré algunos
y de otros me desharé.

2 Escribe, en cada tira de papel, las cosas buenas que has recibido y los hábitos que deseas erradicar de tu vida.

3 Enciende los papeles que nombran los malos hábitos y colócalos en el plato hasta que se reduzcan a cenizas.

4 Salpica de ceniza los papeles que nombran las cosas buenas que te han sucedido, y pliégalos.

5 Sal a la hoguera y arrójalos al fuego de uno en uno, declarando:

Bendiciones y maldiciones
provenientes de la cosecha,
regresad a la tierra
para nutrir la recolección del próximo año.

3

4

NECESITARÁS

- Tres velas anaranjadas de 15-20 cm de altura
- Cerillas o un mechero
- Una pluma con tinta marrón
- Suficientes tiras de papel de 7,5 x 2,5 cm para cada bendición de la cosecha y cada mal hábito
- Un plato resistente al fuego

LUGHNASADH-HECHIZO DE LA BENDICIÓN DE LA COSECHA

PARA COMPARTIR LA BUENA FORTUNA Y SER BENDECIDO

FINALIDAD. Entregar regalos mágicos de la cosecha a tus amigos.

INFORMACIÓN ADICIONAL. La costumbre de celebrar fiestas comunitarias al final de las cosechas se mantiene vigente en Europa desde antes del medievo. Muchas costumbres históricas se relacionan con estos banquetes, incluyendo la coronación de la última paja del trigo durante la fiesta. En algunas regiones, la cena se convertía en una especie de pago parcial que el granjero ofrecía a sus recolectores; pero cualquiera fuese su intención, la comida aseguraba que al menos parte de la cosecha fuese distribuida entre los trabajadores. Por consiguiente, Lughnasadh, es también una buena ocasión para celebrar la abundancia y disponerse a compartirla.

Este hechizo, que distribuye mágicamente una serie de bendiciones entre amigos, recurre tanto a los principios de la distribución como a la costumbre relacionada con la última paja del trigo. Deberás trabajar con al menos otra persona, y cuantos más seáis, mejores resultados dará el conjuro. Antes de formar el círculo, todos debéis pensar cómo resumir en una sola palabra las mayores bendiciones que habéis recibido durante este año. Aquellos que, por ejemplo, han contado con el respaldo de un amigo en momentos difíciles pueden escribir «amistad», mientras que quienes se han beneficiado de una bendición material —por ejemplo, un coche— podrían escribir «movilidad», etc. Y recuerda que las bendiciones se comparten, ¡nunca se dividen!

CÓMO PRACTICAR EL HECHIZO

3

NECESITARÁS

Seis velas anaranjadas de 15-20 cm de altura

Cerillas o un mechero

Nueve espigas por persona

Una cinta de color rojo de 22,5 x 2,5 cm por persona

Una tira de papel de 7,5 x 2,5 por persona

Bolígrafos

Una cesta grande

MOMENTO DE APLICACIÓN: realiza este hechizo en Lughnasadh; encontrarás más detalles en las páginas 22-31.

PROCEDIMIENTO:

Como parte de las celebraciones de Lughnasadh, procede de la siguiente manera después de establecer el círculo:

1 Enciende las velas en el centro de tu círculo y exclama:

Tiempo de cosecha, tiempo de cosecha,
todos reunidos;
la tarea ha acabado, y la fiesta ha de
comenzar.

2 Entrega nueve espigas a cada participante, para que trencen los tallos, los entrelacen y finalmente los ajusten con la cinta, cantando mientras tanto:

Te trenzamos y saludamos
como reina del trigo
cuando todos nos reunimos
y llega la siembra.

3 Cada persona debe escribir la palabra que exprese la bendición que ha escogido (por ejemplo, AMISTAD, MOVILIDAD) sobre el papel, pero en secreto. Luego tiene que plegarlo e incorporarlo a las espigas trenzadas.

4 Introduce las espigas trenzadas en la cesta, y a continuación invita a todos los participantes a cerrar los ojos y coger una.

5 Los papeles pueden ser desplegados únicamente después de que todos ellos hayan sido distribuidos.

6 Cuelga la trenza de espigas en el interior de tu casa hasta Imbolc; luego quémala y dispersa las cenizas por tu jardín.

LUGHNASADH-HECHIZO DEL ESPÍRITU DEL TRIGO

PARA ASEGURAR QUE EN TU VIDA REINE LA ABUNDANCIA DURANTE EL PRÓXIMO AÑO

FINALIDAD. Que en tu hogar reine la abundancia durante todo el año.

INFORMACIÓN ADICIONAL. En la actualidad, las formas y figuras confeccionadas con trigo se comercializan como amuletos de la buena suerte. Pero originalmente, tenerlos en una casa representaba un modo de capturar el espíritu del cereal y, en consecuencia, de asegurar una cosecha abundante al año siguiente. Dada la importancia de la cosecha en aquellas culturas donde el trigo era un elemento de primera necesidad, no es de extrañar que la costumbre de confeccionar estos «muñecos», con todas sus asociaciones paganas, se haya mantenido vigente durante tanto tiempo. Los que ahora encontramos en las tiendas son los descendientes de un arte que honraba al espíritu de los campos, y sus intrincadas formas demuestran la pericia de los tejedores y la importancia de la tarea a la que se abocan.

Te agradará saber que este hechizo, lejos de exigir la habilidad de un tejedor experto, aprovecha en cierta medida las razones originales que impulsaban la creación de los muñecos. Aquí tejerás una jaula para el espíritu —un acto que no resulta tan cruel como suena— para capturar a tu propio espíritu del trigo con el fin de asegurar la abundancia en tu hogar durante todo el año próximo. De esta manera apreciarás las bendiciones que has recibido, tanto para ti como para tu hogar, y mágicamente reservarás parte de ellas con el fin de «sembrar» prodigalidad para el próximo ciclo solar.

CÓMO PRACTICAR EL HECHIZO

NECESITARÁS

- Una vela verde de 15-20 cm de altura
- Cerillas o un mechero
- Veinticuatro espigas
- Una aguja de bordar
- Un triángulo de cartón de 10 cm de lado
- Una cinta verde de 22,5 x 1 cm

MOMENTO DE APLICACIÓN: realiza este hechizo en Lughnasadh; encontrarás más detalles en las páginas 22-31.

PROCEDIMIENTO:

Como parte de las celebraciones de Lughnasadh, procede de la siguiente manera después de establecer el círculo:

1 Enciende las velas y exclama:

Invoco al elemento tierra para que bendiga este círculo.

2 Con la ayuda de la aguja perfora el cartón, realizando un orificio en cada vértice. Luego añade siete más a cada lado, situados de forma equidistante entre los de los extremos.

3 Pasa el tallo de las espigas por los orificios y anúdalos debajo del triángulo, dejando 15 cm de tallo sobre la superficie de la figura.

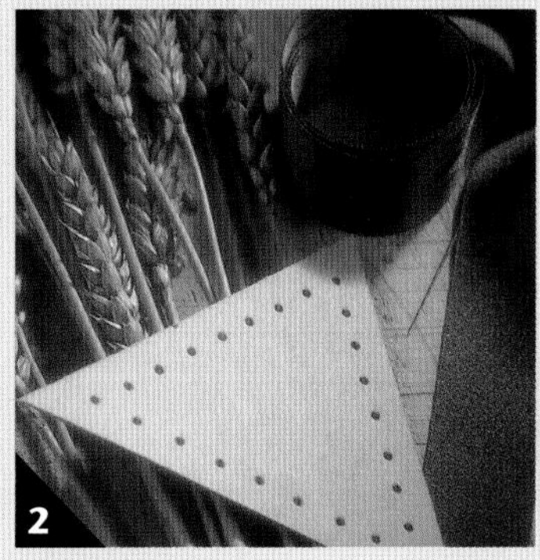

2

4 Luego une los tallos con la cinta, justo debajo de las espigas.

5 Coge la jaula del espíritu y declara:

Ven, espíritu del trigo,
mora en esta casa.
Vive feliz entre el césped y el tejado
y no encuentres motivo para deambular.

6 Cuélgalo en tu cocina y quémalo en Imbolc para que el espíritu del trigo pueda impregnar los campos durante la siembra.

MABON-HECHIZO DE LA GRANADA

PARA ADQUIRIR SABIDURÍA

FINALIDAD. Avanzar el desarrollo espiritual y adquirir sabiduría.

INFORMACIÓN ADICIONAL. En Mabon, las horas del día y la noche se equilibran antes de que prevalezca la oscuridad. Aproximadamente en esa fecha, los árboles pierden sus hojas, frutos y semillas, y la naturaleza se prepara para el intenso frío del invierno. Existen numerosos mitos mundiales que explican este cambio estacional, muchos de los cuales incluyen el descenso al inframundo, territorio de los muertos.

Uno de estos mitos —que se remonta a casi cuatro mil años atrás, procedente de la antigua Sumeria— es la historia de la visita de Inanna al inframundo, que justifica la estación estéril como una consecuencia del descenso y retorno de la diosa. El mito presenta una misteriosa similitud con la leyenda griega de Perséfone, cuya desaparición de la tierra provoca que su madre, la diosa de la tierra Démeter, llore su muerte y origine el primer invierno. En una lectura más minuciosa, ambos relatos pueden ser interpretados como aventuras en las que ambas heroínas entran en la oscuridad para adquirir sabiduría. De hecho, la lentitud con que Inanna se desnuda frente a cada una de las siete puertas de la tierra de los muertos representa, según los antropólogos, el desprendimiento del ego con el fin de alcanzar el poder espiritual.

En la historia de Perséfone, el hecho de consumir seis semillas en la tierra de los muertos le obliga a permanecer allí durante seis meses al año. En este hechizo también comerás seis semillas —aunque en este caso, de granada— para que te ayuden a explorar la oscuridad del invierno y tu quietud interior, y así consigas adquirir sabiduría espiritual.

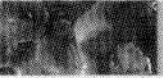

CÓMO PRACTICAR EL HECHIZO

MOMENTO DE APLICACIÓN: realiza este hechizo en Mabon; encontrarás más detalles en las páginas 22-31.

PROCEDIMIENTO:

Como parte de las celebraciones de Mabon, procede de la siguiente manera después de establecer el círculo:

1 Enciende el disco de carbón vegetal, luego la vela y exclama:

Invoco a Inanna, reina del cielo,
de la Tierra y del territorio de los muertos,
sabia más allá de lo imaginable,
para que bendiga mi búsqueda espiritual
y guíe mis pasos
por la oscuridad.

2 Vierte el díctamo crético sobre el carbón.

3 Abre la granada, extrae seis semillas y cómetelas.

4 Cierra los ojos e imagina que detrás de tus párpados te hundes en la oscuridad. Cada vez te sumerges más en lo oscuro, donde únicamente impera el silencio. Mantén la imagen durante todo el tiempo que puedas, y lentamente regresa al círculo.

NECESITARÁS

- Un disco de carbón vegetal en un plato resistente al fuego
- Una vela púrpura de 15-20 cm de altura
- Cerillas o un mechero
- Dos cucharadas de díctamo crético seco
- Una granada completa
- Un cuchillo afilado

5 Apaga la vela, y quémala durante una hora todos los atardeceres hasta que se consuma por completo.

6 Entierra profundamente la granada en tu jardín, y escribe un diario de sueños durante todo el invierno.

MABON-HECHIZO DE LA BARCAZA DE SAUCE

PARA ERRADICAR LA PENA

FINALIDAD. Ayudarte a dejar de vivir en el pasado.

INFORMACIÓN ADICIONAL. En la rueda del año, Mabon se encuentra en el oeste, punto cardinal relacionado con el elemento agua. A medida que los recuerdos del verano se desvanecen con la luz, muchos de nosotros tendemos a entrar en un estado melancólico. Desde el punto de vista espiritual nos encontramos en el período del agua, un momento de emoción y en ocasiones de pena. Pero también se trata de un momento de partidas, porque el sol se pone en el oeste, y según nuestros ancestros allí se dirigían los muertos. En Mabon podemos dejar a un lado

CÓMO PRACTICAR EL HECHIZO

NECESITARÁS

- Cinco varillas de sauce de 30 cm de largo
- Un carrete de cáñamo natural
- Una rama delgada de 20 cm de largo
- Un cuadrado de papel blanco de 10 cm de lado
- Una tira de papel de 7,5 x 2,5 cm para cada pena
- Una vela blanca de 15-20 cm de altura
- Cerillas o un mechero

MOMENTO DE APLICACIÓN: realiza este hechizo en Mabon; encontrarás más detalles en las páginas 22-31.

PROCEDIMIENTO:

Como parte de las celebraciones de Mabon, procede de la siguiente manera después de preparar el círculo:

1 Construye una «barca larga» flexionando y atando las varillas. Con dos de ellas delimita el casco de la nave, y con las otras el resto.

2 Ata la rama de 20 cm que hará las veces de «mástil», y agrégale la «vela» fabricada con el cuadrado de papel.

3 Escribe un motivo de pena en cada tira de papel, y átalas al mástil.

los pensamientos melancólicos y enviarlos «al otro lado del agua», hacia el atardecer.

Para este hechizo necesitarás trabajar al aire libre junto a un río o el mar con el fin de que las aguas se lleven tus penas. La idea en este caso es preparar un «funeral vikingo», como el organizado para Baldur en la mitología nórdica, y como el presenciado en Rus por el viajero árabe Ibn Fadar en el año 920 de la era cristiana. La construcción de la barcaza de sauce es muy simple, y sus restos no causarán contaminación ni dejarán residuos peligrosos en la orilla.

Para que este hechizo dé buenos resultados deberás analizar las causas de tu tristeza e identificarlas.

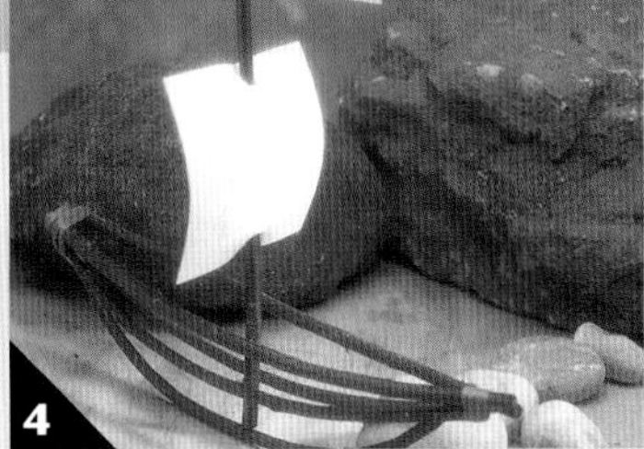

4 Coloca la nave a orillas del agua. Entierra la vela en la arena, enciéndela y exclama:

Navega hacia el oeste
surcando las aguas,
y que se alejen de mi corazón
todas las penas mencionadas.

5 Apoya tu mano derecha sobre el mástil y mentalmente traslada a la barcaza toda la angustia y las penas que has nombrado.

6 Deja caer unas gotas de cera sobre tu barcaza de sauce y préndele fuego. Observa el proceso hasta que la marea se lleve los restos.

MABON-HECHIZO DE LA SEMILLA DE MANZANA

PARA ADQUIRIR CONOCIMIENTO ARCANO

FINALIDAD. Mejorar tus aptitudes para la magia.

INFORMACIÓN ADICIONAL. Mabon coincide con la cosecha de la manzana, y tanto estos frutos como los árboles que los producen ocupan un lugar destacado en la mitología mundial, particularmente en relación con la adquisición de conocimiento y con el acceso a otra esfera. En el mito judaico de Adán y Eva, el consumo de un único fruto que crece en el Árbol del Conocimiento produce que el primer hombre y la primera mujer crucen las puertas del Edén y accedan a otro mundo. En la leyenda de Arturo, Avalón, en ocasiones conocido como la isla de las Manzanas, forma parte de un inframundo celta. En este hechizo, las semillas de manzana te permiten viajar hacia el reino de la magia y adquirir conocimiento arcano con el fin de impulsar tu desarrollo espiritual y tus aptitudes mágicas.

Dentro de la manzana se oculta un mensaje; si la cortas por la mitad, comprobarás que revela la forma de una estrella de cinco puntas, símbolo de la humanidad y los cinco elementos sagrados. La estrella de cinco puntas o pentagrama representa el espíritu; si está encerrada en un círculo, como un pentáculo, simboliza al planeta Tierra. Puesto que el espíritu es el elemento que une todas las cosas, y muchas leyendas mágicas consideran que la Tierra es sagrada, el pentáculo es uno de los símbolos preferidos de las brujas. Si deseas alcanzar el conocimiento de los *Wicce*, o «sabios», pon en práctica este hechizo para crear un talismán con semillas de manzana.

CÓMO PRACTICAR EL HECHIZO

MOMENTO DE APLICACIÓN: realiza este hechizo en Mabon; encontrarás más detalles en las páginas 22-31.

PROCEDIMIENTO:

Como parte de las celebraciones de Mabon, procede de la siguiente manera después de establecer el círculo:

1 Enciende la vela y recita:

Vieja manzana
que esperas con tu hoz,
confiéreme el valor
de crecer en tu conocimiento

2 Corta la manzana por la mitad horizontalmente, introduce todas las semillas en la bolsita y cuélgatela alrededor del cuello.

3 Come una de las mitades del fruto, y cierra los ojos.

4 Imagina que caminas por un huerto cubierto de manzanos. En su centro se alza un ejemplar muy antiguo, debajo del cual divisas a una anciana. Acércate a ella y repite los dos últimos versos que acabas de recitar. Presta mucha atención a todo lo que la mujer diga y haga y, cuando haya acabado, regresa de tu viaje interior y despierta en el círculo.

5 Entierra la otra mitad al aire libre.

6 Cuélgate del cuello el talismán de la semilla de manzana y llévalo puesto durante un ciclo lunar. Apunta en un diario todos tus sueños y registra cualquier «coincidencia» que notes a tu alrededor. Ahora te toca a ti interpretar estos símbolos y su significado.

NECESITARÁS

- Una vela negra de 15-20 cm de altura
- Cerillas o un mechero
- Una manzana con semillas
- Un cuchillo afilado
- Una bolsita cuadrada de 5 cm de lado
- 60 cm de cordel fino

SAMHAIN-HECHIZO DE LA BRUJA

PARA PRODUCIR SUEÑOS PSÍQUICOS

FINALIDAD. Favorecer el desarrollo psíquico.

INFORMACIÓN ADICIONAL. Samhain es la estación de la bruja, el aspecto «de anciana» que adopta la diosa, divina matrona que nos da la vida y nos ayuda a transitar hacia la muerte. Como guardiana de los umbrales sagrados, también hila, teje y corta los hilos de nuestra vida. Por esta razón suele ser representada como una araña, o simbolizada mediante una telaraña. Llamada también «arpía» o Cailleach, la bruja mantiene una estrecha relación con las aptitudes psíquicas y la capacidad de caminar entre los mundos, es decir, de traspasar la frontera entre la realidad cotidiana y las otras realidades, como por ejemplo el reino de las hadas o la tierra de los muertos.

CÓMO PRACTICAR EL HECHIZO

NECESITARÁS

- Dos cucharaditas de artemisa seca
- Una cucharadita de hojas de saúco en polvo
- Seis gotas de aceite esencial de ciprés
- Mortero
- Un disco de carbón vegetal en un plato resistente al fuego
- Una vela negra de 15-20 cm de altura
- Cerillas o un mechero

MOMENTO DE APLICACIÓN: realiza este hechizo en Samhain; encontrarás más detalles en las páginas 22-31.

PROCEDIMIENTO:

Como parte de las celebraciones de Samhain, procede de la siguiente manera después de establecer el círculo:

1 Mezcla la artemisa, las hojas de saúco y el aceite de ciprés en el mortero.

2 Enciende el carbón vegetal, luego la vela negra y repite:

Hécate, diosa de las encrucijadas,
dirígeme.
Tejedora, guía mi hilo hacia
los espacios intermedios.

Se dice que los chamanes son capaces de caminar entre los mundos cuando participan en actos mágicos, siguen los dictados de su intuición o entran en un sueño lúcido con el fin de obtener importante información o ampliar su comprensión espiritual.

Los poderes psíquicos no tienen tanto que ver con la predicción del futuro como con aprender a habitar este «espacio intermedio» con la finalidad de crecer. Si lo que buscas es perfeccionar tus habilidades psíquicas, debes recurrir a Hécate, uno de los muchos nombres de la bruja, guardiana de los umbrales e hiladora y tejedora de la gran red de la magia. Para practicar este hechizo necesitarás visualizarla.

1

3 Vierte el incienso sobre el carbón vegetal, e inhala el aroma que desprende.

4 Cierra los ojos. Visualízate caminando desde el este hacia un cruce de caminos al atardecer, y detente de cara al norte. Desde allí, una figura oscura se acerca a ti. Es la bruja. Cuando se detenga te pedirá que la sigas. Te conducirá hasta una puerta que no debes cruzar en este momento, sino sólo observar. Analiza su aspecto y cualquier símbolo que aparezca sobre su superficie. Ésta es la puerta que deberás cruzar antes de caminar entre los mundos; y necesitarás buscarla, o sus símbolos, en tus lúcidos sueños durante este invierno.

5 Registra minuciosamente tus sueños desde ahora hasta Imbolc.

SAMHAIN-HECHIZO DE LA PUERTA

PARA COMUNICARTE CON LOS MUERTOS

FINALIDAD. Hablar con nuestros seres queridos ya fallecidos.

INFORMACIÓN ADICIONAL. Samhain es la época del año en que más vaporoso se torna el velo entre los reinos de los vivos y los muertos. Es el momento en que recordamos y honramos a nuestros ancestros y a las personas que acaban de fallecer, y la fecha en que en muchos círculos construimos una puerta hacia el oeste —la zona de los muertos— a través de la cual los fallecidos puedan venir a visitarnos sólo durante una noche.

Resulta muy recomendable este período tan especial que nos permite reconocer la pena infinita que nos produce la muerte de nuestros amigos o familiares. La sociedad occidental suele evitar el contacto excesivo con la muerte; y así como los cuerpos de nuestros seres queridos son velados fuera de su hogar por profesionales en la materia, nuestros sentimientos quedan «archivados» para que no nos avergüencen en público.

En Samhain podemos permitirnos sentir tristeza por la partida y reconocer la importancia de las personas que han muerto. El círculo de Samhain se convierte entonces en un espacio seguro donde llorar —y recordar a nuestra manera— a aquellos que hemos perdido.

CÓMO PRACTICAR EL HECHIZO

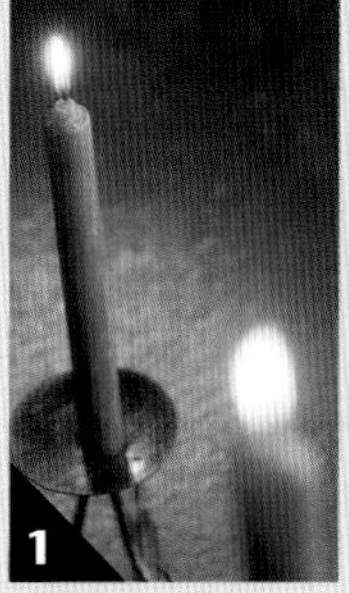

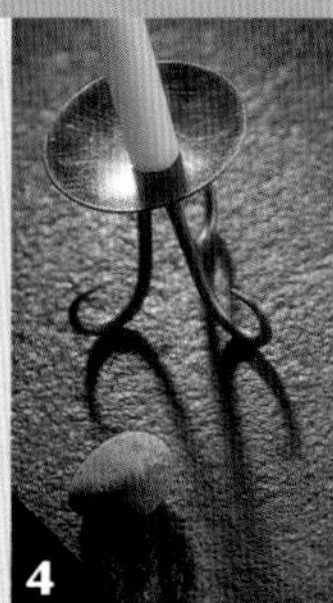

NECESITARÁS

- Dos velas azules de al menos 30 cm de altura
- Una vela blanca de al menos 30 cm de altura
- Un disco de carbón vegetal en un plato resistente al fuego
- Cerillas o un mechero
- Dos cucharaditas de sello de Salomón seco
- Aproximadamente veinticinco piedras de playa

MOMENTO DE APLICACIÓN: realiza este hechizo en Samhain; encontrarás más detalles en las páginas 22-31.

PROCEDIMIENTO:

Como parte de las celebraciones de Samhain, procede de la siguiente manera después de establecer el círculo:

1 Coloca las velas azules en la zona oeste de tu círculo y la blanca a tu izquierda.

2 Enciende el carbón vegetal, luego las velas azules y, frente a la «puerta», recita:

Ancestros de sangre, ancestros de espíritu,
venerados aquí sois;
invoco a mis amados muertos a esta
puerta, pero
sólo entrarán quienes me deseen el bien.

Quema incienso en el carbón.

3 Nombra a amigos o parientes que hayan muerto el año pasado:

Recuerdo a [nombre] quien...
Quiero decirte esto...

4 Por cada persona, coloca una piedra junto a la vela blanca. A continuación recuerda a quienes han muerto con anterioridad, y luego a grupos de personas que desees recordar.

5 Cuando hayas acabado y las piedras se encuentren apiladas alrededor de la vela, enciéndela y declara:

A todos lloro, recuerdo y honro.

6 Despídete y cierra la puerta antes de dar por finalizado el círculo. Devuelve las piedras al mar.

SAMHAIN-HECHIZO DEL *THARF CAKE*

PARA PREDECIR LA SUERTE DEL AÑO ENTRANTE

FINALIDAD. Que vislumbres tu fortuna para el próximo ciclo solar.

INFORMACIÓN ADICIONAL. Hay muchas recetas para los pasteles *tharf cake*, todas ellas relacionadas con esta época del año y preparadas a partir de un ingrediente básico: la avena. Según la tradición, es posible predecir la suerte de quien consuma estos pasteles durante Samhain, una creencia relacionada con una costumbre mucho más antigua según la cual un pastel al que se le añadía una porción de masa un tanto más oscura predecía la muerte, en el plazo de un año, del desafortunado que recibiera la porción «sombreada». El objetivo de estos pasteles es mucho menos morboso, ya que sólo predice tu suerte durante los próximos doce meses.

La metodología aquí empleada es muy similar a la de la lectura de las hojas de té, dado que consiste en interpretar patrones a partir del sedimento o restos de una sustancia consumida o bebida. En este caso, las migas del pastel son introducidas en un cuenco pequeño al que se debe dar la vuelta y levantar a fin de observar la disposición de los desechos. A continuación, sólo resta leer los resultados de la «formación» según la guía que incluimos más adelante. La tradición de tomar *tharf cake* en este momento del año se remonta a un período anterior a la época de los anglosajones y los vikingos.

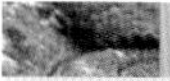

CÓMO PRACTICAR EL HECHIZO

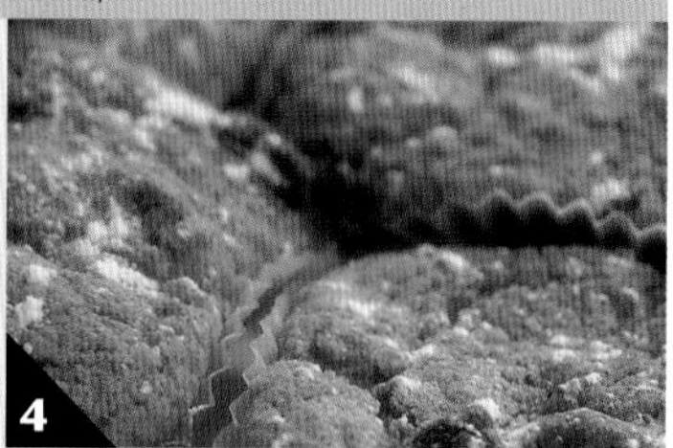

NECESITARÁS

- Una vela negra de 15-20 cm de altura
- Cerillas o un mechero
- Mantequilla, avena y harina integral de trigo, 115 g de cada ingrediente
- 50 g de azúcar
- Una cucharadita de pimienta de Jamaica
- 50 g de manzana troceada
- Un plato de té por persona
- Un cuenco pequeño

MOMENTO DE APLICACIÓN: realiza este hechizo en Samhain; encontrarás más detalles en las páginas 22-31. Hornea los pasteles antes de establecer el círculo.

PROCEDIMIENTO:

1 Mezcla todos los ingredientes, añadiendo la manzana al final; amasa y forma pasteles redondeados, y hornéalos a 180 °C hasta que adquieran una consistencia firme.

2 Como parte de tus celebraciones de Samhain, procede de la siguiente manera después de establecer el círculo con la ayuda de amigos:

3 Enciende la vela negra y declara:

Saludo al pastel,
saludo al cocinero,
saludo al año venidero.

4 Da un pastel a cada uno. Deben comer la mitad y desmenuzar la otra en otro plato.

5 Introduce las migas de cada persona en el cuenco, dale la vuelta sobre su plato y lee las formaciones según esta lista:

PRINCIPALMENTE EN LOS BORDES:	*trabajarás para ganarte el pan*
PRINCIPALMENTE EN EL CENTRO:	*surgirán necesidades*
HACIA LA IZQUIERDA:	*la suerte se aleja*
HACIA LA DERECHA:	*la suerte se aproxima*
HACIA ARRIBA:	*triunfarás sobre las adversidades*
HACIA ABAJO:	*cuida tu salud*
ESPIRALES, CURVAS O CÍRCULOS:	*te devolverán lo que te deben*
LÍNEAS RECTAS, ÁNGULOS:	*ingresos estables*
FORMAS DE ANIMALES:	*protege tu hogar.*

6 Una vez finalizado el círculo, dejas las migas al aire libre para que los pájaros puedan comerlas.

Hechizos para la buena suerte

INTRODUCCIÓN A LOS HECHIZOS PARA LA BUENA SUERTE

Los magos han sido relacionados con la suerte desde la primera ocasión en que se practicó la magia, y el interés que la fortuna provoca en la actualidad queda de manifiesto en la gran popularidad que han alcanzado las columnas de astrología de los periódicos y también en los anuncios de adivinos o expertos en tarot. Todos somos conscientes de las oportunidades que determinan el curso de nuestra vida, incluso aquellos que reconocemos el importante papel que desempeña nuestra situación social personal y no necesariamente suscribimos la idea de un «destino» prefijado. La coincidencia, sincronicidad o suerte —como queramos llamarla— puede abrirnos caminos que por lo general acaban produciendo cambios en nuestra vida. La continua fascinación humana por estas conexiones surge, en parte, de la idea de que la magia es capaz de manipularlas y asegurar que se manifiesten de un modo favorable al solicitante.

En cierta medida —considerando que la magia se basa en conexiones, incluyendo la sincronicidad y las coincidencias entretejidas en la gran red de la vida—, este arte sí es capaz de alterar el patrón que se está tejiendo. Y los hechizos de la presente sección reflejan las distintas maneras en que podemos producir un cambio que incluya oportunidades favorables. Muchos de ellos se basan en herramientas y técnicas muy antiguas pertenecientes a la tra-

dición mágica de todo el mundo. Aquí encontrarás, por ejemplo, encantamientos tradicionales para concretar tus deseos o cristalizar finalmente el «deseo de tu corazón». Pero también nos ocupamos de las preocupaciones más habituales con una serie de hechizos que apuntan a generar prosperidad material y a asegurar la continua satisfacción de tus necesidades básicas. La sección que ahora iniciamos te hará conocer encantamientos para bendecir nuevas empresas, para incitar a la fortuna a sonreír frente a una gran variedad de proyectos, para bendecir una nueva casa o a un bebé recién nacido, y para conceder salud, riqueza y felicidad.

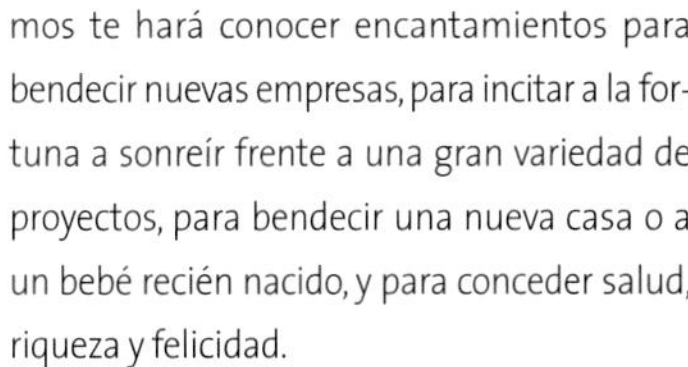

Hemos incluido, también, varios hechizos que se ocupan directamente de la suerte —tanto buena como mala— y han sido concebidos para distintos fines: atraer la buena suerte y conservarla; «prestar» tu suerte a otra persona —un antiguo pero curioso principio de la magia compasiva—, o salir de una racha de mala suerte. Como imaginarás, este capítulo también recopila hechizos para las personas «maldecidas», una creencia popular que se percibe en diferentes culturas de todo el mundo.

Cualquiera que sea tu necesidad en el campo de la suerte, sin lugar a dudas esta sección te ofrecerá una herramienta adecuada, ya que muchos de los hechizos se basan en prácticas tradicionales de todo el mundo, muy fáciles de adaptar y susceptibles de ser modificadas para ajustarse a necesidades más específicas, aunque siempre con la condición de que partan de una premisa similar a la original. Como suele decirse, cada uno se labra su propio destino. Y, hasta cierto punto y para algunas personas, es verdad. Pero también resulta estimulante saber que contamos con la ventaja de la magia para hacer realidad nuestro sueño.

HECHIZO DEL PALÍNDROMO

PARA QUE UN DESEO SE CONVIERTA EN REALIDAD

FINALIDAD. Hacer realidad un deseo.

INFORMACIÓN ADICIONAL. Los palíndromos —palabras que se leen de la misma manera en un sentido u otro— han sido incluidos en las prácticas mágicas desde tiempos inmemoriales. Es posible detectar vestigios de esta tradición en la primera magia cristiana, que entre los siglos I y III de esta era incorporaron múltiples referencias y tradiciones paganas. La palabra

CÓMO PRACTICAR EL HECHIZO

NECESITARÁS

- Un disco de carbón vegetal en un plato resistente al fuego
- Cerillas o un mechero
- Incienso compuesto por partes iguales de raíz de orris, canela y nuez moscada
- Una vela de color azul oscuro de 15-20 cm de altura
- Una pluma, afilada en un extremo
- Un bote de tinta púrpura
- Un cuadrado de papel amarillo de 10 cm de lado

MOMENTO DE APLICACIÓN: realiza este hechizo durante la luna creciente para atraer el deseo hacia ti, en cualquier día de la semana. Recuerda, sin embargo, que el más favorable es el jueves, regido por el afortunado Júpiter.

PROCEDIMIENTO:

1 Establece un círculo según las pautas especificadas en las páginas 32-35.

2 Enciende el disco de carbón vegetal, y quema el incienso.

3 Enciende la vela y declara:

Abraxas, gran mago,
mago de magos,
concédeme un favor.

ABRACADABRA, invocada por los magos en el escenario cuando algo sorprendente está a punto de ocurrir, proviene de esta tradición y deriva de un palíndromo más antiguo: ABLANATHANALBA. Ninguno de los dos es un palíndromo real, pero ambos han sido utilizados con buenos resultados durante más de mil ochocientos años.

El principio del palíndromo no determina que la palabra en sí misma encierre un significado en especial —a pesar de que ciertos hallazgos del último período clásico sugieren que algunos pueden ser nombres de deidades mal escritos—, sino que la extraña cualidad del término le concede un misterioso poder. Partiendo de esa base, los palíndromos pueden ser utilizados como un tipo de escritura, para dar forma a las palabras que representan tus deseos.

En este hechizo recurrimos a un palíndromo que crece de arriba hacia abajo, como explicamos en el paso 4.

Cuando los palíndromos se utilizan para reducir algo, su forma disminuye:

ABRAXARBA
BRAXARB
RAXAR
AXA
X

4 Moja el extremo de la pluma en la tinta y sobre el folio escribe lo siguiente, sin dejar de pensar en tu deseo en ningún momento:

TH
ATHA
NATHAN
ANATHANA
LANATHANAL
BLANATHANALB
ABLANATHANALBA

4

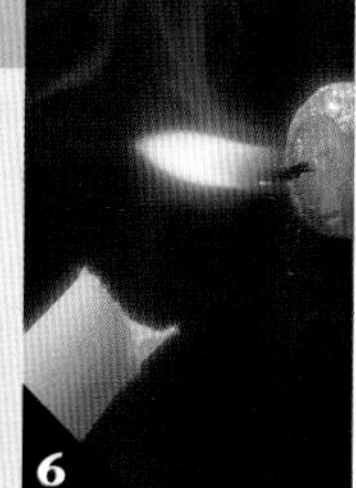
6

5 Sujeta el papel sobre el humo del incienso y repite las líneas en voz alta, comenzando por el sonido «TH» y descendiendo hasta «ABLANATHANALBA» una y otra vez hasta que la tinta se seque.

6 Enrolla el papel y préndele fuego con la llama de la vela. Ponlo en el plato y di:

Que mi deseo sea llevado hacia el éter.

HECHIZO DEL FAROLILLO

PARA CONCRETAR EL DESEO DE TU CORAZÓN

FINALIDAD. Poner en marcha los acontecimientos que eventualmente harán realidad el deseo de tu corazón.

INFORMACIÓN ADICIONAL. El empleo de ingredientes naturales en los hechizos se encuentra realmente muy arraigado, pero en ocasiones la naturaleza nos sorprende generando formaciones que podemos explotar con fines mágicos. La uchuva *(Physalis peruviana)*, también conocida como farolillo chino, es un buen ejemplo, ya que produce una magnífica estructura natural alrededor de su fruto, asemejándolo a un farol. Como flotan en el agua, también son capaces de transportar pequeños elementos.

Para este hechizo es necesario el farolillo vacío de la uchuva, para lo cual deberás extraer el fruto. Las «cerezas» que la uchuva encierra en su interior emanan una fragancia deliciosa y saben muy bien, Debes mantener los farolillos lo más intactos posible con el fin de preservar su capacidad de flotación, porque tendrás que arrojarlos a una corriente de agua natural, como por ejemplo un río o un arroyo, una vez practicado el hechizo.

En el ámbito de la magia hemos acuñado un refrán: «Cuidado con lo que deseas». Esta advertencia se basa en que la magia puede actuar de modos inesperados y con resultados sorprendentes. Y dado que los trabajos practicados sobre el agua resultan particularmente poderosos, asegúrate de que el deseo de tu corazón sea tanto positivo como necesario.

CÓMO PRACTICAR EL HECHIZO

NECESITARÁS

- Una varilla de incienso de vainilla en un recipiente
- Dos velas de color azul claro de 15-20 cm de altura
- Cerillas o un mechero
- Una aguja de coser
- Una cucharadita de aceite de almendra
- Siete farolillos de uchuva

MOMENTO DE APLICACIÓN: realiza este hechizo durante la luna creciente para atraer el deseo de tu corazón, y en lunes, regido por la Luna, patrona de nuestros deseos más profundos.

PROCEDIMIENTO:

1 Establece un círculo según las pautas especificadas en las páginas 32-35.

2 Enciende el incienso, luego una de las velas y declara:

A la luna
todos los honores;
perla del cielo,
lámpara del pálido fuego,
óyeme y concédeme
el deseo de mi corazón.

3 Con el extremo de la aguja escribe sobre la otra vela, desde la base hasta la mecha, el deseo de tu corazón.

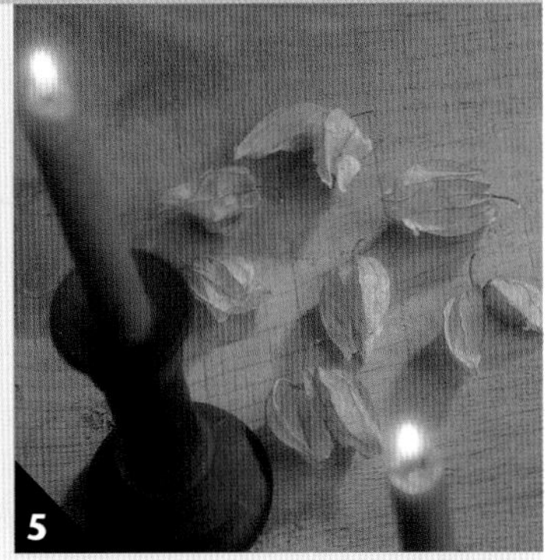

4 Unta la vela con el aceite desde la base hasta el extremo superior y de nuevo hacia abajo dos veces; luego asciende desde la base hasta el extremo superior y baja de nuevo, pero hasta la zona media de la vela, siempre evitando la mecha.

5 Enciende la vela. Abre los farolillos de uchuva. En cuanto la cera se derrita alrededor de la letra más cercana a la mecha, introduce una gota en cada «farol».

6 Una vez finalizado el círculo, y durante la luna creciente, arroja los farolillos a una corriente de agua natural con el fin de transportar tus deseos hacia aguas mayores, implorando mientras coges cada una:

Que así sea.

LA RUEDA DE LA FORTUNA

PARA CONVERTIR LA MALA SUERTE (O LA SUERTE NEUTRA) EN BUENA FORTUNA

FINALIDAD. Revertir una racha de mala suerte.

INFORMACIÓN ADICIONAL. En la Europa medieval, la Rueda de la Fortuna simbolizaba la inconstancia del destino. Representada a veces con un rey a un lado y un mendigo a otro, tenía la finalidad moral de persuadir a los pobres de que su situación tenía origen divino. En realidad, el símbolo era una variante distorsionada de la insignia sagrada de una diosa del cambio, Vortumna para los etruscos, para los griegos Tyche y Fortuna para los romanos. Su rueda representaba las estrellas, los planetas, las mareas y las estaciones, todos ellos en permanente cambio.

CÓMO PRACTICAR EL HECHIZO

NECESITARÁS

- Cinco hojas de albahaca secas
- Una pizca de menta deshidratada
- Una pizca de salitre
- Un disco de carbón vegetal en un plato resistente al fuego
- Una vela púrpura de 15-20 cm de altura
- Cerillas o un mechero
- Cuatro cerillas largas de cocina
- 1,8 m de hilo de bordar grueso de algodón, de color púrpura

MOMENTO DE APLICACIÓN: realiza este hechizo durante la luna creciente para propiciar el giro de la Rueda de la Fortuna hacia delante, y en jueves, día sagrado de Júpiter, planeta de la buena suerte.

PROCEDIMIENTO:

1 Antes de iniciar el círculo, muele la albahaca, la menta y el salitre, todo junto.

2 Establece un círculo según las pautas especificadas en las páginas 32-35.

3 Enciende el disco de carbón vegetal, a continuación la vela y declara:

Señora Fortuna,
diosa de los ojos de plata,

En Gales, la Luna —que encarna los misteriosos poderes de la naturaleza y la magia— era conocida como Rueda de Arhianrhod, una poderosa diosa a la que se atribuía el poder de tejer los destinos y la fortuna de todos. En el territorio que en la actualidad conocemos como Alemania se utilizaban pictogramas de ruedas para propiciar la buena suerte. Y en la iconografía hindú y budista aún aparece la rueda, como símbolo prácticamente universal de la inconstante fortuna.

Todos pasamos algún período en lo que todo parece ir mal. Si crees que tus circunstancias son el resultado de la mala suerte, este hechizo es ideal para ti.

gira la rueda por mí
y bendice mi fortuna.

4 Cruza las cerillas sobre su centro para formar una rueda de ocho rayos de idéntica longitud, y átalos con un extremo del hilo.

5 Comenzando desde el nudo central, entreteje el hilo por encima y por debajo de las varillas hasta que lo utilices en su totalidad. Mientras tanto, recita:

Tejedora, teje en lo mejor
por la urdimbre y la trama.

6 Deja suficiente hilo para poder colgar tu rueda sobre la chimenea, y sella el hechizo quemando la mezcla de incienso sobre el carbón vegetal. Perfuma la rueda con el humo.

HECHIZO DE LA MENTA DORADA

PARA GENERAR PROSPERIDAD MATERIAL

FINALIDAD. Generar prosperidad cuando una necesidad material así lo exija.

INFORMACIÓN ADICIONAL. La variedad de menta conocida como *Mentha rotundifolia variegata* desprende un delicioso aroma. Sus hojas manchadas de color crema le proporcionan un aspecto ligeramente «rayado» cuando crece en masa en los jardines, pero lo más destacable es que por su apariencia destaca entre los habituales manojos de menta que crecen entre las hierbas. Todas las especies de menta dan buenos resultados en los hechizos relacionados con la prosperidad, pero esta variedad en especial, con sus destellos dorados, resulta particularmente adecuada para generar prosperidad a partir de fuentes inesperadas.

Tal como sucede con todos los hechizos relacionados con la abundancia, deberías pedir objetos materiales sólo cuando sean necesarios; en otras palabras, este conjuro no funcionará si ansías un nuevo modelo de coche o ropa de diseño, porque se basa en el principio de que la necesidad material existe realmente, y sólo se manifestará para paliar la necesidad y nunca la codicia.

Según la tradición, una casa en la que crece la menta es un hogar verdaderamente rico, un concepto que para los pueblos de la era preindustrial significaba comida, vestimenta, un techo y amor, como asegura una antigua bendición nórdica. Quizá este concepto te ayude a percibir cómo actúa el siguiente conjuro.

CÓMO PRACTICAR EL HECHIZO

NECESITARÁS

- Una vela verde de 15-20 cm de altura
- Una cucharada de aceite portador de almendra
- Seis gotas de aceite esencial de menta
- Cerillas o un mechero
- 15 cm de cordel o cinta fina de color dorado
- Seis hojas de *Mentha rotundifolia variegata*

Momento de aplicación: trabaja durante la luna creciente para atraer a la prosperidad, y en cualquier día de la semana excepto el sábado, regido por el restrictivo Saturno.

PROCEDIMIENTO:

1 Establece un círculo según las pautas especificadas en las páginas 32-35.

2 Unta la vela con la mezcla de los aceites portador y esencial de menta, evitando tocar la mecha. Procede a cubrirla desde la base al extremo superior y de nuevo hacia abajo seis veces, y luego desde la base hasta la punta, descendiendo únicamente hasta la mitad.

3 Enciende la vela y declara:

Ruego prosperar como prospera la verdad;
que mi fortuna crezca como la Luna;
que mis necesidades encuentren respuesta
como el mar
responde a la orilla;
que reciba alimento, vestimenta y cobijo
como recibo aire para respirar.
Lo imploro por la sangre de mi cuerpo y la
carne de mis huesos.

4 Utilizando el cordel o la cinta, ata las hojas de menta por el tallo, y, sosteniéndolas frente a la vela, exclama:

¡Que mis provisiones, ropas y tejas abunden
como la menta en el jardín!

5 Guarda las hojas de menta en tu monedero o cartera y mantenlas allí en todo momento.

6 Planta menta alrededor de tu casa para preservar el poder de este hechizo.

HECHIZO DEL TRES

PARA BENDECIR UNA NUEVA AVENTURA

FINALIDAD. Traer buena suerte a una nueva aventura.

INFORMACIÓN ADICIONAL. La triplicidad, es decir, aquello que se presenta en «grupos de tres», siempre ha ocupado un lugar destacado en el mundo de la magia. En algunas culturas, el número tres se relaciona con la espiritualidad. Los estudios de la presencia del número tres en los cuentos de hadas dicen que puede deberse a razones psicológicas. Decir algo una vez consigue despertar la mente consciente; repetirlo otra vez lo vuelve inconfundible, y declararlo por tercera vez permite que el hecho sea realmente comprendido. En los cuentos, repetir frases o conceptos tres veces debe de haber actuado como «ayudamemoria» para

CÓMO PRACTICAR EL HECHIZO

NECESITARÁS
Una vela amarilla de 15-20 cm de altura
Cerillas o un mechero
Una pluma grande que se haya desprendido naturalmente
Un disco plano de arcilla blanda de unos 7,5 cm de diámetro
Tres ramitas de romero fresco
15 cm de cinta roja fina o lana
Una varilla de incienso de lavanda en un recipiente

MOMENTO DE APLICACIÓN: debes realizar este hechizo durante la luna creciente y en miércoles, día del emprendedor Mercurio, también asociado con el número tres.

PROCEDIMIENTO:

1 Establece un círculo según las pautas especificadas en las páginas 32-35, en el lugar en que se asentará el nuevo negocio.

2 Enciende la vela y exclama:

Tierra, agua, fuego combinados,
bendecid este [proyecto/ tienda/ negocio] mío;
la buena fortuna se consagre en vuestra rueda.

los narradores de historias y los juglares en las culturas verbales. En el ámbito de la magia, el número tres goza de un significado particular en relación con las bendiciones.

El *triskele*, elemento en el que se basa este hechizo, aparece en un gran número de culturas celtas. El utilizado en este caso procede de Bretaña, Francia. Considerado una representación de la intersección de la tierra, el fuego y el agua, se cree que el *triskele* concede bendiciones. Los druidas de Norteamérica han basado un logotipo en este diseño, que a veces va acompañado de la frase: *Beannaithe ag Draoith*, que significa «Bendecido por los druidas».

3 Utilizando el extremo rígido de la pluma, dibuja el símbolo del *triskele* (foto de la derecha) sobre una cara del disco de arcilla.

4 Con la cinta o la lana, ata las ramitas de romero por la zona de la raíz.

5 Perfuma toda el área trasladando el incienso y dirigiendo la trayectoria del humo con el romero. Ahora perfuma el disco de arcilla de la misma manera, y déjalo secar junto a la vela hasta que se endurezca.

3

4

6 Justo antes del amanecer del día siguiente, coloca el *triskele* de arcilla sobre la entrada de tu local.

HECHIZO DE LA MANO AFORTUNADA

PARA ASEGURAR LA BUENA SUERTE EN TODAS TUS EMPRESAS

FINALIDAD. Asegurar la buena suerte.

INFORMACIÓN ADICIONAL. Este hechizo es para quienes simplemente se desean buena fortuna, por ejemplo antes de emprender un viaje o iniciar un cambio de vida. Se basa en una mezcla de tradiciones: vestigios del conjuro medieval de la Mano de la Gloria y una antigua costumbre de la hechicería inglesa relativa a las «medidas». Cada una de ellas resulta compatible con la magia compasiva —sobre la que se basan la mayoría de los hechizos de este libro—, y las dos aportan sus poderes a esta operación mágica.

La macabra Mano de la Gloria era originalmente una mano amputada de algún criminal ahorcado, sobre la que se untaba grasa animal. Si el talismán se encendía, significaba que los ladrones no tendrían problemas en asaltar una casa. Pero si uno de los dedos se apagaba, indicaba que algún habitante de la casa se encontraba despierto y dicha información permitía que los ladrones escaparan de un horrible destino. Después a la Mano de la Gloria confeccionada en cera se le atribuía la cualidad de traer buena suerte y, dando un giro completo a su finalidad original, ¡se las consideraba un amuleto de protección contra los ladrones!

En este conjuro «tomarás una medida» dibujando el contorno de tu mano derecha. Las brujas continúan tomando medidas poniendo tramos de cordel en el cuerpo en lugar de utilizar una cinta métrica, ¡así que si recurres a este hechizo no te faltará buena compañía mágica!

CÓMO PRACTICAR EL HECHIZO

Momento de aplicación: debes realizar este hechizo cuando la luna se encuentre a punto de entrar en su fase nueva y en jueves, día de Fortuna, diosa de la suerte.

PROCEDIMIENTO:

1 Establece un círculo según las pautas especificadas en las páginas 32-35.

2 Enciende la vela y exclama:

Señora Fortuna,
bendice este hechizo
y también
mi suerte.

3 Apoya la palma de tu mano derecha sobre el papel. Con la pluma traza su contorno.

4 Sobre la palma que has dibujado en el papel escribe la siguiente frase:

DE LA RAÍZ
A
LA COPA.

A continuación exclama:

Que nada de lo que encierra esta mano
sufra daño alguno;
que todo lo que abarca
por la fortuna sea escogido.

5 Recorta la silueta de la mano. Luego declara:

Mi deseo envío
a través del humo.

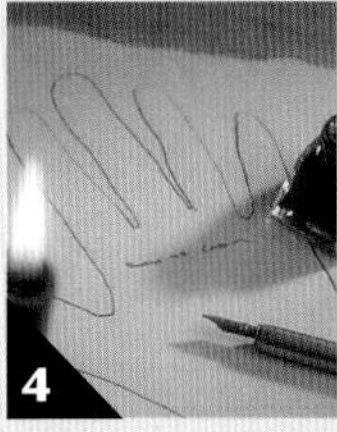

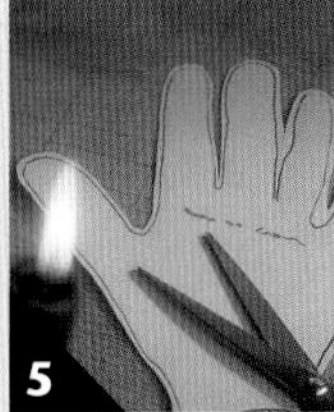

NECESITARÁS

- Una vela de color azul oscuro de 15-20 cm de altura
- Cerillas o un mechero
- Tijeras
- Un folio para dibujar el contorno de tu mano
- Una pluma con tinta púrpura
- Un plato resistente al fuego

Prende fuego a los dedos con la llama de la vela, y traslada la «mano ardiente» al plato hasta que se consuma por completo.

6 Entierra la ceniza en la tierra, bajo el cielo nocturno, y exclama:

Que este deseo
de ceniza
prospere
durante la luna nueva.

HECHIZO DE LA SUERTE DEL MOJO

PARA ASEGURAR QUE LA SUERTE TE ACOMPAÑE DONDEQUIERA QUE VAYAS

FINALIDAD. Crear un talismán que puedas llevar contigo en todo momento.

INFORMACIÓN ADICIONAL. Se cree que la palabra *mojo* proviene de una lengua africana y significa «mago» o «chamán». Una bolsita mojo es un saco pequeño que contiene elementos mágicos, como por ejemplo un talismán para atraer ciertos poderes o un amuleto para alejar las energías no deseadas. Las bolsitas mojo y su contenido se unen por motivos específicos, como por ejemplo eliminar la ira de un enemigo o llamar la atención de alguien que nos pueda ayudar. A pesar de que este elemento se origina en las costumbres mágicas afroa-

CÓMO PRACTICAR EL HECHIZO

NECESITARÁS

- Un disco de carbón vegetal en un plato resistente al fuego
- Cerillas o un mechero
- Bayas de enebro secas
- Una cucharadita de miel
- Una vela de color crema, de aproximadamente 30 cm de altura
- Un carrete de hilo de algodón de color rojo
- Una bolsita de terciopelo rojo de 7,5 x 7,5 cm
- Una piedra blanca pequeña
- Un manojo de salvia blanca seca

MOMENTO DE APLICACIÓN: realiza este hechizo durante la sexta noche posterior a la luna nueva, cuando ésta ya resulta visible en el cielo nocturno.

PROCEDIMIENTO:

1 Establece un círculo según las pautas especificadas en las páginas 32-35.

2 Enciende el disco de carbón vegetal y quema las bayas de enebro.

3 Vierte miel sobre los 5 cm superiores de la vela, evitando la mecha. Enciende la vela y declara:

Óyeme,
me encuentro entre la luz y la oscuridad,

mericanas practicadas en Estados Unidos, existen variantes en todo el mundo. Se llamen mojo, *gris-gris* o bolsita mágica, estos sacos que contienen ingredientes para la buena suerte poseen idéntica finalidad: que los humanos capturen intuitivamente la buena suerte y ésta les acompañe.

En este hechizo, los ingredientes son «imanes» tradicionales de la buena suerte creados a partir del conocimiento de las plantas y las manualidades. Deberías mantenerlos sellados en el interior de la bolsita y llevarlos contigo en todo momento. Si algún amigo tuyo necesita un poco de buena suerte, regálale uno de estos saquitos.

entre lo más alto y lo más bajo,
y ningún habitante de estos lugares
puede desafiar ni contrariar la suerte que encierro en mí.

4 Mide la circunferencia de tu muñeca derecha con el hilo. Ata sus extremos para formar una «pulsera» e introdúcela en la bolsita.

5 Perfuma la piedra en el humo del enebro y métela en la bolsita. Agrega tres hojas de salvia y quema el resto con la vela y deja que arda.

6 Utilizando el humo de esta hierba, perfuma la bolsita mojo y declara:

Todo en el interior es puro y seguro.
El interior es el exterior,
el exterior es el interior.
Que comience el conjuro.

A continuación cierra la bolsita.

HECHIZO DEL «DIOS» DEL SERBAL DE LOS CAZADORES

PARA DAR SUERTE A OTRA PERSONA

FINALIDAD. Utilízalo cuando pareces gozar de un exceso de buena suerte y un amigo carece de ella.

INFORMACIÓN ADICIONAL. Si te consideras afortunado o bendecido y crees que un amigo podría necesitar parte de tu buena suerte, este hechizo es para ti. Obviamente, primero deberás ofrecerle consejos prácticos y ayuda material, pero si realmente da la sensación de que las estrellas se encuentran en contra de tu amigo en vez de a su favor, ha llegado la hora de entrar en «acción mágica». Te reitero que por realizar este hechizo no pierdes el derecho a tu buena fortuna; por el contrario, la suerte, al igual que el amor, se multiplica cuando lo compartes, y por esta razón la persona que lo reciba debería dedicar el conjuro a otra que lo necesite cuando su suerte cambie para mejor.

Seguramente alguna vez hayas oído la frase: «¡Espero que su buena suerte se me pegue!», en referencia a alguien afortunado. De hecho, esta reacción es un vestigio de una antigua creencia popular relacionada con la capacidad de «transmitir» suerte. El serbal de los cazadores utilizado en este hechizo es considerado tradicionalmente un «dios», lo cual nos remite a creencias europeas aún más antiguas que veneraban a los espíritus y deidades de la naturaleza representados por determinados árboles.

CÓMO PRACTICAR EL HECHIZO

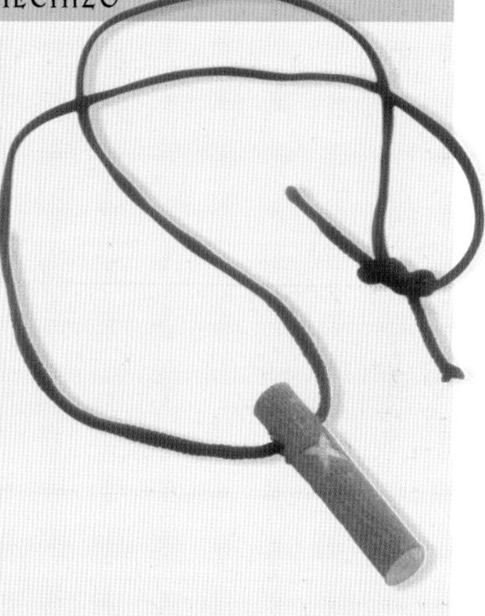

NECESITARÁS

Una vela verde de 15-20 cm de altura

Cerillas o un mechero

Un cuchillo de cocina afilado, de mango negro

Una rama delgada de 5 cm de largo de serbal de los cazadores, con un pequeño orificio perforado a un lado, a aproximadamente 1 cm del extremo superior, por el que se pueda pasar un cordel

60 cm de cordel fino

Momento de aplicación: trabaja durante la luna creciente y en jueves, día sagrado para el generoso Júpiter.

PROCEDIMIENTO:

1 Establece un círculo según las pautas especificadas en las páginas 32-35

2 Enciende la vela y exclama:

Dios de la tierra,
cuyas raíces beben del agua y la roca,
cuyos brazos tocan las nubes,
concede tus dones a [nombre de tu amigo]
como me los has concedido a mí.
Por el agua, la roca, el cielo y el árbol.

3 Con el cuchillo talla una «x» sobre un lado de la corteza, en ángulo recto con el orificio perforado.

4 Escupe sobre la runa tallada, y exclama:

Te regalo, mediante mi esencia.

Echa el aliento sobre la equis, y añade:

Te regalo, mediante mi aliento,
te regalo mediante este dios
buena fortuna.

5 Pasa al dios del serbal de los cazadores por la llama para secar la saliva y sella el hechizo.

6 Introduce el cordel en el orificio, y llévalo como un collar hasta que puedas pasarlo directamente sobre la cabeza de tu amigo, con un beso.

HECHIZO DEL HUEVO

PARA DESHACERTE DE LA MALA SUERTE

FINALIDAD. Que te deshagas de la mala suerte.

INFORMACIÓN ADICIONAL. El símbolo del huevo ha representado, durante milenios y en diversas civilizaciones, la misteriosa esencia de la vida y la regeneración. Aquí se utiliza como símbolo de contención y como una forma de acabar con una racha de mala suerte.

Este hechizo se refiere a situaciones que no produces tú, sino a las que llegas después de una serie de acontecimientos que confluyen en circunstancias poco favorables. En ocasiones hablamos de «una racha de mala suerte» cuando dependemos demasiado de la fortuna. Es importante entonces, antes de practicar el hechizo, que analices los acontecimientos recientes para asegurarte de que no exista un incumplimiento de responsabilidades que cause esta supuesta «mala racha». De lo contrario el hechizo resultará inútil, y tu mala suerte persistirá.

Cuando las circunstancias realmente se encuentran fuera de tu control y parecen acumularse desde hace tiempo, una intervención mágica resulta completamente legítima, y la centenaria tradición del hechizo del huevo se ajusta particularmente a este objetivo. El hecho de pasar el hechizo a un amigo que lo necesite una vez que tú te has beneficiado de sus resultados es considerado un gesto portador de buena suerte.

CÓMO PRACTICAR EL HECHIZO

MOMENTO DE APLICACIÓN: realiza este hechizo durante la luna menguante y preferiblemente en sábado, día sagrado para Saturno el limitador.

PROCEDIMIENTO:

1 Establece un círculo según las pautas especificadas en las páginas 32-35.

2 Enciende la vela negra y exclama:

Que tus poderes restrictivos
erradiquen la mala suerte.

3 Moja el huevo en el agua y añade:

Tu casa se encuentra limpia
cuando la mía está enlodada;
concédeme
mi deseo.

4 Utilizando la aguja, perfora un orificio en el extremo más estrecho del huevo. Sopla en su interior y exclama:

Pase la mala suerte
de mi hogar
al tuyo,
del vestíbulo de hueso
al sendero de piedra;
salga entonces
de mi casa.

Vierte azafrán sobre el orificio para sellarlo.

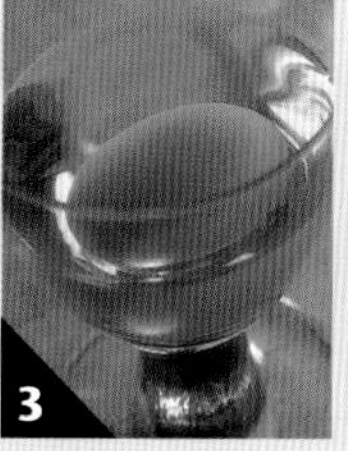

3

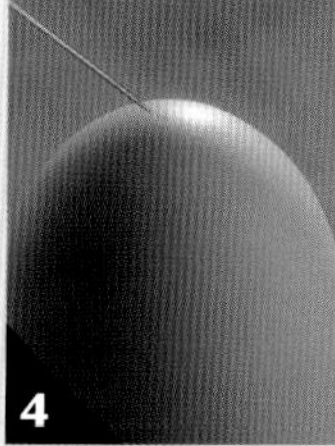

4

NECESITARÁS

- Una vela negra de 15-20 cm de altura
- Cerillas o un mechero
- Un huevo de granja
- Media copa de agua fresca de manantial
- Una aguja de coser afilada
- Una pizca de azafrán
- Una moneda de bronce o dorada de poco valor
- Una ramita de tejo fresco

5 Lleva el huevo al jardín y cava un pozo de al menos 30 cm de profundidad; arroja allí la moneda y la ramita de tejo. Lanza el huevo para que se estrelle sobre ellos, y cubre todos los elementos rápidamente con tierra.

6 Tu suerte debería cambiar para mejor en el curso de un ciclo lunar.

HECHIZO DEL RELOJ

PARA REVERTIR LOS PLANES DE UNA MALA PERSONA

FINALIDAD. Frustrar los planes de una mala persona.

INFORMACIÓN ADICIONAL. Existen numerosos hechizos destinados a rechazar e inhibir (véase páginas 362-383) que por lo general son considerados, erróneamente, «maldiciones». En realidad lo son si consideramos que su función es frustrar la negativa ambición de quienes se dedican a hacer daño a otras personas; pero no lo son en el sentido de las películas sensacionalistas de Hollywood de clase B. Los hechizos para rechazar e inhibir no se practican por rencor o venganza, sino

CÓMO PRACTICAR EL HECHIZO

NECESITARÁS
Un reloj analógico (no digital) en funcionamiento
Una repisa
Una vela negra de 15-20 cm de altura
Una vela blanca de 15-20 cm de altura
Cerillas o un mechero
Una pluma con tinta negra
Un trozo de papel negro de 10 x 10 cm
20 cm de hilo de algodón grueso de color negro

Momento de aplicación: utiliza este hechizo durante la luna menguante y en sábado, y asegúrate de finalizarlo exactamente durante las campanadas de medianoche.

PROCEDIMIENTO:

1 Establece un círculo según las pautas especificadas en las páginas 32-35.

2 Coloca el reloj en el centro de la repisa, la vela negra a la izquierda y la blanca a la derecha.

3 Enciende la vela negra y exclama:

Sean eliminados los malos actos.

Enciende la blanca y continúa:

Y los buenos ocupen su lugar.

para detener el daño que se está provocando. Quienes dañan a los demás deben aprender una lección sobre su mal comportamiento, y un hechizo puede lograr llamar su atención sobre las consecuencias de sus actos.

El hechizo que presentamos a continuación entra en la categoría de los hechizos de inversión, y se basa en un conjuro anglosajón. A pesar de que recurre a la técnica de dar cuerda al reloj hacia atrás, su objetivo no es retroceder en el tiempo sino frustrar los designios de una mala persona. Dedico este hechizo a mi sobrino Joshua Wright, que me dio la idea. En ocasiones, la sabiduría de los niños supera lo imaginable.

4 Escribe una «O» grande en el centro del papel. Pliégalo dos veces y átalo con el hilo, declarando:

El hechizo que entono
provocará tu destrucción;
por el círculo y la línea,
por la carne y por el hueso,
por el mar y por el cielo,
por el sol y por la luna.

5

5

5

5 Gira las agujas del reloj una hora hacia atrás y exclama:

Por cada pensamiento negativo
te atraso.

Retrocede otra hora y continúa:

Por cada palabra maliciosa, te atraso.

Retrocede otra hora más y declara:

Por cada acción perversa, te atraso.

Vuelve el reloj hacia la pared.

6 Entierra el papel atado en un hueco profundo de tu jardín y exclama:

Allí te quedas hasta que pagues;
prospere la sabiduría
hasta que bondad demuestres.

HECHIZO DEL ROBLE

PARA ASEGURAR UNA PROSPERIDAD MATERIAL CONTINUA

FINALIDAD. Asegurar la continuidad de la fortuna material.

INFORMACIÓN ADICIONAL. En la tradición druida, el roble, estrechamente vinculado con el elemento tierra, también mantiene una clara conexión con el ciclo del sol. Desde un punto de vista mágico, estas correspondencias también coinciden con aspectos como la seguridad, la fertilidad, la riqueza y la salud. Es por esta razón que el roble se convierte en el árbol ideal para asegurar el flujo continuo de fortuna material hacia tu hogar.

Este hechizo funciona a partir de una varilla mágica que debes colocar en la entrada principal de tu casa. Uno de los símbolos que tallarás en su superficie se parece a la forma invertida de una runa conocida como ken, que representa el poder del roble y, en conjunto con otras, crea un talismán mágico para la seguridad y la abundancia. No deberías juguetear con la vara ni permitir que la toque nadie que no pertenezca a tu familia, porque su poder resultaría afectado. Por consiguiente, mantenla fuera de alcance, como por ejemplo colgada sobre la entrada de tu casa. De esta manera, si cualquiera de las personas que te visitan se deja llevar por la curiosidad, te asegurarás de no echar por tierra tu buen trabajo.

CÓMO PRACTICAR EL HECHIZO

MOMENTO DE APLICACIÓN: durante la luna creciente y en domingo, día regido por el Sol, cuyo poder encarna el poderoso roble.

PROCEDIMIENTO:

1 Establece un círculo según las pautas especificadas en las páginas 32-35. Enciende la vela y exclama:

Poder del roble,
invoco al poderoso Duir.

2 Utilizando el cuchillo de mango blanco, talla a un lado de la vara, a unos 30 cm del extremo inferior, el símbolo V y declara:

Aquello que se ofrece
no será reducido.

3 Graba el símbolo de un triángulo equilátero apuntando hacia abajo, unos 15 cm más arriba de la V, y continúa:

El flujo de fortuna
no remitirá.

4 Talla la forma de un diamante unos 15 cm más arriba del triángulo y añade:

Seguridad para
comer y beber.

5 Finalmente, unos 15 cm más arriba del diamante, talla un signo que parezca lo contrario de la runa ken, y expresa:

Duir impida
que alguien lance
un golpe o una plaga
sobre cualquiera de las criaturas
que moran
entre la tierra y el tejado.

6 Para sellar la magia sobre la vara, átala con cáñamo a unos 5 cm del extremo superior, encima de la runa ken. Repite a 15 cm del extremo inferior, debajo de la V que has tallado. Cuelga la vara de la puerta de tu casa.

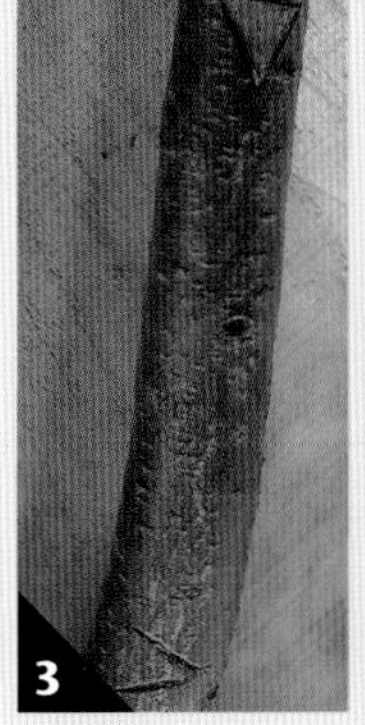
3

6

NECESITARÁS

- Una vela verde de 15-20 cm de altura
- Cerillas o un mechero
- Un cuchillo afilado de mango blanco
- Una vara de roble de 90 cm de largo
- 2,5 m de cáñamo natural

HECHIZO DEL TRIÁNGULO

PARA CONSEGUIR ALGO QUE NECESITES

FINALIDAD. Obtener algo que realmente necesitas. Este hechizo no dará ningún resultado si lo practicas con frivolidad.

INFORMACIÓN ADICIONAL. Si estás considerando la posibilidad de recurrir a la magia para tu propio beneficio, siempre deberías analizar seriamente lo que necesitas antes de abrir el libro de hechizos. Y no por aquella trasnochada idea de que nunca deberíamos pedir nada para nosotros mismos, sino porque en la magia, como en cualquier otra área de la vida, es muy importante ejercer el sentido común. Derrochar energía en hechizos para cosas que en realidad no hacen falta significa centrarse de forma desequilibrada en posesiones, personas o invitaciones que no nos hacen ningún

CÓMO PRACTICAR EL HECHIZO

NECESITARÁS
Un disco de carbón vegetal en un plato resistente al fuego
Cerillas o un mechero
Bayas de acebo secas
Una vela púrpura de 15-20 cm de altura
Tres ramitas de acebo de 12,5 cm
45 cm de hilo de algodón rojo
45 cm de lana de color rojo

MOMENTO DE APLICACIÓN: realiza este hechizo durante la luna creciente, entre el séptimo y el decimocuarto día posterior a la luna nueva, en cualquier día de la semana.

PROCEDIMIENTO:

1 Establece un círculo según las pautas especificadas en las páginas 32-35.

2 Enciende el disco de carbón vegetal y quema las bayas; luego enciende la vela y exclama:

Espíritu del acebo,
preséntate cuando te invoco;
sé mi testigo en este hechizo.

bien, ni nos aportan nada esencial. Además, al prestar demasiada atención a estas cosas la magia en sí misma no funciona, excepto por el hecho de que trasladar una obsesión al círculo mágico no hace más que magnificar el lugar que ocupa en tu vida. Y es entonces cuando debes analizar tu situación. Si tienes la certeza de que necesitas algo que también te beneficia pero careces de los medios prácticos para conseguirlo de un modo habitual, prueba este hechizo. Suele dar resultados bastante inusuales, ¡así que prepárate para cualquier cosa! El acebo está relacionado con los regalos, de modo que el elemento que pides puede proceder de una fuente inesperada.

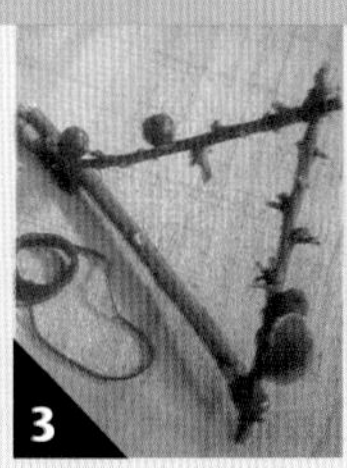

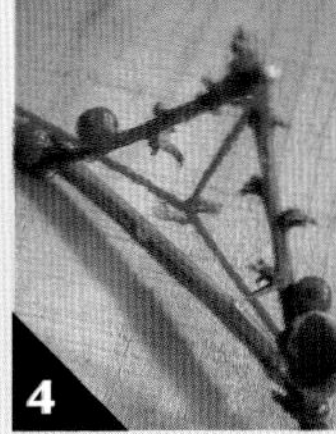

3 Superpón las tres ramitas de acebo de tal modo que formen un triángulo equilátero de 7,5 cm de lado. Asegura los extremos con el hilo de algodón.

4 Ahora ata un extremo de la hebra de lana a uno de los vértices; extiéndela —aunque sin tensarla— hasta otro de los ángulos y átala. Anuda un nuevo tramo de lana en el tercer vértice, y ajusta su extremo final sobre la mitad del hilo «flojo»: de esta forma crearás una «Y» con brazos de idéntica extensión.

5 Sostén el triángulo sobre el incienso, visualizando lo que deseas obtener, y recita:

Regalo de regalos,
necesidad de necesidades,
abandona mis sueños
y ven a mí
como lo deseo.
¡Que así sea!

6 Cuelga el triángulo del techo de tu cuarto hasta que tu deseo se cumpla; luego, quémalo.

HECHIZO DE LA CALAMITA

PARA INCREMENTAR LA SUERTE EN EL DINERO

FINALIDAD. Atraer la riqueza económica.

INFORMACIÓN ADICIONAL. La calamita, o el mineral magnetita, fue utilizada históricamente para curar la disfunción sexual masculina, evitar que un amante se alejara o atraer el dinero o la fortuna. En la actualidad aún se utiliza en todo el mundo para practicar diferentes tipos de hechizos, incluyendo los antes mencionados, y además resulta muy sencillo conseguirla en las tiendas dedicadas a la venta de cristales o piedras preciosas. En ocasiones, la calamita es pintada de un color relacionado con el uso que se le quiera dar. En Estados Unidos, por ejemplo, se la colorea de verde para «llamar» al dinero —dado que los billetes de dólar son verdes—, en una actualizada variante de la magia compasiva que se basa en la idea de que lo semejante atrae a lo semejante.

En este hechizo, la calamita actúa como un talismán para atraer la fortuna material en un sentido específicamente monetario. En términos generales, los hechizos deberían centrarse en los resultados finales y no en los medios para conseguir determinadas cosas. Y lo cierto es que el dinero normalmente entra en esta última categoría. Sin embargo, dada la frecuencia con que se solicita este encantamiento, y a la luz de la naturaleza comprensiva de esta *Biblia*, resultaría de mala educación dejar de lado un conjuro tan tradicional. Sólo resta agregar que la sana advertencia mágica sobre «necesidad, no avaricia» resulta plenamente aplicable en este caso, como en todos los demás.

CÓMO PRACTICAR EL HECHIZO

NECESITARÁS

Una vela verde de 15-20 cm de altura

Cerillas o un mechero

Una calamita pequeña

Un plato de agua de manantial

Una cucharadita de limaduras de hierro

Una cucharadita de aceite de almendra

Una bolsita marrón de 5 x 5 cm

60 cm de cordel fino

MOMENTO DE APLICACIÓN: realiza este hechizo durante la luna creciente para llamar al dinero; y dado que la calamita es sagrada para Venus, trabaja en su día, el viernes.

PROCEDIMIENTO:

1 Establece un círculo según las pautas especificadas en las páginas 32-35.

2 Enciende la vela y exclama:

Venus, contempla
mi hechizo.

3 Sujeta la calamita frente a la llama de la vela y declara:

Venus, contempla a uno de tus hijos.

Introduce la calamita en el agua y continúa:

Bebe bien y sé fuerte.

4 Sopla sobre la piedra para secarla; luego viértele encima las limaduras de hierro y repite:

Come bien y sé más fuerte.

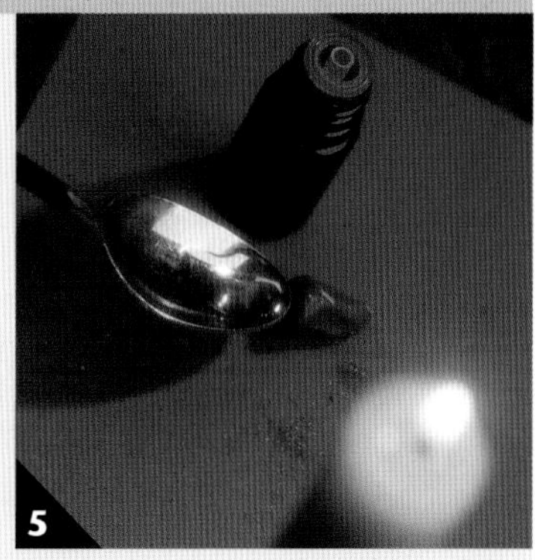
5

5 Después de aproximadamente un minuto, retira las limaduras y unta la piedra con aceite de almendra, repitiendo al menos nueve veces la siguiente rima:

Aquí falta
un brillante tesoro;
tráemelo
con tu amor.

6 Introduce la calamita en la bolsa. Ciérrala y utiliza el cordel para colgártela del cuello a modo de collar. Lleva encima el talismán de la calamita hasta que aparezca el dinero que necesitas, y a partir de entonces cuélgalo del cabecero de tu cama hasta que vuelva a surgirte la necesidad. Sólo en ese momento deberás repetir el hechizo.

HECHIZO DEL POLVO DEL ZAPATO
PARA GUIARTE HACIA LA BUENA FORTUNA

FINALIDAD. Permitir que la suerte se acerque a ti y guíe tus pasos.

INFORMACIÓN ADICIONAL. Un gran número de talismanes han de ser introducidos en el zapato de una persona y, si analizamos muchas de las tradiciones de la magia, en realidad no resulta sorprendente.

En la cultura occidental, diversas metáforas aportan claves vitales sobre la importancia que concedemos a los pies. Por ejemplo, cuando nos referimos a alguien que adopta el papel de otra persona decimos que «se pone en sus zapatos», o recurrimos a la frase «empezar con el pie derecho» o «con buen pie» como sinónimo de iniciar una actividad o un período con la suerte a nuestro favor.

A pesar de que estas metáforas no parecen referidas a personas discapacitadas, quienes se desplazan en sillas de ruedas desean destacar que la importancia de los pies desde el punto de vista mágico no comienza ni termina en la acción de andar.

La impresión de nuestra huella, ya sea en la arena, en el barro o en tinta, se conecta con nuestra «medida», que, en el campo de la brujería y la magia, es un parámetro que capta nuestra esencia. En consecuencia, introducir un talismán en nuestros zapatos se convierte en un acto mágico de inmenso poder.

CÓMO PRACTICAR EL HECHIZO

NECESITARÁS

Tres gotas de aceite esencial de menta
Treinta gotas de aceite portador
Una vela verde de 15-20 cm de altura
Cerillas o un mechero
Una vela amarilla de 15-20 cm de altura
Una pluma con tinta verde
Un folio de papel de oficina
Un plato resistente al fuego
Seis hojas de menta secas
Seis hojas de albahaca secas

MOMENTO DE APLICACIÓN: trabaja durante la luna creciente para encontrar el camino de la suerte, y en miércoles, día de Mercurio el caminante.

PROCEDIMIENTO:

1 Establece un círculo según las pautas especificadas en las páginas 32-35.

2 Mezcla los aceites y luego frótalos contra las plantas de tus pies, declarando:

Así soy guiado.

Ahora frota la vela verde contra las plantas, evitando tocar la mecha, y enciéndela.

3 En tercer lugar enciende la vela amarilla, y exclama:

Durante mi viaje,
no me aleje la fortuna del buen camino.

4 Con la tinta verde, escribe las siguientes palabras en el centro del folio:

Salve Fortuna Salve.

5 Enciende el papel con la llama de la vela verde, y colócalo en el plato resistente al fuego hasta que se convierta en cenizas. Añade a las cenizas ya frías las hojas de menta y albahaca desmenuzadas.

6 Mezcla bien a mano, y antes de salir de tu casa espolvorea el compuesto sobre ambos zapatos. Deja que el polvo se disipe de forma natural.

HECHIZO DE REVERSIÓN

PARA REVERTIR LA MALA SUERTE QUE OTRA PERSONA TE HAYA DESEADO

FINALIDAD. Deshacer las malas vibraciones que una persona haya emitido hacia ti por envidia o rencor.

INFORMACIÓN ADICIONAL. Es habitual oír hablar de «rachas de mala suerte», pero en ocasiones surge la sospecha de que la desgracia es el resultado de una maldición o de los malos deseos de otra persona. Las maldiciones suelen ser amenazas proferidas por individuos cegados por su propio ego, que se imaginan dueños de poderes mágicos. Por fortuna, el único poder del que disponen es el de incrementar su egoísmo. Sin embargo, la envidia, el rencor y los malos sen-

CÓMO PRACTICAR EL HECHIZO

NECESITARÁS

- Una vela negra de 15-20 cm de altura
- Cerillas o un mechero
- Un pequeño espejo de mano
- Sal en un salero
- Paño negro

MOMENTO DE APLICACIÓN: trabaja durante la noche de la luna nueva (oscura), que resulta ideal para romper hechizos y construir un escudo psíquico de protección.

PROCEDIMIENTO:

1 Establece un círculo según las pautas especificadas en las páginas 32-35.

2 Enciende la vela negra y declara:

Lo que se encontraba lleno está ahora vacío,
lo que se encontraba vacío está ahora lleno,
en este tiempo que no es tiempo,
en este lugar que no es un lugar,
en el mundo del espíritu me encuentro.

3 Con el espejo girado hacia arriba, vierte sal sobre su superficie reflectante y forma una X, diciendo:

Así elimino lo malo.

timientos encierran una energía propia, y en ocasiones es necesario protegerse contra ellos.

Si sientes que alguien te desea lo peor y por eso te encuentras «cruzado», este hechizo deshará el efecto que esa maldición pueda causarte, incluyendo la ansiedad de saber que alguien piensa mal de tu persona. Se basa en una creencia popular en muchas regiones del mundo: alterar el estado de la vestimenta —en ocasiones volviéndola del revés o llevando la parte delantera hacia atrás— confundirá a los poderes malignos. Una vez practicado este hechizo, durante un mes completo deberás salir al menos una vez a la semana con una prenda del revés o con la parte delantera en la espalda.

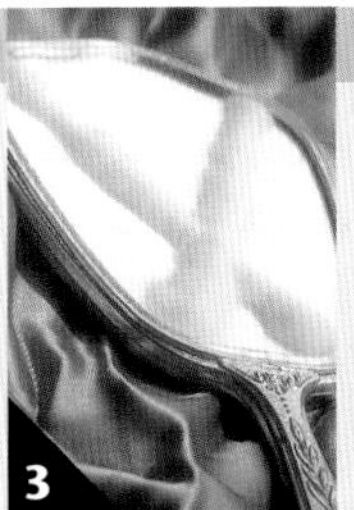

3

5

Elimina la sal de un soplo y agrega:

Así distribuyo lo bueno.

4 Quítate la ropa, vuelve todas tus prendas del revés y póntelas de nuevo con la parte trasera hacia delante.

5 Vierte la sal sobre el espejo formando un círculo con una línea vertical que atraviese el centro, y exclama:

Esta luna está vacía,
esta luna está llena;
quién adivina
cuál el tonto será.

6 Elimina la sal de un soplo y envuelve el espejo en el paño negro para guardarlo en un sitio oscuro durante un mes.

HECHIZO DE LA LOSA

PARA QUE LOS MALOS DESEOS SÓLO RECAIGAN SOBRE QUIEN LOS ORIGINA

FINALIDAD. Conseguir que quien te desea el mal a ti o a los tuyos perciba los efectos de su perversa intención.

INFORMACIÓN ADICIONAL. En las tradiciones del norte de Europa, la losa simboliza el concepto de hogar y refugio. En la actualidad ya casi nadie cuenta con suelos de piedra en el interior de su casa porque el uso del cemento o la madera se ha generalizado, de modo que para practicar este hechizo deberás encontrar una losa no muy grande a la que darás un uso temporal. No te resultará difícil ni caro dar con una, ya que se venden en los centros de jardinería o en los almacenes de materiales de construcción.

El arte de tallar diseños en las losas es realmente muy antiguo, y en ciertas partes del mundo llegó incluso a ser considerado un aspecto fundamental del cuidado del hogar. Los historiadores descubrieron que la costumbre de marcar los umbrales con elaborados dibujos persistió en Gales hasta el siglo xx. A pesar de que el orgullo por el hogar parece ser el principal motivo de estos sofisticados trazos, ciertos patrones nos remontan a la práctica de emplear símbolos poderosos para proteger la vivienda y reclamar e identificar territorios y límites. En este hechizo delimitarás tu territorio y lo protegerás, además de devolver todos los malos deseos a quien los ha generado.

CÓMO PRACTICAR EL HECHIZO

MOMENTO DE APLICACIÓN: es preferible realizar este hechizo durante la luna nueva para dejar de lado las malas intenciones. Repítelo cada tres meses durante el primer año repasando las marcas el 21 de diciembre, el 21 de marzo, el 21 de junio y el 21 de septiembre.

PROCEDIMIENTO:

1 Establece un círculo cerca de la puerta principal de tu casa según las pautas especificadas en las páginas 32-35.

2 Sitúa la vela exactamente en el centro de la piedra, estabilizándola con la cera derretida.

3 Dibuja una flecha con la tiza que parezca atravesar la vela, en dirección izquierda.

4 Coloca la piedra frente a la puerta de tu casa, y exclama:

Has causado daño.

Gírala para que la flecha apunte a la puerta y continúa:

Te aniquilo
mientras te doy la vuelta.

5 En el ángulo superior izquierdo, dibuja un cuadrado pequeño y pronuncia la palabra:

Chimenea.

En el ángulo superior derecho dibuja una X y declara:

Amor.

En el ángulo inferior izquierdo dibuja una flecha que apunte hacia arriba, indicando:

Tejado arriba

En el ángulo inferior derecho dibuja un círculo con un punto en el centro.

6 Deja que la vela se consuma, cubre la losa con una alfombrilla y no la alejes de la puerta principal de tu casa.

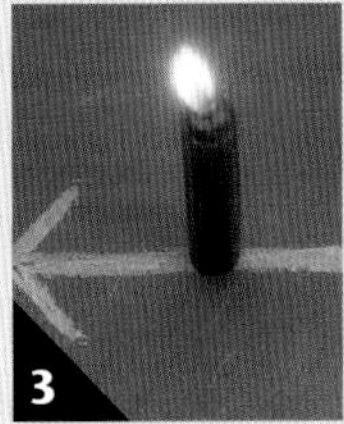

3

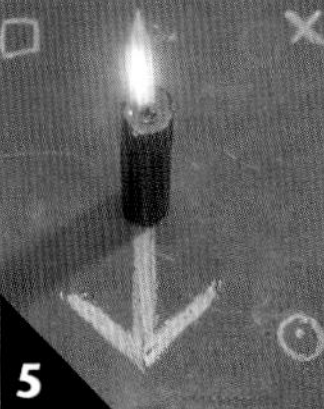

5

NECESITARÁS

- Una vela negra cortada que no supere los 7 cm de altura
- Cerillas o un mechero
- Una losa cuadrada, de 20 o 30 cm de lado
- Una tiza gruesa

HECHIZO DE LA BRUJA DE LA COCINA

PARA ASEGURAR QUE NI TÚ NI LOS TUYOS PASÉIS HAMBRE JAMÁS

FINALIDAD. Crear un talismán de la buena suerte para asegurar que en tu casa nunca falte la comida.

INFORMACIÓN ADICIONAL. Las brujas de la cocina que se venden en las tiendas de Estados Unidos y ciertas partes de Europa suelen ser figuras de abuelitas montadas sobre sus escobas que, según los anunciantes, aseguran que la comida nunca salga mal. La idea de estos talismanes procede de Europa, donde se confeccionaban figuras de pasta de sal para encerrar al espí-

CÓMO PRACTICAR EL HECHIZO

NECESITARÁS

- Una vela roja de 15-20 cm de altura
- Cerillas o un mechero
- Sal de mesa, una taza
- Harina blanca normal, una taza
- Agua, una taza
- Un cuenco grande
- La clara de un huevo
- Una cucharadita de semillas de amapola
- Un horno
- Cinta roja de 30 cm x 1 cm

MOMENTO DE APLICACIÓN: realiza este hechizo durante la luna creciente, en su fase más próxima a la luna llena.

PROCEDIMIENTO:

1 Forma un círculo en tu cocina según las pautas especificadas en las páginas 32-35. Enciende el horno y caliéntalo a 40 °C.

2 Enciende la vela roja y, pasando tus manos a cada lado de la llama de atrás hacia delante tres veces, declara:

Invoco al espíritu de la vida,
invoco al espíritu de la tierra.

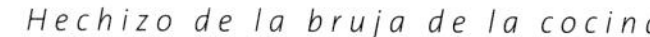

ritu del maíz de la cosecha previa, con el convencimiento de que preservar la harina de esta forma aseguraba el regreso del espíritu durante la siguiente cosecha. Pero con el paso del tiempo, la masa comenzó a ser horneada en forma de bruja buena, aparentemente con el fin de espantar a las llamadas «brujas malas» que podían estropear el maíz.

Elaborar esta figura no requiere demasiadas aptitudes artísticas, ya que invoca el simbolismo original de la masa: asegurar la abundancia. Tu bruja de la cocina no lucirá un sombrero puntiagudo ni llevará escoba, pero será mucho más poderosa que esas «ancianitas monas» que abundan en el mercado.

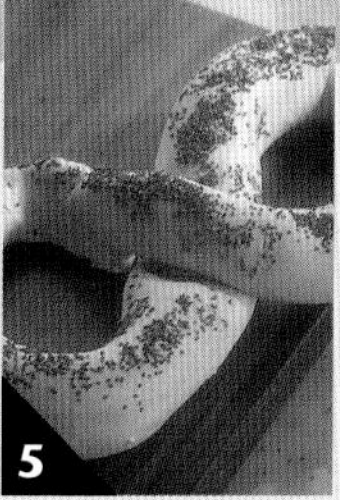

3 Vierte la sal y la harina en el cuenco y mezcla; luego agrega el agua hasta que la masa quede suave y flexible. Amasa durante al menos tres minutos, y mientras tanto recita las siguientes palabras:

Riqueza, bienestar,
abundancia, venid a mí.

4 Enrolla la masa para formar un tubo y dale la forma de un ocho.

5 Cúbrelo con la clara de huevo, y presiona las semillas de amapola sobre su superficie. Hornea. Te darás cuenta que la masa está cocida cuando al golpearla suene hueca. El tiempo de cocción depende de cada horno, así que comprueba el proceso con frecuencia. Cuando el «ocho» esté listo, retíralo y déjalo enfriar.

6 Pasa la cinta roja por uno de sus aros y cuelga la figura en tu cocina.

HECHIZO DE LA CORNUCOPIA ROMANA

PARA DESEAR SUERTE A UNA NUEVA CASA

FINALIDAD. Propiciar la llegada de la buena suerte a una nueva casa. Ideal para bendecir a una pareja que se traslada a su primer hogar compartido.

INFORMACIÓN ADICIONAL. La cornucopia o «cuerno de la abundancia» surge en el arte occidental durante la época renacentista con el fin de representar la prodigalidad. En sus orígenes se trataba de un símbolo romano, concretamente un cuerno mágico, que supuestamente prodigaba alimentos de forma continuada. En el arte religioso romano, comenzó a aparecer en manos de diosas, y adquirió tanta popularidad que acabó vinculado con varias deidades: Abundantia (abundancia), Spes (esperanza), Copia (riqueza), Ceres (crecimiento), Justitia (justicia) y Concordia (paz). La frecuencia con que aparece en la antigüedad y su gran popularidad como talismán para colgar del cuello reflejan, posiblemente, la eterna preocupación de los humanos de asegurarse suficientes recursos.

Otra costumbre que nos legaron los antiguos romanos se encuentra estrechamente ligada a la cornucopia: se trata del acto de llevar pan, sal y aceite a un nuevo hogar para garantizar que ninguno de estos ingredientes falte en el futuro. Este hechizo se basa en dicho ritual, y recurre al antiguo símbolo de la cornucopia para dar buena suerte al hogar.

CÓMO PRACTICAR EL HECHIZO

MOMENTO DE APLICACIÓN: trabaja durante la luna creciente para asegurar que los recursos no falten en tu casa, y cualquier día menos el sábado, día del frugal Saturno.

PROCEDIMIENTO:

1 Establece un círculo según las pautas especificadas en las páginas 32-35.

2 Enciende la vela y repite:

Invoco a Ceres,
diosa de la cosecha de maíz,
de la fertilidad y el crecimiento,
para que presencie y bendiga este hechizo.

3 Corta el panecillo por la mitad y vierte el aceite en el centro de una de las partes, exclamando:

Que fluya aquí la bondad.

Espolvorea la sal sobre la otra mitad, y repite la línea anterior.

4 Ata las mitades nuevamente con cáñamo y anuda, declarando:

Todo lo necesario queda sellado en esta casa.

Pliega el fieltro para formar un cono abierto, y cose con el hilo.

5 Introduce el pan en el cono, y cose la parte superior para cerrarlo por completo.

6 Guarda el amuleto en tu propio hogar, o regálalo a unos amigos que estrenen nueva casa, diciendo:

Lo que la abundancia ha conseguido
la abundancia bendecirá.

NECESITARÁS

- Una vela verde de 15-20 cm de altura
- Cerillas o un mechero
- Un cuchillo afilado
- Un panecillo
- Una cucharadita de aceite de oliva virgen
- Una pizca de sal
- 45 cm de cáñamo
- Una pieza cuadrada de fieltro rojo de 30 cm de lado
- Un ovillo de hilo rojo
- Una aguja de coser

HECHIZO DE LA PULSERA ROJA

PARA DESEAR BUENA SUERTE A UN RECIÉN NACIDO

FINALIDAD. Fabricar un amuleto que dé buena suerte a un recién nacido.

INFORMACIÓN ADICIONAL. Los cordeles y los hilos son muy importantes en la magia, en particular cuando representan la vida y el destino. En este hechizo —variante de una costumbre de diferentes puntos del planeta— simbolizan la fortuna futura de un recién nacido, por lo que deben ser tratados con gran respeto. Los antropólogos siempre han reparado en la trascendencia que se les daba a los cordeles en los rituales de pasaje de diversas culturas, y colocar una pulsera de la buena suerte a un recién nacido es una costumbre muy arraigada en todo el mundo. Las tradiciones que emplean hilo rojo utilizan este color para representar el poder, la salud y la longevidad, temas que forman parte de este hechizo de claro sabor celta.

Para este pueblo, la diosa Brígida es la protectora de todas las criaturas recién nacidas, y en su triple aspecto es sanadora, generadora de fuego y fuente de inspiración tanto para los poetas como para los artesanos. Está estrechamente vinculada a las triplicidades —elementos o situaciones que llegan en grupos de tres—, y en ocasiones aparece representada con una trenza tejida que decora su atuendo o enmarca su imagen. Aquí la invocaremos para que bendiga y conceda buena fortuna a una pulsera trenzada roja que regalaremos a un recién nacido.

CÓMO PRACTICAR EL HECHIZO

NECESITARÁS

- Un disco de carbón vegetal en un plato resistente al fuego
- Cerillas o un mechero
- Tres velas rojas de 15-20 cm de altura
- Tres tramos de 45 cm de largo de hilo de bordar grueso de color rojo
- Un lápiz
- Tres cucharaditas de incienso
- Tijeras
- Un vasito de agua
- Una pizca de sal

MOMENTO DE APLICACIÓN: trabaja durante la luna creciente para atraer la buena suerte, y en domingo, en honor a la apasionada Brígida.

PROCEDIMIENTO:

1 Establece un círculo según las pautas especificadas en las páginas 32-35.

2 Enciende el disco de carbón vegetal.

3 Enciende las tres velas de una en una, y recita las siguientes frases en cada operación:

Brígida, reina de los manantiales curativos. (Vela 1)
Brígida, reina de las hogueras. (Vela 2)
Brígida, reina de los creadores,
te saludo y doy la bienvenida. (Vela 3)

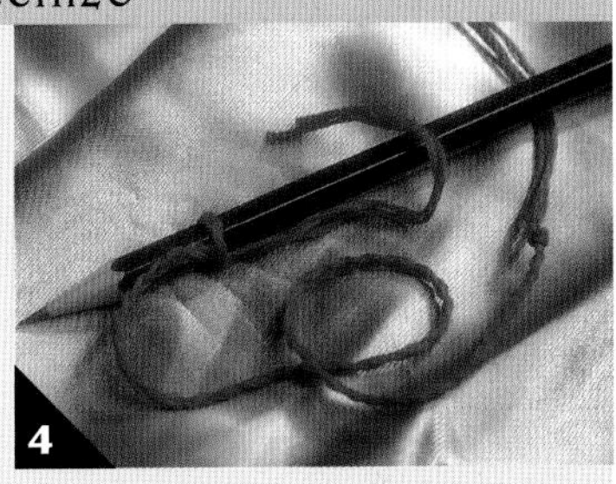

4 Ata las hebras a un lápiz y teje una trenza mientras exclamas:

Prolongada sea tu vida,
magnífica tu sombra
y dichoso tu corazón.

Anuda, y corta los hilos cuando la pulsera supere en 10 cm la medida de la muñeca del bebé.

5 Vierte el incienso sobre el carbón y pasa la trenza por el humo, declarando:

Aire para acelerar tu fortuna.

Pásala por el calor de la vela y continúa:

Fuego para apresurar tu poder.

Rocíala con agua, y agrega:

Agua para traerte amor.

Échale sal, y finaliza:

Que la tierra te envíe salud
y Brígida te acompañe en todos tus pasos.

6 Ata la pulsera alrededor de la muñeca del bebé; posteriormente quítasela y colócala bajo el colchón de la cuna.

HECHIZO DEL COLLAR DE BAYAS

PARA CONCEDER SALUD, RIQUEZA Y FELICIDAD

FINALIDAD. Bendecirte con salud, riqueza y felicidad.

INFORMACIÓN ADICIONAL. Las bayas son ingredientes versátiles, frecuentemente utilizados en mezclas de incienso y pociones. Dado que encierran energías mágicas, la práctica de la hechicería recurre a su simbolismo tradicional. ¡Pero no olvidemos que también enseñan un agradable aspecto cuando forman parte de un amuleto para el hogar! Este hechizo se basa en tradiciones vinculadas a las bayas de serbal de los cazadores, enebro y acebo,

CÓMO PRACTICAR EL HECHIZO

NECESITARÁS

- Una vela roja de 15-20 cm de altura
- Una vela verde de 15-20 cm de altura
- Cerillas o un mechero
- 120 cm de hilo negro
- Una aguja afilada
- Un cuenco
- 115 g de bayas de enebro secas
- 115 g de bayas de serbal de los cazadores secas
- 115 g de bayas de acebo secas

MOMENTO DE APLICACIÓN: trabaja durante la luna creciente y en martes, día sagrado para el protector Marte.

PROCEDIMIENTO:

1 Establece un círculo según las pautas especificadas en las páginas 32-35.

2 Enciende la vela roja y exclama:

Prevalezcan la salud y el corazón.

Enciende la vela verde y declara:

Riqueza y bienestar, os saludo.

3 Enhebra la aguja y pliega la hebra en dos.

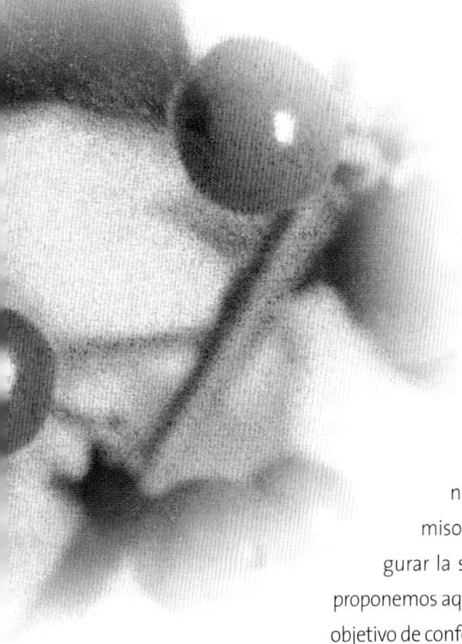

y emplea sus vibraciones mágicas en un amuleto para la salud, la riqueza y la felicidad.

Tradicionalmente, el serbal de los cazadores y el acebo repelen el mal, y sus bayas poseen propiedades particularmente protectoras. Por esa razón componen ciertas mezclas de inciensos para la protección y la purificación, y protegen de los ladrones si son colocadas junto a la puerta trasera de una casa. El acebo goza de una reputación similar, a pesar de que sus bayas tienen el poder de inhibir maldiciones y sellar compromisos amorosos. Sus propiedades más arcanas son asegurar la salud, la abundancia y la felicidad. El hechizo que proponemos aquí recurre a estas influencias menos conocidas con el objetivo de confeccionar un talismán que atraiga las tres cualidades.

4 Introduce las bayas de enebro en el cuenco y con las palmas de la mano hacia abajo, apoyadas sobre ellas, exclama:

Bayas de casa negra,
nunca retengáis vuestra abundancia.

Repite con las bayas de serbal y declara:

Serbal, en tu casa de sangre
protege mi salud y hazme el bien.

Repite con las bayas de acebo y agrega:

Bayas de acebo, por mi bien,
traed felicidad y alegría.

5 Atraviesa las bayas con el hilo en el orden antes estipulado y recita:

Tres cosas magníficas deseo poseer
salud, riqueza y felicidad.
Mostraros y creced: salud, riqueza y
felicidad en este orden.

Cuando hayas cubierto todo el hilo, anuda un extremo con otro y pásalo por encima de tu cabeza. Camina hacia el centro de tu casa, y cuelga el collar en el punto más elevado.

5

6

Hechizos para la protección y las bendiciones

INTRODUCCIÓN A LOS HECHIZOS PARA LA PROTECCIÓN Y LAS BENDICIONES

Durante siglos, las sociedades occidentales han valorado el poder de bendecir y proteger, pero también lo han temido. La razón es que la naturaleza de la magia casi siempre ha sido incomprendida. Existe la creencia de que los rituales y los encantamientos para bendecir y proteger son absolutos, es decir, que una vez que una persona o un objeto son bendecidos resultan totalmente inmunes a los males del mundo. Sin embargo, se trata de una idea muy peligrosa tanto para quienes se creen invencibles por acción de la magia como, en particular, para quienes practican los hechizos, ya que cargan con todas las culpas cuando las cosas salen mal. En el pasado, esta última tendencia acabó por provocar que las personas se acusasen mutuamente de «maldecir» o incluso de «matar» cuando su intención original había sido la de proteger o curar.

El miedo y la mala interpretación de la habilidad mágica de proteger o bendecir surgen de la creencia errónea de que la facultad de bendecir también encierra la capacidad de maldecir. De ahí nacen el temor y la resistencia a la magia y, en el pasado, la persecución. Pero si lo analizamos detalladamente descubriremos que esta clase de pensamiento deriva de una mentalidad —bastante generalizada— que ve todos los aspectos de la existencia en «blanco y negro» y divide al mundo en dos opuestos: positivo y negativo. Pero la magia no actúa según dichos principios, y los talismanes para la protección y las bendiciones son exactamente lo que proclaman. Ni más ni menos.

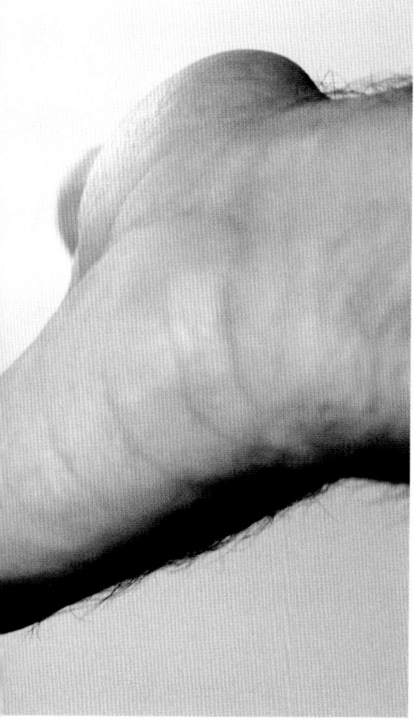

Los rituales de protección no son maldiciones, sino herramientas que permiten aprovechar el poder de la magia para proporcionar garantías y evitar que las personas deshonestas, rencorosas o falsas hagan daño a otras. Del mismo modo, las bendiciones no son dispositivos seguros que protegen a los arrogantes y los tontos, sino que deberíamos interpretarlos como mensajes enviados a la red mágica por alguien que respeta el poder del espíritu y desea ser bendecido, o que pretende bendecir a quien de verdad lo necesita.

Ten la certeza de que los hechizos incluidos en esta sección no son el reverso de un aspecto más siniestro de la magia; y nunca olvides que el simple hecho de invocar protección no supone que estés maldiciendo a nadie. Ninguno de los objetivos de los hechizos de esta sección debería preocuparte, ya que entre ellos hay para bendecir tu hogar o a un bebé recién nacido, y también para desear buena suerte a una pareja que inicia una vida en común. También descubrirás hechizos y magia para proteger tu hogar del robo y la intromisión, para combatir el engaño, para rechazar atenciones no deseadas y para desviar el rencor.

Al término de este capítulo del libro hemos incluido un hechizo muy especial que las brujas conocen a la perfección, y cuyo objetivo es reunir fuerzas para afrontar la adversidad en momentos problemáticos.

HECHIZO DEL OJO MEXICANO

PARA PROTEGER CONTRA EL MAL DE OJO

FINALIDAD. Desviar los malos deseos.

INFORMACIÓN ADICIONAL. El «Ojo de Dios», símbolo empleado en este hechizo, es un elemento protector muy antiguo. El pueblo huichol de México tejía este símbolo para rechazar el mal a través de él e invocar la protección sobrenatural. En otras partes de Suramérica, África y Oriente se han hallado diferentes elementos con idéntica finalidad. Existen muchas formas de representar el Ojo de Dios —una de las más frecuentes es un ojo redondeado con iris horizontal y rodeado por un rayo de sol—, pero la imagen más simple y común es la que aparece en los ejemplares tejidos, similares al que confeccionaremos en este hechizo.

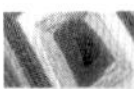

CÓMO PRACTICAR EL HECHIZO

NECESITARÁS

- Un disco de carbón vegetal en un plato resistente al fuego
- Una vela anaranjada de 15-20 cm de altura
- Cerillas o un mechero
- Una cucharadita de incienso
- Dos ramitas de roble de 20 cm de largo
- Ovillos de lana de los siguientes colores: negro, rojo, anaranjado, amarillo, verde, turquesa y azul celeste
- Una pizca de canela

MOMENTO DE APLICACIÓN: trabaja en domingo para honrar al patrón de este hechizo, y en luna creciente para absorber toda su fuerza.

PROCEDIMIENTO:

1 Establece un círculo según las pautas especificadas en las páginas 32-35.

2 Enciende el carbón, luego la vela y exclama:

Poderoso Sol,
ojo que todo lo ve,
brilla sobre todos los enemigos
que bajo el cielo viven;
encuéntralos,
aniquila el mal.

En todo el mundo se cree en el *mal de ojo*, que es la capacidad de causar daño a otra persona mirándola con mala intención. Precisamente es el miedo a ese poder el que se encarga de «lanzar» la maldición, dado que inquietarse por las maldiciones no hace más que concederles mayor trascendencia. Pero así como resulta sencillo recomendar a alguien que no se inquiete, es muy difícil para él o ella ignorar sus miedos, y por ese motivo el siguiente hechizo se ocupa de centrar la mente en una sensación de seguridad a partir de la invocación al sol y su protección. Mientras tejes tu Ojo de Dios, intenta cantar o tararear para elevar las vibraciones mágicas y fortalecer el hechizo.

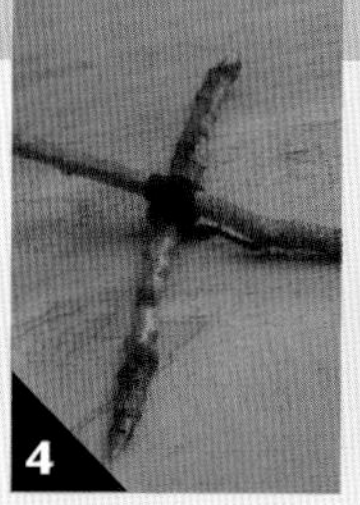

4

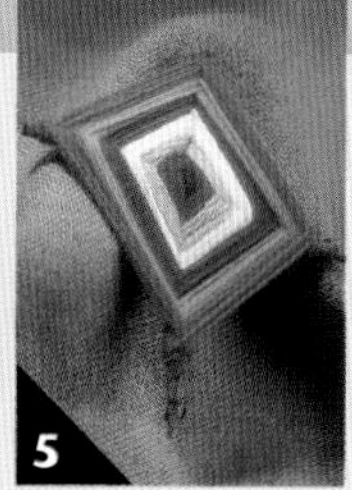

5

3 Quema el incienso en el carbón.

4 Cruza las ramas formando cuatro ángulos rectos, y átalas en el centro con lana negra.

5 Teje nueve vueltas de cada color en el orden antes mencionado, pasando la lana por debajo y alrededor de cada una de las cuatro «varillas» sucesivamente; de esta manera, la lana enrollada alrededor de las ramas destacará sobre la tejida entre los ángulos interiores.

6 Cuando termines, ata con firmeza. Vierte la canela sobre el carbón y perfuma tu Ojo de Dios en el humo, declarando:

Te sello y te proclamo
para que nadie te difame.

Cuelga el talismán sobre tu cama.

HECHIZO DE LA BOCA DE DRAGÓN

PARA PROTEGER CONTRA EL RENCOR

FINALIDAD. Proteger contra el rencor de terceras personas.

INFORMACIÓN ADICIONAL. La boca de dragón, o *Antirrhinum majus,* es una flor que a los niños les encanta, ya que al apretar la base del capullo, la «boca» se abre y cierra. Se la considera notablemente protectora de quienes demuestran un corazón puro, y demuestra un gran poder a la hora de rechazar el rencor de terceras personas. Esta flor, que también goza de gran popularidad entre las abejas, se desarrolla en diversos colores, entre los cuales destacan los amarillos y los rojos intensos... ¡todas ellas tonalidades del dragón!

De niña me encantaba jugar con estas flores, que crecían en los jardines de las casas que encontraba de camino a los parques. Mis amigas y yo nos desafiábamos a coger los pimpollos. Cuando tuve mis propios hijos, me agradó descubrir que también sienten fascinación por estas flores. Todavía es posible verles persiguiéndose y rugiendo, esgrimiendo sus «bocas de dragón» en la mano. ¡Al parecer, los niños saben de forma instintiva dónde reside la magia!

CÓMO PRACTICAR EL HECHIZO

MOMENTO DE APLICACIÓN: realiza el hechizo durante la luna menguante para repeler, y en martes, día del implacable y fogoso Marte.

PROCEDIMIENTO:

1 Establece un círculo según las pautas especificadas en las páginas 32-35.

2 Enciende el carbón y luego la vela roja.

3 Calienta la punta del clavo en la llama de la vela y utilízala para trazar, a un lado de la vela y a 2,5 cm de la mecha, un triángulo equilátero con un vértice hacia arriba.

4 Quema el romero en el carbón.

5 Introduce flores de boca de dragón en la bolsita, de una en una, recitando las siguientes líneas (una por cada flor):

Poder del uno, poderoso sol;
poder del dos, sé bueno y fiel;
poder del tres, aguijón de la abeja;
poder del cuatro, deplora el daño;
poder del cinco, voz de la colmena;
poder del seis, abstente del mal, y
antes del siete, que el daño desaparezca.

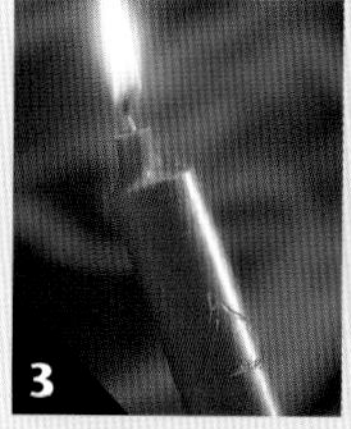

3

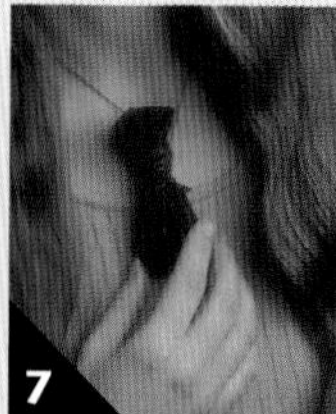

7

NECESITARÁS

Un disco de carbón vegetal en un plato resistente al fuego

Una vela roja de 15-20 cm de altura

Cerillas o un mechero

Un clavo de albañilería

Una cucharadita de romero seco

Siete flores de boca de dragón

Una bolsita roja de 5 x 5 cm

60 cm de cordel fino

6 Coge la bolsita entre tus palmas y visualiza su poder como el fuego de un dragón, preparado para arremeter contra todo el rencor y la perversidad que se le acerque. Pasa la bolsa por el humo del incienso para sellarla.

7 Átale el cordel y llévala colgada al cuello para tu protección personal, o cuélgala en tu casa para proteger a tu familia o las personas que viven bajo tu mismo techo.

HECHIZO DEL GUARDIÁN DE HIERBAS

PARA PROTEGER TU HOGAR DE LOS ROBOS

FINALIDAD. Disuadir a los ladrones.

INFORMACIÓN ADICIONAL. Los talismanes para proteger contra los robos se remontan a siglos atrás, y las tradiciones relacionadas con los guardianes de las casas, a miles de años. Muchos hechizos antiguos destinados a repeler a los ladrones recurren tanto a las hierbas como al simbolismo de la magia y la religión. Sin embargo, la creación de un guardián para el hogar parte de una técnica mágica denominada «creación de dios». Este hechizo recurre a procedimientos relacionados con las plantas y también con la técnica antes mencionada.

Las bayas de enebro, muy conocidas en el ámbito de la magia por su poder para rechazar las malas intenciones, también son consideradas buenas protectoras contra los robos. Aquí introducirás una baya en una figurita de cera, y dentro de ella tu intención de rechazar a todos los ladrones. Puesto que la baya de enebro constituirá su «corazón», puedes tener la certeza de que el único objetivo del guardián que confecciones será la protección de tu hogar y tu propiedad. Para este hechizo debes confeccionar un molde de arcilla donde formarás la figura de tu Guardián de Hierbas. Dado que uno de sus brazos (el derecho) debe esgrimir una espada en miniatura, deberás darle suficiente grosor como para que puedas atravesarlo con una aguja sin que la extremidad se rompa. Para ello necesitarás práctica y mucha perseverancia.

CÓMO PRACTICAR EL HECHIZO

Momento de aplicación: realiza el trabajo durante la luna menguante y en sábado, día dedicado a Saturno el expulsor.

PROCEDIMIENTO:

1 Antes de formar el círculo, con la arcilla crea el molde de una figura humana de aproximadamente 10 cm de altura, y colócala sobre el plato. Prepara la cera, colocando el bote en una cazuela de agua hirviendo sobre un fuego de la cocina. Introduce las velas en el bote para que se derritan.

2 Establece el círculo según las pautas especificadas en las páginas 32-35.

3 Enciende la vela negra y exclama:

Como los anillos de Saturno rodean el todo,
proteja mi guardián esta casa.

4 Vierte la cera en el molde y espolvoréala con salvia. Mientras esperas que solidifique, recita:

Las malas acciones y las malas palabras
sean eliminadas mediante tu espada.

5 Cuando la cera se encuentre prácticamente sólida, coloca la baya de enebro en el lugar que ocuparía el corazón de la figura, y clava el ojo de la aguja en su «mano», con la punta hacia fuera.

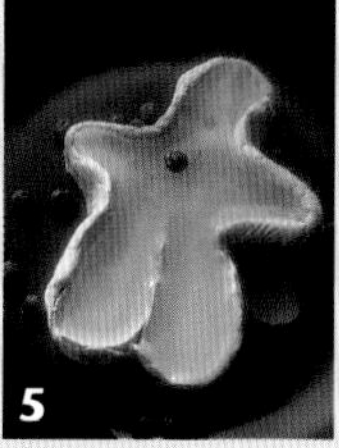
5

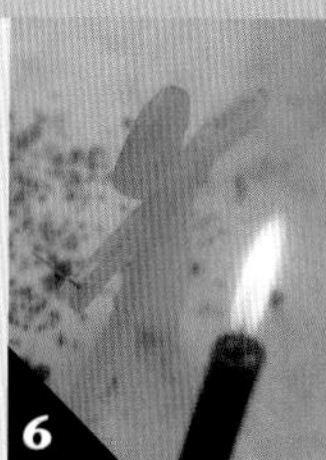
6

NECESITARÁS

- Una bola de arcilla blanda
- Un plato resistente al calor
- Un bote de cristal
- Una cazuela de agua hirviendo
- Doce velas domésticas
- Una vela negra de 15-20 cm de altura
- Cerillas o un mechero
- Una cucharadita de salvia picada
- Una baya de enebro
- Una aguja de coser

6 Una vez que la figura se haya solidificado por completo, deja de recitar. Apaga la vela y entierra al guardián en los alrededores de tu propiedad, con la espada apuntando hacia fuera y la vela a su lado.

HECHIZO DE LA ESPADA

PARA PROTEGER CONTRA TODO TIPO DE INTROMISIÓN

FINALIDAD. Defender contra la intromisión. Este hechizo ha sido utilizado por las brujas durante mucho tiempo para proteger sus hogares y lugares de reunión.

INFORMACIÓN ADICIONAL. La técnica básica de este hechizo, la visualización, es utilizada, en mayor o menor medida, en muchos otros. Si alguna vez te acusaron de soñar despierto durante tu infancia, es muy probable que te resulte muy sencillo visualizar en un contexto mágico. En el campo de la magia, las técnicas de visualización siempre resultan de gran valor porque favorecen la concentración en la finalidad del hechizo y, al mismo tiempo, ayudan a cargarlo con la intención de quien lo practica. Una forma avanzada de esta técnica consiste en crear una forma de pensamiento.

Cuando recurrimos a una forma de pensamiento que se parece a nosotros mismos (característica de la magia de los espejos), hablamos de una *aparición*. Sin embargo, en este hechizo debes crear un cuerpo de energía en forma de objeto: una espada, símbolo de la defensa. La técnica no es complicada, pero requiere concentración y disciplina; por tanto, sería interesante que practicases durante algún tiempo la técnica de visualización en el interior de un círculo hasta que seas capaz de mantener la concentración necesaria para cumplir con el objetivo de este conjuro.

CÓMO PRACTICAR EL HECHIZO

NECESITARÁS

- Un disco de carbón vegetal en un plato resistente al fuego
- Cerillas o un mechero
- Nueve velas de té en recipientes de seguridad
- Una cucharadita de artemisa
- Una cucharadita de díctamo crético

MOMENTO DE APLICACIÓN: trabaja durante la luna nueva (oscura) para reforzar el hechizo.

PROCEDIMIENTO:

1 Establece un círculo según las pautas especificadas en las páginas 32-35.

2 Enciende el carbón.

3 Siéntate en el suelo, en el centro del círculo, de cara al norte. Antes de encender las velas de té, colócalas en puntos equidistantes formando una circunferencia a tu alrededor.

4 Vierte la mezcla de artemisa y díctamo sobre el carbón, y respira la esencia.

5 Cierra los ojos, ralentiza la respiración y déjate llevar por tu oscuridad interior. Cuando te sientas preparado, imagina un escudo situado al norte del círculo; al este, una varita mágica; al sur, una espada, y al oeste, un cáliz. Permite que las imágenes del escudo, la varita mágica y el cáliz se fundan en la de la espada. Visualiza que el arma pasa por encima de tu cabeza hacia el frente, con la punta hacia abajo. Indica mentalmente a la espada que proteja tu hogar, girando en un arco vertical. Con el poder de tu mente desplaza la espada giratoria hacia el límite frontal de tu casa.

6 Para asegurar que su fuerza se renueve de forma constante, todas las noches, antes de irte a la cama, imagina que la espada gira en el sitio donde la has situado.

HECHIZO DEL RAMILLETE DE HIERBAS

PROTECCIÓN CONTRA ATENCIONES NO DESEADAS

FINALIDAD. Rechazar todas las atenciones no deseadas.

INFORMACIÓN ADICIONAL. Un gran número de hechizos apuntan a atraer pretendientes, llamar la atención de colegas de trabajo influyentes y hacer nuevas amistades. Pero debido a que la vida es muy complicada, la tradición mágica también nos proporciona herramientas para desviar la atención de nosotros en caso de que no la deseemos. Este hechizo, creado para repeler este tipo de interés, puede ser utilizado con diversos objetivos. Posiblemente tengas un pretendiente que no te interesa, o quisieras escapar de la atención de un matón o una personalidad desagradable. Este hechizo no te hará invisible en ciertas situaciones —asumámoslo: nadie con un ramillete de hierbas en la solapa puede pasar inadvertido—, pero el poder de las hierbas y de tus intenciones actúan como un escudo que repele a quienes deseas evitar. Lucir el talismán del ramillete de hierbas creado por este hechizo supone declarar mágicamente el deseo de que la persona o las personas que estás evitando no invadan tu espacio privado. Recuerda que cuando una persona revela demasiado claramente lo que encierra su corazón, al final queda mucho más expuesta y se siente vulnerable; y que, por el contrario, quien lleva estas hierbas en la solapa consigue proteger su corazón y su integridad, y transmitir un mensaje claro: «¡Aléjate de mí!».

CÓMO PRACTICAR EL HECHIZO

NECESITARÁS

Una vela roja (para Marte) o una vela negra (para Saturno) 15-20 cm de altura

Cerillas o un mechero

Una ramita de brezo blanco

Una ramita de tomillo

22,5 cm de cáñamo natural

Un poco de algodón absorbente

Un plato con agua

Papel de aluminio

MOMENTO DE APLICACIÓN: la luna menguante o nueva es la más propicia para este hechizo, y el sábado —por el severo Saturno— o el martes —por el defensivo Marte— son los días más favorables.

PROCEDIMIENTO:

1 Establece un círculo según las pautas especificadas en las páginas 32-35.

2 Enciende la vela y exclama:

[Marte/ Saturno] aquí te honro.
No permitas que se acerque ningún enemigo
cuya presencia me cause temor.

3 Ata las ramas de brezo y tomillo con el cáñamo. Introduce el algodón absorbente en el agua y apriétalo para quitar el exceso de líquido. A continuación aplícalo sobre las raíces del brezo y el tomillo. Cubre el algodón con papel de aluminio.

4 Coge el ramillete frente a la llama de la vela, visualizando a la persona o personas que deseas evitar, como si ya hubiesen sido rechazados.

5 Repite el siguiente conjuro nueve veces sobre el ramillete:

Cardea
Ouvret
Allaya
Dixet.

6 Ponte el ramillete de hierbas en la solapa hasta que pierda lozanía; luego seca las hierbas y arrójalas a una hoguera al aire libre para sellar el hechizo.

HECHIZO DEL *TRISKELION*

PARA PROTEGER A UN VIAJERO

FINALIDAD. Protegerte en tus viajes.

INFORMACIÓN ADICIONAL. El término *triskelion* procede del griego, y significa «con tres patas». Se trata de un símbolo muy antiguo al que se le han adjudicado diversos significados con el paso de los siglos, y que inevitablemente se relaciona con la misteriosa naturaleza de las triplicidades. El *triskelion* de este hechizo recurre a la leyenda de Manx con la que más se lo relaciona, para proporcionar a los viajeros un talismán que les ayude a recobrarse en caso de que surgieran dificultades durante su viaje.

Ellan Vannin, o isla de Man, es conocida por su mezcla de historia vikinga y celta. Su insignia principal, el *triskelion*, se remonta al inicio de los tiempos —las primeras representa-

CÓMO PRACTICAR EL HECHIZO

NECESITARÁS

- Una vela de color azul claro de 15-20 cm de altura
- Cerillas o un mechero
- Una concha de vieira, perforada
- Un pincel fino
- Un tubo de pintura al aceite de color bermellón
- 60 cm de cordel fino negro

MOMENTO DE APLICACIÓN: trabaja durante la luna creciente y en domingo, día sagrado para el Sol.

PROCEDIMIENTO:

1 Establece un círculo según las pautas especificadas en las páginas 32-35.

2 Enciende la vela y exclama:

Manannán de las aguas,
Manannán el viajero,
cuida bien de [nombre]
para que con salud partan
y con salud regresen.

3 En el interior de la concha pinta el contorno de un *triskelion*.

ciones de este símbolo se localizan en tallas prehistóricas sobre roca halladas en Italia—, pero se relaciona con una leyenda de lo más intrigante. El mago Manannán protegía la isla mediante nieblas mágicas. Percibiendo el advenimiento del cristianismo y la inminente llegada de una nueva era, convirtió a sus seguidores en *triskelions* y los envió a Snaefell, la montaña más elevada de la isla de Man, y de allí al mar, para que morasen en un reino bajo las olas. Este relato de transformación y supervivencia dio origen al refrán *Quocunque Jeceris Stabit,* que en el folclore manés se traduce como: «Allí donde nos lances, permaneceremos».

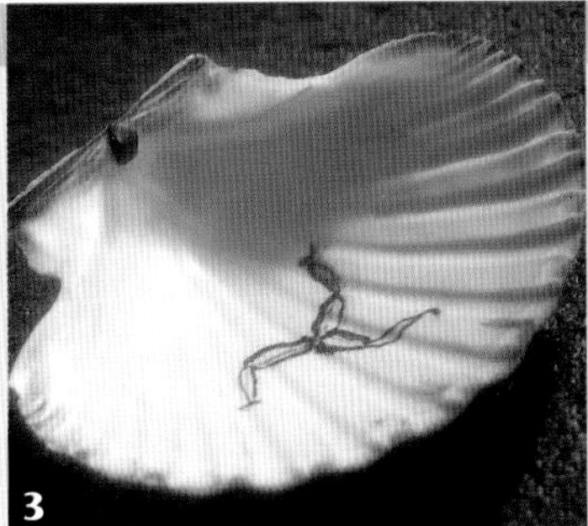

3

4 Siéntate en el centro del círculo, y apoya la concha vuelta hacia arriba sobre tu palma derecha, que a su vez debe descansar sobre tu palma izquierda. Cierra los ojos y visualiza que el *triskelion* que has pintado gira en el sentido de las agujas del reloj cada vez más de prisa, hasta que su imagen pierda nitidez.

5 Cuando te consideres preparado, sopla sobre la concha para bendecirla con el poder del aire. Una vez que la pintura se seque, pasa el cordel por el orificio del nácar, e introdúcelo en agua salada natural en la primera oportunidad que se te presente.

6 La persona que requiera los poderes protectores del *triskelion* debe llevarlo colgado al cuello.

HECHIZO DE LA «MADERA DE BRUJA»

PARA DISIPAR LAS MALAS INTENCIONES

FINALIDAD. Alejar el mal.

INFORMACIÓN ADICIONAL. Según los magos, el serbal de los cazadores ofrece protección mágica de máximo nivel. Diversos refranes antiguos hacen referencia a este árbol, casi todos ellos aludiendo a su poder para disipar el mal y proteger de las adversidades a quienes utilicen su madera.

También se cree que el serbal aleja a las brujas, una idea que se remonta a la época en que la palabra bruja era sinónimo de maldad. Sin embargo, y a pesar de que hasta ahora el árbol que nos ocupa no ha conseguido mantener alejada a ninguna de ellas, las brujas reconocen su excelente reputación y lo llaman «madera de bruja».

Los serbales son árboles espléndidos que crecen rápidamente si son plantados cerca de otros formando bosquecillos, dado que actúan como protectores de los ejemplares nuevos de otras especies de más lento crecimiento y menor resistencia. Necesitan mucho aire y luz, y por lo general crecen en zonas elevadas; son muy comunes, por ejemplo, en las Highlands escocesas. Viven hasta doscientos años y son mucho menos proclives a la enfermedad y las roturas que muchos otros árboles. Y es precisamente esa dureza la que los convierte en un apropiado símbolo de resistencia y protección.

CÓMO PRACTICAR EL HECHIZO

NECESITARÁS

Un disco de carbón vegetal en un plato resistente al fuego

Una vela roja de 15-20 cm de altura

Cerillas o un mechero

Una sección de 5 cm de una rama pequeña de serbal de los cazadores, perforada a 1 cm de su extremo superior

Un cuchillo afilado para tallar

90 cm de lana roja

Momento de aplicación: realiza este hechizo durante la luna nueva en otoño, para incrementar tu escudo protector. Selecciona una ramita y sella el borde cortado.

PROCEDIMIENTO:

1 Establece un círculo según las pautas especificadas en las páginas 32-35.

2 Enciende el carbón y después la vela. Corta una hebra de lana de 10 cm y pásala por encima de la llama, exclamando:

Mientras esta llama disuelve la hebra,
se impondrá la madera del serbal.

3 Arranca la corteza y échala sobre el carbón para que arda. Corta un trocito de la madera, justo debajo del orificio que has perforado en la rama, y procura que la superficie descubierta quede plana.

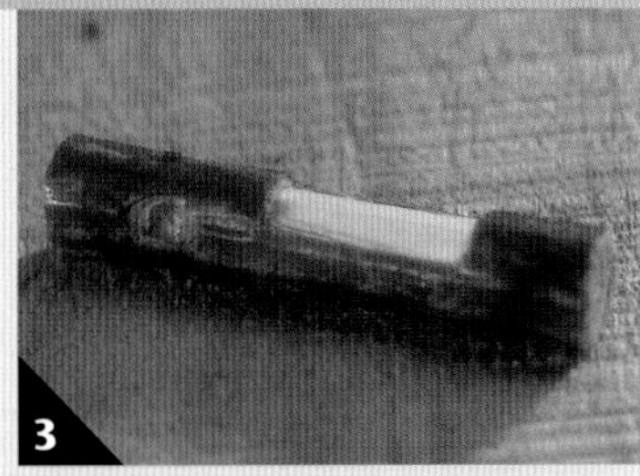

3

6

4 Sobre dicha superficie talla ahora un triángulo equilátero que apunte hacia arriba, con una línea horizontal atravesando su centro.

5 Sujeta el colgante sobre la corteza ardiente y declara:

Que entre el bien
y el mal escape;
que mi buena mano
resista el mal.

6 Enrolla la lana tres veces alrededor del extremo superior del talismán y átala; luego pásala por el orificio: de esta forma te lo podrás colgar del cuello.

HECHIZO DE LA RUNA DAEG

PARA COMBATIR EL ENGAÑO

FINALIDAD. Ayudarte a detectar claramente las mentiras y el engaño.

INFORMACIÓN ADICIONAL. Daeg, runa en la que se basa este hechizo, es uno de los ocho símbolos que conforman el último tercio de la antigua escritura rúnica, integrada por veinticuatro caracteres. Este grupo, llamado *Tyr's aett*, es el más vinculado a las cuestiones y características humanas. Puesto que Tyr es un dios de la justicia y gran defensor frente al mal, todas estas runas encierran parte de esa esencia en su naturaleza. En el caso de daeg —literalmente, «día» o «luz del día»—, los males que combate están relacionados con el engaño y la necesidad de ver las cosas claras.

A lo largo de la vida tendemos a fiarnos cada vez menos de los demás si ya hemos experimentado el engaño alguna vez. Y en ocasiones resulta realmente sabio, porque como dice el refrán: «Si un hombre me engaña una vez debería darle vergüenza. Si me engaña dos veces, debería darme vergüenza a mí». Sin embargo, a veces necesitamos un poquito de ayuda para «entrenar» nuestros instintos, y para eso recurriremos al hechizo de la runa daeg.

Daeg representa la claridad de visión y la capacidad para dar un giro de 180° a nuestras ideas cuando es necesario, además de estar relacionada con la necesidad de cambio. Por esta razón se convierte en la runa ideal si deseas protegerte de los engaños perpetrados por otras personas.

CÓMO PRACTICAR EL HECHIZO

3

NECESITARÁS

Una vela anaranjada o dorada de 15-20 cm de altura

Cerillas o un mechero

Un trozo de tiza blanca

Un fragmento de pizarra o piedra del tamaño de un posavasos (mínimo)

Un salero con orificio grande

Momento de aplicación: realiza este hechizo durante la luna creciente y en domingo, día del Sol, que todo lo ve.

PROCEDIMIENTO:

1 Establece un círculo según las pautas especificadas en las páginas 32-35.

2 Enciende la vela y susurra el nombre de la persona que, en tu opinión, te está engañando, lo suficientemente cerca de la llama como para hacerla parpadear.

3 Coge la tiza y dibuja la runa daeg sobre el fragmento de pizarra o piedra. Échale encima la sal en una línea continua, siguiendo el trazo de la tiza.

4 Sujétalo frente a la vela, declarando:

Que lo escondido
sea descubierto
y [nombre del supuesto mentiroso] diga la verdad.

5 Elimina la sal de un soplo y enseña la runa de tiza a la llama de la vela.

6 Deja la runa de tiza al aire libre hasta que la lluvia la borre. Deberías descubrir la verdad de la situación en el plazo de tres ciclos lunares.

HECHIZO DEL MUÑECO DE HIERBAS

PARA PROTEGER CONTRA LAS PRIVACIONES

FINALIDAD. Proteger contra las privaciones.

INFORMACIÓN ADICIONAL. En este hechizo recurriremos a un muñeco (en ocasiones conocido como *fith-fath*), antigua técnica mágica que personifica un deseo o a una persona. Se trata de una figura de forma humana, confeccionada a partir de dos piezas de tela cortadas y cosidas a las que se les añade relleno. Un antiguo conjuro para alejar a las personas molestas, por ejemplo, consiste en rellenar el muñeco con ortigas y espinas. Este hechizo se basa en un principio similar, pero su objetivo es evitar las incomodidades de las privaciones en lugar de repeler a una persona molesta.

Las hierbas empleadas en este caso destacan por sus propiedades para «llamar» a la buena fortuna y alejar el mal. Los dientes de león resultan particularmente beneficiosos para atraer

CÓMO PRACTICAR EL HECHIZO

NECESITARÁS
Una vela negra de 15-20 cm de altura
Cerillas o un mechero
Un disco de carbón vegetal en un plato resistente al fuego
Dos trozos de tela cortados idénticamente en forma humana, de aproximadamente 15 cm de altura
Una aguja de coser
90 cm de hilo de algodón negro
Un manojo grande de dientes de león secos
Un manojo grande de tomillo seco
Tres cabezas de cardo finamente picadas

MOMENTO DE APLICACIÓN: trabaja durante la luna menguante para disipar la negatividad y alejar las privaciones.

PROCEDIMIENTO:

1 Establece un círculo según las pautas especificadas en las páginas 32-35.

2 Enciende el carbón y luego la vela. Quema un poco de cada hierba en el carbón.

3 Cose las dos piezas de tela siguiendo su contorno pero dejando la cabeza abierta. Mientras tanto, canta:

> *Protege mi riqueza y mi bienestar;*
> *que nadie envidie, nadie robe.*

la compañía de buenos amigos durante tiempos difíciles; los cardos son considerados altamente protectores, y el tomillo es reconocido por su capacidad para repeler la negatividad.

Antes de realizar el hechizo debes recoger todas estas hierbas en el campo y dejarlas secar de forma natural.

No importa dónde guardes el muñeco, siempre que no salga de tu hogar o caiga en manos de quien te envidia. Si sucede alguna de esas dos cosas, vuelve a practicar el hechizo lo antes posible, ya que todo el bien que has conseguido habrá sido eliminado por esta interferencia.

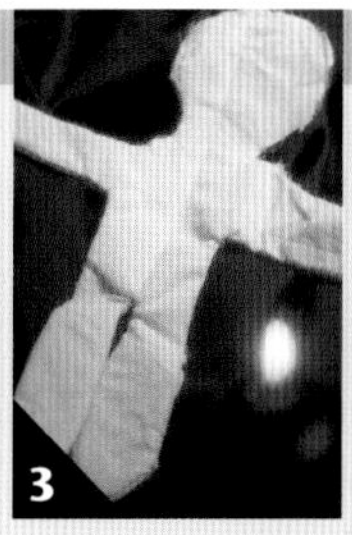
3

4

Rellena las piernas con diente de león y exclama:

Camina por la senda de la fortuna.

Rellena el resto del cuerpo con el tomillo y continúa:

Protege todo lo que necesito.

Ahora rellena la cabeza con el cardo y finaliza:

Protégeme contra la ira,
la avaricia y la codicia.

4 Cose la cabeza. Posteriormente borda los ojos y la boca del muñeco.

5 Sostén la figura sobre el humo del incienso y enséñalo a la llama de la vela, exclamando:

No respetes más voluntad que la mía.

6 Guarda el muñeco en tu casa, en un lugar seguro, y ocúltalo de las miradas envidiosas.

HECHIZO DE LA CHIMENEA

PARA BENDECIR TU HOGAR

FINALIDAD. Bendecir tu hogar y a todos los que viven en él.

INFORMACIÓN ADICIONAL. Desear buena fortuna para nuestro propio hogar resulta tan natural que los humanos ya hemos creado cientos de hechizos para ello. Éste en particular reúne los requisitos necesarios, y forma parte de esta sección por su extrema simplicidad y belleza. Pero ¿por qué un hechizo de la chimenea? Porque desde tiempos inmemoriales la chimenea ha sido considerada el corazón del hogar. Invocaremos a la diosa celta del fuego, Brígida, para que bendiga tu casa; por esa razón, el símbolo que confeccionarás como parte del hechizo suele recibir el nombre de cruz de Brígida.

CÓMO PRACTICAR EL HECHIZO

NECESITARÁS

- Un disco de carbón vegetal sobre un plato resistente al fuego
- Una vela roja de 15-20 cm de altura
- Cerillas o un mechero
- Una cucharadita de resina de benjuí
- Doce ramitas rectas de aproximadamente 15 cm de largo
- Un ovillo de cáñamo natural
- Una pizca de canela

MOMENTO DE APLICACIÓN: realiza este hechizo durante la luna creciente para favorecer las bendiciones; el domingo y el lunes son los días más convenientes.

PROCEDIMIENTO:

1 Establece un círculo según las pautas especificadas en las páginas 32-35.

2 Enciende el disco de carbón y la vela, y di:

Santa Brígida de la llama sagrada,
bendice el talismán que confecciono en tu nombre.

Quema un poco de benjuí.

3 Divide las ramas en cuatro grupos de tres, y átalas con el cáñamo para formar un cuadrado

Cuando todas las casas contaban con chimeneas abiertas, el fuego se convertía en el centro de cocción, secado, calor, luz y compañía. En la actualidad, en las casas más antiguas los calentadores de gas o eléctricos han sustituido a la chimenea abierta alimentada de carbón, turba o leña; en otras palabras, es probable que tu sistema de calefacción actual esté ocupando el lugar de la chimenea antigua. Ahora bien: si tu casa ha sido construida con calefacción central y sin chimenea abierta, tendrás que decidir cuál es el punto central de la vivienda. Piensa en un lugar en el que todos se reúnan y que, intuitivamente, te parezca el corazón de tu hogar. Allí es donde deberás colgar el talismán.

de 5 cm de lado. Para ello tendrás que coger un primer grupo de tres ramas y unirlo a un segundo conjunto, formando un ángulo recto.

4 Repite el procedimiento hasta armar una figura en la que el cuadrado ocupe la posición central. Ata el extremo inferior de las ramas con cáñamo para que no se separen.

5 Quema más benjuí en el carbón y añade la canela para perfumar el *Bridiog* o cruz de Brígida en el humo, declarando:

Invoco a los cuatro vientos
para que respiren suavemente sobre esta casa;
a la bendición de Brígida apelo.

6 Cuelga la cruz de Brígida sobre la chimenea.

HECHIZO DE LA CUNA DE LAUREL

PARA BENDECIR Y PROTEGER A UN RECIÉN NACIDO

FINALIDAD. Bendecir a un recién nacido.

INFORMACIÓN ADICIONAL. Las hojas del laurel, o *Laurus nobilis*, son muy conocidas por su uso culinario, pero en el ámbito de la magia destacan por sus propiedades positivas y protectoras. El laurel suele ser incluido en inciensos para inducir a las visiones, o en amuletos o bolsitas con fines curativos y de protección. En ocasiones también es espolvoreado sobre el suelo formando un círculo, para combatir la negatividad.

En este hechizo utilizaremos el laurel con fines protectores, aunque también para aprovechar sus múltiples beneficios. Su capacidad para disipar los malos pensamientos e intenciones es legendaria, y sus saludables propiedades la convierten en una hierba muy beneficiosa para proteger y bendecir a un recién nacido. El laurel destaca, además, por invocar las energías de su regidor planetario —el Sol— y todas sus ventajas asociadas, como la salud, el éxito, la prosperidad y la alegría. En términos mágicos, es sinónimo de éxito, reconocimiento, logro y conciencia de nuestro potencial personal de bondad. Todas las deidades relacionadas con esta planta representan el crecimiento y la prosperidad, reflejando los aspectos favorables del laurel.

Por cuestiones de seguridad, procura mantener la bolsita bien sujeta bajo el colchón de la cuna. El talismán no está dirigido a bebés mayores de seis semanas.

CÓMO PRACTICAR EL HECHIZO

MOMENTO DE APLICACIÓN: realiza este hechizo durante la luna creciente para obtener más beneficios, y en domingo, día sagrado para los dioses y diosas del sol vinculados con el laurel.

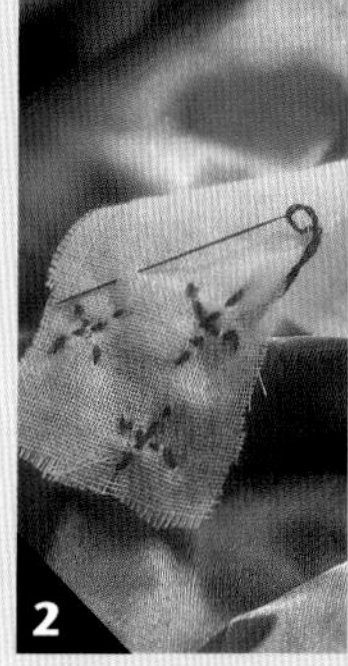

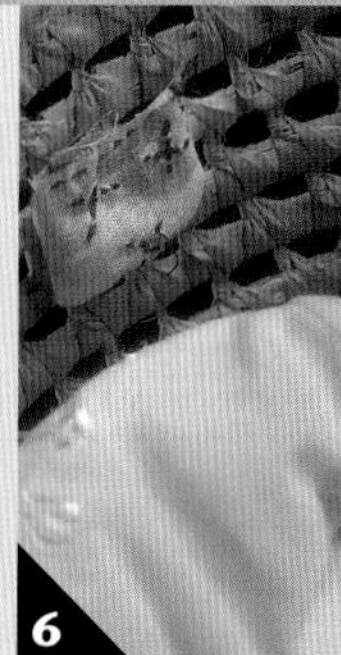

NECESITARÁS

- Una pieza de gasa de 10 cm x 5 cm
- Una aguja de bordar
- Un ovillo de hilo de bordar rojo
- Una vela dorada o anaranjada de 15-20 cm de altura
- Cerillas o un mechero
- Nueve hojas de laurel

PROCEDIMIENTO:

1 Establece un círculo según las pautas especificadas en las páginas 32-35.

2 En un extremo de la pieza de gasa, cose tres X rojas en disposición circular.

3 Pliega la tela a la mitad dejando las X en el interior, y realiza dos costuras; luego dale la vuelta para que las cruces adornen la cara exterior de la bolsita.

4 Enciende la vela y declara:

Lámpara del sol,
enseña tu rostro
a este niño;
calienta su vida
con tu alegría.

5 Introduce las hojas de laurel en la bolsita y exclama:

Una para que brille sobre tu rostro;
dos para bendecirte;
tres para que tu corazón cante;
cuatro para concederte buena fortuna;
cinco para conferirte fuerzas ante el peligro;
seis para que recibas un trato amable de los extraños;
siete para que goces de sabiduría;
ocho para que alcances gran renombre,
y nueve para ejecutar este hechizo.

6 Cose el lado restante, y ata la bolsita a la cuna del bebé.

HECHIZO DEL ANILLO DE ROSAS

PARA BENDECIR Y PROTEGER A UNA PAREJA Y LA RELACIÓN QUE LES UNE

FINALIDAD. Bendecir y proteger a una pareja y su relación. Puedes practicar este hechizo para ti u ofrecerlo a una pareja de recién casados o de personas que inicien una vida en común.

INFORMACIÓN ADICIONAL. Una vez que la fase de romance desaparece en la realidad cotidiana, es posible que mantener viva una relación sea difícil. Este hechizo tiene el objetivo de fortalecer una relación, y de bendecirla mágicamente con la capacidad de resistencia. Probablemente tengas unos amigos cuya devoción mutua te resulte realmente inspiradora, y desees demostrarles lo que su cálida y estable relación significa para todos los que estáis a su alrededor. Si es así, podrías ofrecerles este talismán a modo de regalo, ya que al secarse adopta un aspecto muy atractivo.

Las rosas son el símbolo arquetípico del amor, en especial las de color rojo, rosa y blanco. Las rosas amarillas, según el léxico de las flores y el amor, sólo aluden a una amistad platónica y no deberían ser regaladas en una relación amorosa, ¡porque tienen la reputación de transmitir el mensaje equivocado! Las rosas rojas simbolizan el amor y la pasión, mientras que las de color rosado hablan de cariño y verdadera unión y admiración por el otro miembro de la pareja. Las rosas blancas representan el amor en su forma más pura y demuestran que tus sentimientos son abiertos, sinceros y desinteresados.

Este hechizo, lógicamente, se centra en las rosas rojas, rosadas y blancas, y considera que estas últimas representan la amistad que nace del verdadero amor.

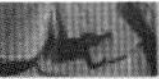

CÓMO PRACTICAR EL HECHIZO

MOMENTO DE APLICACIÓN: realiza este hechizo durante la luna creciente para impulsar las bendiciones, y en viernes, día sagrado de Venus, planeta del amor.

PROCEDIMIENTO:

1 Establece un círculo según las pautas especificadas en las páginas 32-35.

2 Enciende la vela roja, exclamando:

Cárgala de pasión.

3 Enciende la vela rosa y ruega:

Cárgala de bondad.

Enciende la vela blanca y agrega:

Cárgala de luz.

4 Utilizando el alambre de floristería e intercalando los colores, ata las rosas hasta formar un anillo en el que cada una de ellas se sitúe a unos 2,5 cm de la anterior. Utiliza los tallos para fortalecer el anillo, atándolos con el alambre y cubriéndolos con cinta.

5 Cuando el anillo esté terminado, rellena los espacios entre una rosa y otra con cáñamo, trabajando en el sentido de las agujas del reloj. Durante el proceso, recita:

Mientras este círculo engalano
florecerán el amor y las bendiciones.

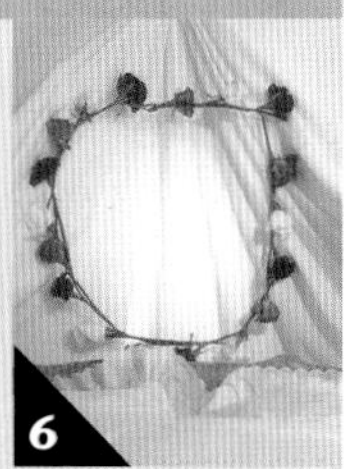

NECESITARÁS

- Una vela roja, una rosa y una blanca de 15-20 cm de altura respectivamente
- Cerillas o un mechero
- Seis rosas rojas, seis rosas y seis blancas
- Un rollo de alambre de floristería
- Un rollo de cinta verde de floristería
- Un carrete de cáñamo natural

6 El anillo debe ser colgado en la habitación de la pareja.

HECHIZO DEL CAMINANTE

UNA BENDICIÓN PARA LOS VIAJEROS

FINALIDAD. Bendecir a quienes se encuentran a punto de emprender un viaje.

INFORMACIÓN ADICIONAL. Una famosa bendición irlandesa comienza con la siguiente frase: «Que el camino se levante para recibirte». Se trata de un modo poético de desear a una persona un feliz viaje, sin tener que pasar los apuros que surgen en carretera. Este hechizo encierra una intención similar, ya que apunta a englobar todas aquellas bendiciones que consiguen que el acto de viajar se convierta en una experiencia valiosa, segura e interesante. Las necesidades de todos los viajeros —hasta los más experimentados— se remiten a los elementos básicos que todos buscamos en nuestro propio hogar: cobijo, calor, alimentos, salud, buena compañía y un poco de suerte. Y la intención de este hechizo es, precisamente, conseguirlos.

Nos centraremos en los poderes de las tres diosas asociadas a la carretera, invocando sus habilidades para dirigir a los viajeros en la dirección correcta. Annis, diosa adorada por los pueblos viajeros de Gran Bretaña y Europa, es una buena amiga de los peregrinos que recorren sendas desgastadas. Helen, deidad galesa, protege los cruces de caminos y a quienes tienen que escoger qué dirección seguir, y Cardea, diosa romana de las entradas, abre el camino a las experiencias y la sabiduría.

CÓMO PRACTICAR EL HECHIZO

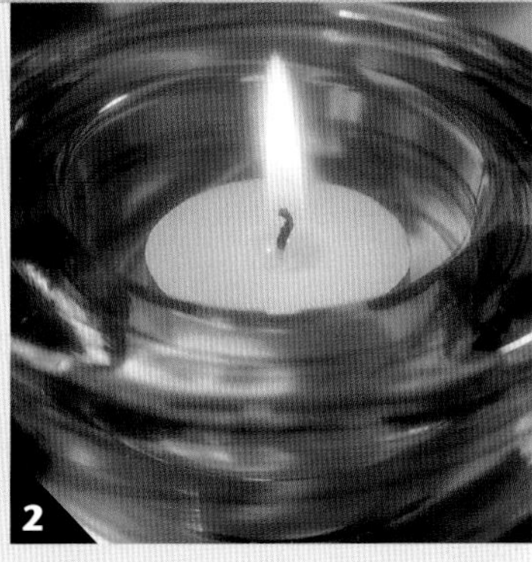

NECESITARÁS

Una vela de té en un recipiente

Cerillas o un mechero

Una bolsita que contenga una mezcla de lo siguiente:

Una cucharadita de ceniza de la chimenea de tu casa

Una cucharadita de hisopo seco

Tres cucharaditas de menta seca, azúcar y pan rallado

Tres hojas de albahaca fresca

MOMENTO DE APLICACIÓN: realiza este hechizo al aire libre durante la luna creciente, la noche previa a tu viaje.

PROCEDIMIENTO:

1 Visualiza un círculo blanco de luz que te rodee a una distancia de aproximadamente 3,5 m.

2 Enciende la vela de té y exclama:

Diosa de los viajeros, óyeme;
señora de los cruces de caminos, óyeme;
resplandor de las entradas, óyeme.

3 Mirando hacia el este, arroja parte de la mezcla en esa dirección y declara:

Espíritus del aire, concededme un pasaje tranquilo.

Repite, mirando hacia el sur:

Espíritus del fuego, traedme amable compañía

De cara al oeste, exclama:

Espíritus del agua, concededme la buena opinión
de quienes conozca.

Arroja el resto de los ingredientes hacia el sur, y ruega:

Espíritus de la tierra, concededme alimentos,
cobijo y protección.

4 De pie en el centro y mirando hacia la dirección de tu viaje, recita:

Annis, Cardea, Helen de los caminos,
proteged mi marcha y mi regreso;
cubridme de vuestras bendiciones
mientras la lluvia refresca la tierra que piso.

HECHIZO DEL ESCUDO

PARA PROTEGER EN SITUACIONES ESTRESANTES

FINALIDAD. Proteger del estrés.

INFORMACIÓN ADICIONAL. Somos conscientes de que una sobrecarga de estrés resulta muy negativa para nuestra salud física y mental. De hecho, uno de los peores efectos de encontrarnos expuestos a situaciones estresantes con demasiada frecuencia es que nuestras respuestas físicas y psicológicas no nos permiten afrontar correctamente los problemas que se nos presentan. La adrenalina nos ayuda a huir del peligro, pero socava nuestros procesos de pensamiento si nuestra respuesta habitual, frente a la presión o lo inesperado, es el pánico. Este hechizo te ayudará a formar un escudo de protección frente al exceso de estrés tanto en términos generales como en una situación en particular.

CÓMO PRACTICAR EL HECHIZO

NECESITARÁS
Una vela negra de 15-20 cm de altura
Cerillas o un mechero
30 cm de cuerda
Una caja pequeña que puedas cerrar con llave

Momento de aplicación: trabaja durante la luna menguante para dejar de lado la ansiedad, y en martes, día del defensivo Marte.

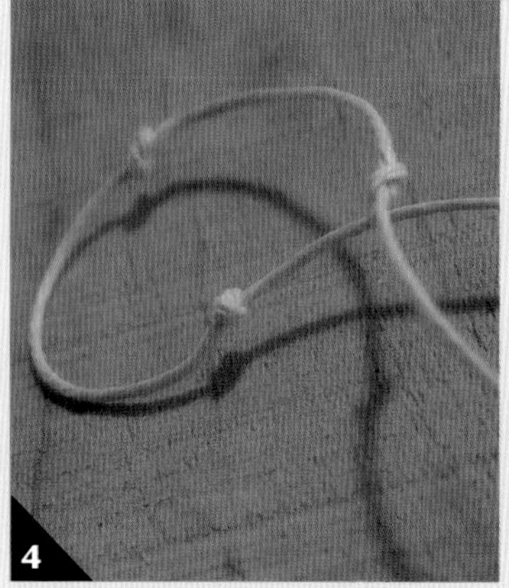

Una vez que lo hayas puesto en práctica, te resultará sencillo invocar su poder exactamente en el momento apropiado; pero para ello necesitarás concentración y ser capaz de rechazar los pensamientos invasivos. Al final descubrirás que esta práctica resulta magnífica para concentrarte y mantener el estrés bajo control.

La imagen que utilizaremos en este caso es la de un muro de escudos, una maniobra de infantería conocida como *testudo* o «tortuga», utilizada por el ejército romano para proteger a las tropas durante su avance. Este hechizo te resguardará mientras afrontas las preocupaciones de tu jornada laboral, y te permitirá continuar avanzando de forma positiva aunque encuentres dificultades en el camino.

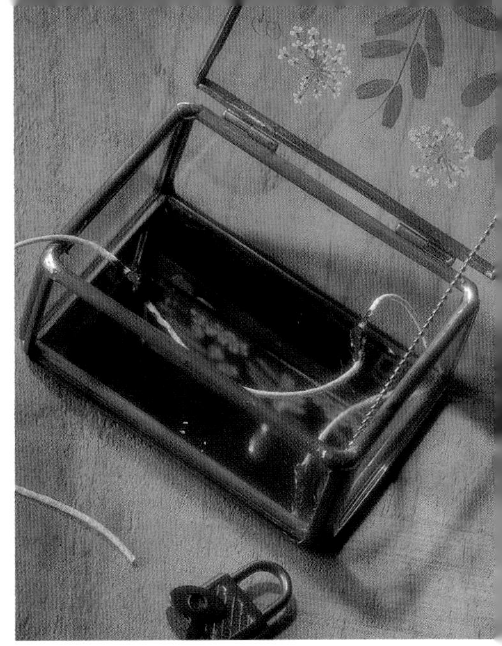

PROCEDIMIENTO:

1 Establece un círculo según las pautas especificadas en las páginas 32-35.

2 Enciende la vela y ruega:
Destierra mis miedos.

3 Siéntate en el suelo en el centro del círculo, de cara al norte. Cierra los ojos y ralentiza la respiración. Despeja la mente. Cuando te sientas preparado, visualiza un escudo rectangular que te protege de la barbilla a las rodillas. Haz un nudo en la cuerda.

4 Ahora visualiza más escudos que se superponen hasta cubrir los lados de tu cuerpo, tu espalda y tu cabeza, y ata un nudo por cada uno de ellos. Relájate dentro de tu «caparazón» de escudos y siéntete seguro y protegido.

5 Cuando te consideres preparado, abre los ojos y vierte una gota de cera de la vela sobre cada nudo que hayas atado.

6 Introduce la cuerda en la caja, y guárdala en un lugar seguro. Cuando sientas la necesidad de invocar tu escudo, recurre a la imagen del *testudo* que te cubre y defiende.

HECHIZO DE LA SAL Y EL AGUA

UNA BENDICIÓN PARA LOS MOMENTOS CONFLICTIVOS DE LA VIDA

FINALIDAD. Un apoyo en los momentos en que necesites una gran fuerza interior.

INFORMACIÓN ADICIONAL. Cuando nos encontramos en circunstancias complicadas que no tienen fácil solución, puede resultarnos difícil recordar lo fuerte que somos en realidad. En ocasiones la situación requerirá nuestra atención durante un período prolongado; entonces es cuando nos enfrentamos a lo que parece un túnel sin fin y sentimos la imperiosa necesidad de regalarnos un poco de luz.

Esta «autobendición» debería aplicarse sólo en caso de necesidad para preservar su potencia, pero muchas brujas y magos reconocen que el valor espiritual de este tipo de ritual se intensifica cuanto más se practica. El simbolismo es muy simple: la sal representa el escudo y la protección de la tierra; la luz de la vela genera esperanza y valor; el agua favorece la transformación espiritual y la purificación, y el incienso transporta nuestra plegaria hasta el éter, para que sea transmitida hacia la red del espíritu.

Antes de recurrir a la bendición, piensa en un dios o diosa con quien tengas una fuerte afinidad natural e invoca su nombre en el hechizo para que presencie la bendición que te regalas. Contar con un símbolo o un tótem de esa deidad en momentos difíciles te resultará muy fortalecedor y sustentador.

CÓMO PRACTICAR EL HECHIZO

NECESITARÁS

- Un disco de carbón vegetal en un plato resistente al fuego
- Una vela blanca de 15-20 cm de altura
- Cerillas o un mechero
- Una cucharadita de incienso
- Un salero con orificio grande
- Un copa con agua de manantial

MOMENTO DE APLICACIÓN: realiza el hechizo en caso de necesidad, sin tener en cuenta la fase de la luna.

PROCEDIMIENTO:

1 Establece un círculo según las pautas especificadas en las páginas 32-35.

2 Enciende el carbón, luego la vela y exclama:

Recorro el camino del valor
donde de la verdad surge la luz.

3 Quema el incienso en el carbón e inhala la esencia, rogando:

Que [nombre del dios/ diosa] escuche
mi voz
en la oscura noche.

4 Vierte un poco de sal sobre tu palma izquierda, y apoya la palma derecha sobre el agua, implorando:

Agua, arrastra todo el mal.

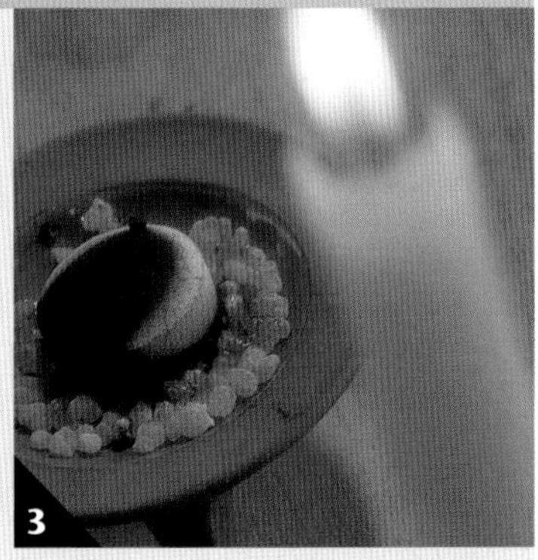

3

Apoya la mano derecha sobre la sal y continúa:

Sal, repele la impureza.

Echa la sal en el agua, y con la solución moja tus pies, rodillas, ombligo, pecho y frente.

5 Vierte la sal a tu alrededor en el sentido de las agujas del reloj y exclama:

[Nombre del dios/ diosa], acompáñame
en mis pasos.

Pisando la sal, sigue el contorno del círculo en el sentido de las agujas del reloj. Luego regresa al centro.

6 Cierra los ojos y en silencio pide ser bendecido con cualquier cualidad que, en tu opinión, te permita salir de este difícil momento.

Hechizos para la adivinación

INTRODUCCIÓN A LOS HECHIZOS PARA LA ADIVINACIÓN

Los anales de la magia se encuentran plagados de costumbres antiguas que se basan en la habilidad de predecir el futuro. Las historias de mujeres solteras que esconden un trozo de pastel de boda bajo su almohada para soñar con su futuro esposo conviven con teorías bastante más morbosas sobre cómo predecir quién morirá el próximo año. Pero, en todos los casos, bajo las supersticiones y las historias más desgarradoras se vislumbra el esqueleto de las tradiciones mágicas. En esta sección encontrarás hechizos cuyas fórmulas tal vez te resulten familiares, precisamente porque nacen de costumbres muy populares.

La adivinación no consiste simplemente en predecir el futuro sino en interpretar patrones ya existentes que ayuden a obtener un panorama más claro de las posibilidades. La mayoría de los expertos en la lectura del tarot no son «adivinos» sino experimentados descubridores de los patrones del presente, representados por los diversos cambios que reflejan las tiradas de cartas. Es posible que quienes leen las palmas gocen de aptitudes para la predicción, pero sin duda alguna gran parte de su sabiduría se basa en

la lectura del pasado y el presente según unos patrones relacionados con un sistema de simbolismo planetario. Todas las recetas mágicas de esta sección parten de una interpretación de la adivinación que supera la simple predicción de lo que el futuro nos depara. Los hechizos aquí incluidos giran en torno a propósitos muy diferentes. Por ejemplo, encontrarás medios para solucionar problemas y descubrir quién miente y quién dice la verdad; pero las almas románticas también descubrirán conjuros tradicionales para desvelar la identidad de su amor verdadero, saber si su cariño es correspondido y conocer pistas sobre la naturaleza de una futura pareja. Por supuesto, también hemos incorporado hechizos para leer los patrones de lo que probablemente suceda en el futuro.

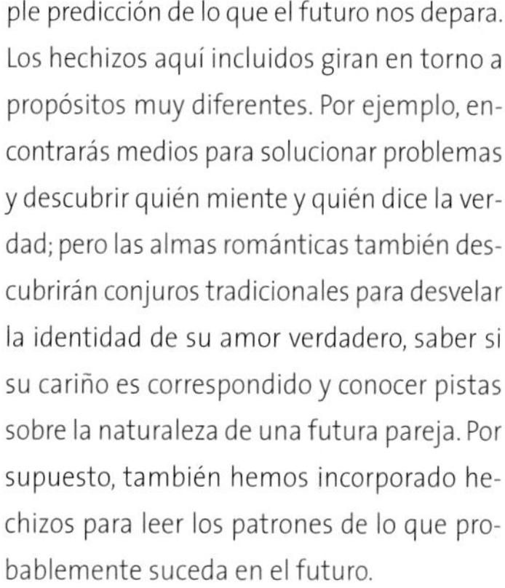

Si empleas cualquiera de estos hechizos, recuerda dos cosas: primero, que el futuro no está escrito. ¡Al menos, hasta ahora nadie ha dado fe de que así sea! Y, segundo, que lo que estos trabajos mágicos suelen reflejar —igual que los adivinos— son las probables configuraciones de lo que vendrá. La forma en que cada persona responda a estas probabilidades es lo que determinará su futuro. Creer en el «destino» puede resultar muy desmoralizante ya que, de hecho, supone admitir un concepto contrario a la magia, que permanentemente gira en torno al cambio y la transformación. Y ahora una advertencia: si repites siempre el mismo hechizo para solucionar un problema recurrente, las lecturas que obtengas acabarán distorsionadas. Por el contrario, si practicas estos hechizos con respeto y sentido común, no te defraudarán.

HECHIZO DE LOS HUESOS Y LAS PIEDRAS

PARA LEER EL FUTURO PERSONAL

FINALIDAD. Producir una lectura sobre la cual puedas basar las futuras decisiones de tu vida.

INFORMACIÓN ADICIONAL. Una habitual costumbre africana —aparentemente basada en una antigua adoración a los ancestros— consiste en emplear huesos con fines adivinatorios. Según una antigua creencia, el empleo de huesos de un dedo de un familiar ya fallecido evoca el saber de quienes ya no habitan el mundo de los vivos para percibir el futuro. La persona que lee los huesos los clasifica de un modo personal, para atribuir a cada uno un significado concreto. El método de interpretación es bastante sencillo: deben ser arrojados en un círculo delimitado, y tanto el patrón que conformen como su relación entre sí determinarán un mensaje que el adivino ha de desvelar.

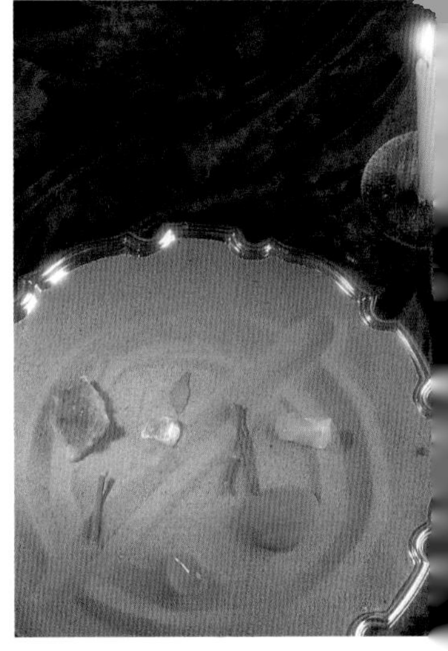

En este hechizo combinarás este antiguo método con el de la litomancia tradicional, que es la práctica de leer las piedras. La materia prima, en este último caso, puede provenir de cualquier tienda de rocas y cristales, o bien de tu entorno natural. Los «huesos» son tallos de aquilea cortados en trozos de distintos largos, como se especifica en la próxima página.

Necesitarás recurrir a tu imaginación y a tus aptitudes creativas e intuitivas para leer las piedras y los huesos en la disposición en que caigan, ya que cada lectura es única. Lo que adivines en tu primera lectura, en el entorno de un círculo mágico, resultará muy poderoso y significativo, así que si al principio no comprendes su significado, intenta combinar el patrón que veas con lo que esté sucediendo en tu vida en ese momento.

CÓMO PRACTICAR EL HECHIZO

MOMENTO DE APLICACIÓN: lanza las piedras durante la luna nueva, siguiendo la antigua costumbre que da origen a este hechizo.

PROCEDIMIENTO:

Establece un círculo según las pautas especificadas en las páginas 32-35.

1 Enciende la vela negra a tu izquierda y la blanca a tu derecha.

2 Con el dedo marca un gran círculo en la arena con una línea horizontal que lo cruce por el centro.

3 Agita «las piedras y los huesos» entre tus manos, y arrójalos sobre el círculo de arena.

4 Adivina su significado siguiendo las siguientes pautas:

PARTE SUPERIOR DEL CÍRCULO:	*vida pública*
PARTE INFERIOR DEL CÍRCULO:	*vida privada*
HACIA LA IZQUIERDA:	*desafíos*
HACIA LA DERECHA:	*el mundo material*
TALLO DE 2,5 CM:	*pronto*
TALLO DE 5 CM:	*en el futuro próximo*
TALLO DE 7,5 CM:	*a largo plazo*
PIEDRA DE PLAYA:	*el origen de tus problemas*
CUARZO CLARO:	*amigos*
CUARZO ROSA:	*el corazón*
AMATISTA:	*aptitudes y carrera*
CITRINA:	*conocimiento*
SÍLEX:	*comienzos*

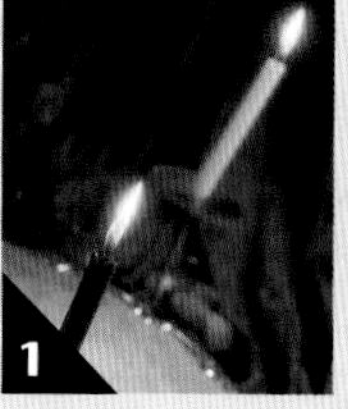

1

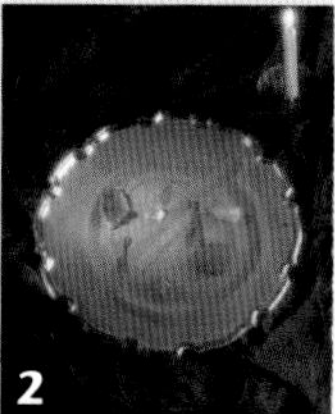

2

NECESITARÁS

- Una vela blanca de 15-20 cm de altura
- Una vela negra de 15-20 cm de altura
- Cerillas o un mechero
- Una bandeja llena de arena
- Tres tallos de aquilea de 2,5 cm, 5 cm y 7,5 cm de largo respectivamente
- Una piedra de playa
- Un cuarzo claro
- Un cuarzo rosa
- Una amatista
- Una citrina
- Una pequeña pieza de sílex

HECHIZO DE LOS ARCANOS MAYORES

PARA DESCUBRIR LA RESPUESTA A UNA PREGUNTA

FINALIDAD. Encontrar respuesta a una pregunta que te inquieta.

INFORMACIÓN ADICIONAL. La consulta de las cartas del tarot suele buscar orientación más que una respuesta concreta. Además, partiendo de las múltiples disposiciones posibles en las lecturas de setenta y ocho cartas, el consejo puede resultar muy sutil. Sin embargo, casi todos los tarotistas experimentados concuerdan en que existen técnicas para determinar cuándo se producirán los acontecimientos vaticinados, e incluso medios para en-

CÓMO PRACTICAR EL HECHIZO

NECESITARÁS

Una vela púrpura de 15-20 cm de altura

Cerillas o un mechero

Veintidós cartas de los arcanos mayores del tarot

MOMENTO DE APLICACIÓN: echa las cartas durante la media luna creciente (en ocasiones denominada «primer cuarto») para adivinar todas las posibilidades ofrecidas en la tirada.

PROCEDIMIENTO:

Establece un círculo según las pautas especificadas en las páginas 32-35.

1 Enciende la vela púrpura, exclamando:
Fortuna, reina de la rueda,
protege afablemente mi búsqueda de la verdad.

2 Mezcla las cartas y disponlas en su totalidad boca abajo, en el centro del círculo.

3 Con tu pregunta en mente, pasa sobre ellas la mano con la que escribes, y coge las tres que más te atraigan.

4 Dales la vuelta y disponlas, de izquierda a derecha, en el orden en que las has elegido.

5 La carta de la izquierda representa la base de tu problema; la del centro, los efectos que

contrar soluciones a determinados problemas. Algunos de estos métodos se han generalizado, y otros difieren según cada tarotista. De todas formas, hay determinadas cartas que siempre les transmiten un mensaje específico, aunque no tenga nada que ver con el significado que habitualmente se le asigna en el mazo.

Este hechizo se basa en principios básicos de la sabiduría del tarot. Debes estar preparado para la respuesta que te ofrecen las cartas, pero ten la certeza de que las pautas serán genuinas si tu necesidad es sincera. Acepta la primera disposición de las cartas y lee tu respuesta siguiendo las instrucciones que aparecen en esta página.

produce en el presente; y la carta de la derecha simboliza el resultado final.

6 Sigue las siguientes pautas sobre las ilustraciones que aparezcan en cualquiera de las cartas, y así podrás leer tu respuesta con precisión:

NÚMERO PAR:	*verdad*
NÚMERO IMPAR:	*falsedad*
HOMBRE:	*inmediatamente*
MUJER:	*en el plazo de un año*
HOMBRE Y MUJER:	*déjalo como está*
UNA COPA:	*sí*
UNA ESPADA:	*no*
SOL, LUNA O ESTRELLA:	*tu propio juicio es correcto*
ANIMAL:	*conseguirás justicia*
AGUA:	*movimiento, viaje, cambio*

HECHIZO DEL PÉNDULO

PARA ENCONTRAR UN OBJETO PERDIDO O DESEADO

FINALIDAD. Localizar un objeto perdido o algo que hayas estado buscando.

INFORMACIÓN ADICIONAL. Los péndulos son antiguas herramientas de adivinación que conjugan su simplicidad con una serie de asombrosos poderes. Uno de sus usos más recientes tiene que ver con los mapas, y consiste en suspender el péndulo sobre la representación en dos dimensiones de un área de búsqueda.

Tradicionalmente, esta técnica recurre a uno de estos métodos: la reacción, o la confirmación y la negación. El primero se basa en cualquier reacción que parta del péndulo: si se mueve, la localización queda confirmada; también es posible que reaccione muy intensamente sobre el punto correcto. El segundo método, basado en una respuesta «sí» o «no», parte de la dirección en que el péndulo gira. La rotación en el sentido de las agujas del reloj significa «sí», y en sentido contrario quiere decir «no».

Antes de formar este círculo, necesitarás probar tu péndulo para comprobar cómo reacciona cuando lo utilizas. Formula preguntas de respuesta obvia, por ejemplo: «¿Hoy es lunes?», y observa qué tipo de respuesta recibes. Esta reacción te guiará cuando te dispongas a adivinar la localización del objeto que se te ha perdido o estás buscando.

CÓMO PRACTICAR EL HECHIZO

NECESITARÁS

Una vela blanca de 15-20 cm de altura

Cerillas o un mechero

Una pluma con tinta negra

Un folio o un mapa de la zona de búsqueda

Una aguja de coser

60 cm de hilo de algodón negro

MOMENTO DE APLICACIÓN: pon a prueba tus cualidades adivinatorias durante la luna nueva.

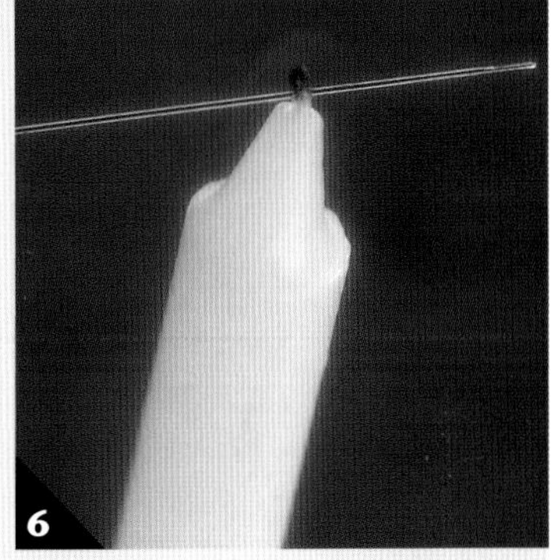

PROCEDIMIENTO:

1 Establece un círculo según las pautas especificadas en las páginas 32-35.

2 Enciende la vela y ruega:

Espíritu que ayudas al viajero y
guías a las aves en su vuelo,
impulsa este hechizo para encontrar
[nombre del objeto].
Guíame y ayúdame en mi búsqueda
de norte a sur y de este a oeste.

3 Traza un simple plano de tu casa si el objeto que buscas se encuentra allí, o bien utiliza el mapa.

4 Enhebra la aguja, pliega el hilo por la mitad y ata ambos extremos. Suspende la aguja sobre el mapa, cogiendo el nudo del hilo entre el pulgar y el índice de la mano con la que escribes.

5 Con la mente en blanco, recorre distintas zonas del mapa para probar la respuesta de tu péndulo. Ten paciencia y tómate todo el tiempo que necesites para juzgar su comportamiento.

6 Cuando la respuesta te satisfaga, sopla la vela para apagarla y perfora la mecha atravesando la cera derretida con la aguja.

HECHIZO DE LA AGUJA Y LA VELA

PARA DESCUBRIR A UN MENTIROSO

FINALIDAD. Descubrir si alguien te engaña.

INFORMACIÓN ADICIONAL. El equivalente mágico del polígrafo revela un interesante linaje. Durante cientos de años, la forma de descubrir a un ladrón consistía en clavar agujas a un lado de una vela y sentar a todos los sospechosos a su alrededor. Mientras la vela se derretía las agujas caían, y la primera en desprenderse de la cera indicaba quién era el ladrón. Este hechizo es más un detector de mentiras que un «atrapaladrones», pero el principio es básicamente idéntico. No obstante, antes de poner a prueba este trabajo, deberías formularte primero algunas pre-

CÓMO PRACTICAR EL HECHIZO

NECESITARÁS
Una vela blanca de 15-20 cm de altura
Cerillas o un mechero
Un folio
Una pluma con tinta verde
Una vela de cera de abeja de 15-20 cm de altura
Siete agujas de coser

MOMENTO DE APLICACIÓN: realiza este hechizo durante la luna llena.

PROCEDIMIENTO:

1 Establece un círculo según las pautas especificadas en las páginas 32-35.

2 Enciende la vela blanca y exclama:
Sombras, emprended el vuelo
a la luz de la luna.

3 Gira el papel de tal manera que su lado más largo quede en posición horizontal, y traza una línea recta vertical en el centro. En una mitad del papel dibuja el contorno de siete espadas apuntando hacia dentro. En la otra mitad dibuja un círculo con un punto central. Por último, coloca la vela de cera de abeja en medio del papel, en un recipiente seguro.

guntas un tanto difíciles. Primero, si tienes fundamento al sospechar que te engañan, o simplemente estás paranoico o te niegas a entrar en razón. Si te estás comportando de forma imprudente, ten en cuenta que recibirás una respuesta errónea. Segundo, pregúntate si al practicar el hechizo no estás optando por evitar una confrontación que, al fin y al cabo, es necesaria. Si ese es el caso, la persona que te engaña continuará creyendo que eres lo suficientemente ingenuo como para volver a caer en las mismas trampas.

Si consigues responder a las preguntas antes mencionadas no dudes en seguir adelante con el hechizo.

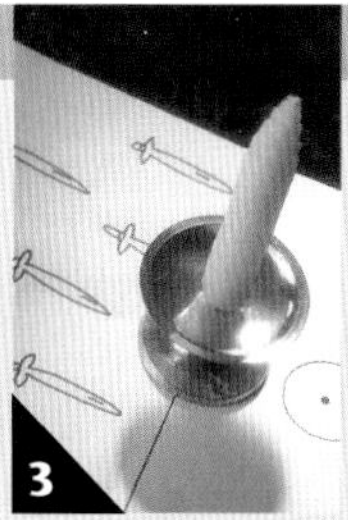

3

5

4 Calienta las puntas de las agujas y clávalas en la cera de abeja a distancias equivalentes y al mismo nivel —unos 2,5 cm por debajo de la mecha— de tal manera que sobresalgan horizontalmente.

5 Enciende la vela y exclama:

Las siete espadas
juzgarán tus palabras.

Mientras esperas que la vela se consuma hasta la zona donde has clavado las agujas, recita las siguientes palabras:

Te conoceré
cuando caigas.

6 Si la primera aguja cae en la mitad del folio donde has dibujado las espadas, significa que te están engañando; si cae donde aparece el círculo con el punto central, te estás engañando a ti mismo.

HECHIZO DE LA MARGARITA

PARA DESCUBRIR EL PROPÓSITO DE TU VIDA

FINALIDAD. Ayudarte a descubrir tu propósito en la vida.

INFORMACIÓN ADICIONAL. Una de las más importantes preguntas que los humanos nos formulamos es por qué estamos aquí y cuál es nuestro cometido en la vida. Se trata de una cuestión que va mucho más allá de la elección de una carrera, una pareja o el entorno en el cual vivir: apunta directamente a descubrir el propósito de nuestra existencia. Independientemente de tus creencias religiosas o espirituales, formularte esta pregunta te permitirá conocerte a ti mismo y buscar tu lugar y propósito en el mundo. La respuesta final llegará con la experiencia y la revelación, pero iniciar este camino de descubrimiento sin ninguna idea de qué dirección seguir puede resultar muy desalentador. Este hechizo te puede ayudar a encontrar el rumbo.

Debes practicar este hechizo cuando florezcan las margaritas, ya que constituyen su principal ingrediente; además, estas flores han sido utilizadas con fines adivinatorios desde la antigüedad. Los niños suelen arrancarles los pétalos de uno en uno, mientras canturrean: «Me quiere, no me quiere». Pero en ocasiones también se las utiliza con la misma finalidad que los huesos de las cerezas, que es descubrir cuáles serán las probables condiciones de vida de una persona. En este caso las empleamos para detectar la huella que dejarás en otras personas durante tu existencia.

CÓMO PRACTICAR EL HECHIZO

NECESITARÁS

Una varilla de incienso de sándalo en un recipiente

Una vela blanca de 15-20 cm de altura

Cerillas o un mechero

Una aguja de coser

Siete margaritas recién cortadas

MOMENTO DE APLICACIÓN: el mejor momento para realizar este hechizo es durante la noche de luna llena.

PROCEDIMIENTO:

1 Establece un círculo según las pautas especificadas en las páginas 32-35.

2 Enciende el incienso y luego la vela.

3 Utilizando la aguja, confecciona una cadena de seis margaritas perforando un orificio en sus extremos y cosiendo las flores para formar un anillo.

4 Sujetando la margarita restante en la mano izquierda, arráncale los pétalos de uno en uno, recitando las siguientes líneas en orden:

CREADOR
TRANSFORMADOR
CUIDADOR
MEDIADOR
SANADOR

5 La palabra que corresponda al último pétalo indicará la cualidad que ofreces a los demás:

CREADOR: tienes el don de crear cosas de gran belleza o utilidad.
TRANSFORMADOR: disfrutas de la capacidad de cambiar las cosas mediante la palabra o la acción.
CUIDADOR: tu fuerza radica en el apoyo que ofreces a los demás.
MEDIADOR: eres una persona negociadora, creadora de paz y capaz de conseguir que se haga justicia.
SANADOR: gozas del don de curar.

6 Coloca la cadena de margaritas bajo tu almohada, ya que tus sueños durante las siguientes siete noches te ofrecerán más datos sobre tu objetivo en la vida.

HECHIZO DEL *FETCH*

PARA DESCUBRIR SI LA PERSONA QUE DESEAS CORRESPONDE A TUS SENTIMIENTOS

FINALIDAD. Descubrir si el objeto de tu cariño siente lo mismo por ti.

INFORMACIÓN ADICIONAL. La tradición de la «aparición» cuenta con diferentes historias. En el folclore irlandés, el *fetch* (una aparición) es la imagen de una persona que se presenta antes de que ésta fallezca; en las tradiciones nórdicas se la considera similar a un tótem o un animal de poder personal y, por su parte, los ingleses entienden que se trata de una imagen enviada por una persona viva para llevar un mensaje a un individuo en particular.

En este hechizo enviarás tu imagen para que la persona que deseas piense en ti y puedas determinar si tus sentimientos son correspondidos o no. En cuanto a enviar una imagen tuya a otra persona, este hechizo es comparable al del espejo mágico que aparece en las páginas 56-57, cuyo objetivo es que reconfortes a tu amante o consigas que te recuerde. Este conjuro, sin embargo, está destinado a generar una reacción en la persona a la que envías tu imagen, y la metodología varía ligeramente.

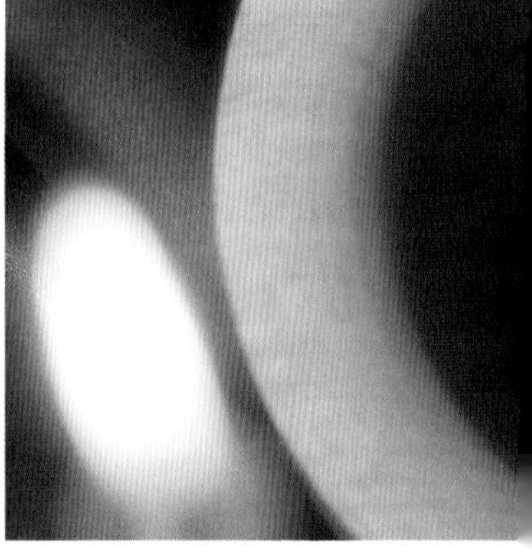

Pero debemos hacer una advertencia: si la persona que pretendes no demuestra interés en ti, no continúes enviándole tu imagen, ya que te sentirás desprovisto de energía. Y no porque la magia empleada suponga un peligroso esfuerzo por tu parte, sino porque la obsesión es negativa, y la magia acabará amplificando sus repercusiones.

CÓMO PRACTICAR EL HECHIZO

Momento de aplicación: el mejor momento para enviar tu *fetch* es durante la luna llena.

PROCEDIMIENTO:

1 Establece un círculo según las pautas especificadas en las páginas 32-35.

2 Enciende el carbón, luego la vela y exclama:

Invoco a la reina de
todas las brujerías
para que me ceda su poder;
yo te saludo, triple Hécate.

3 Mezcla la raíz de orris, las hojas de laurel y la artemisa en el mortero y muélelas. Luego vierte la mezcla sobre el carbón.

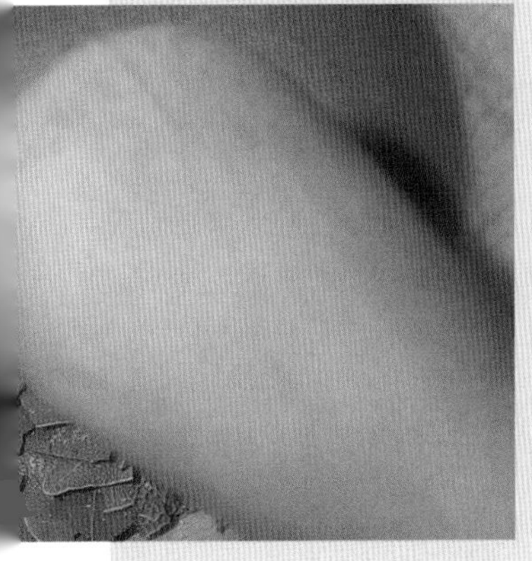

NECESITARÁS

Un disco de carbón vegetal en un plato resistente al fuego

Una vela plateada o gris de 15-20 cm de altura

Cerillas o un mechero

Una pizca de raíz de orris en polvo

Una cucharadita de hojas de laurel secas

Una pizca de artemisa

Mortero

4 Sentado en el centro del círculo y de cara al norte, cierra los ojos y respira más lentamente. Imagina que sales de tu cuerpo, te elevas del suelo y giras el rostro para mirarte a ti mismo. Conserva la imagen de la figura que se encuentra de pie, y regresa a tu perspectiva desde la posición de sentado.

5 Permite que la figura que se encuentra ante ti se dé la vuelta para mirarte, y cuando lo haga indícale adónde dirigirse y ante quién aparecer. Infórmale así mismo que cuenta únicamente con un mes de vida y que después de ese periodo se disolverá.

6 Si la persona que deseas demuestra interés en ti, se te acercará en el plazo de cuarenta días.

HECHIZO DE LA HOJA DE TÉ

PARA LEER EL FUTURO

FINALIDAD. Ayudarte a identificar dónde reside tu fortuna.

INFORMACIÓN ADICIONAL. Al parecer, la lectura de las hojas de té, o taseografía, surgió hace miles de años, posiblemente en China. Se trata de un arte psíquico regido por pautas en lugar de reglas estrictas, en el que cada persona crea su propio vocabulario individual sobre el significado de los patrones formados durante una lectura. Estos métodos se perfeccionan con la experiencia, y no dependen del estricto aprendizaje de las formas y sus correspondencias. Afortunadamente para los principiantes existen algunas guías sencillas que facilitan los inicios.

Este hechizo tiene la finalidad de descubrir e identificar adónde te conducirá tu fortuna el año próximo, por lo que no deberías volver a practicarlo hasta que hayan transcurrido al menos trece ciclos lunares. Si, a partir de este hechizo, te interesara desarrollar tus aptitudes en la lectura de las hojas de té, deberías practicarlo fuera del círculo y entre tus amigos.

En el caso de que desees formular preguntas específicas sobre ti mismo antes de que se cumpla un año de haber practicado el hechizo, procura que sean muy concretas y no una lectura general sobre el futuro, ya que los resultados resultarán distorsionados y perderás la confianza en tus incipientes habilidades.

CÓMO PRACTICAR EL HECHIZO

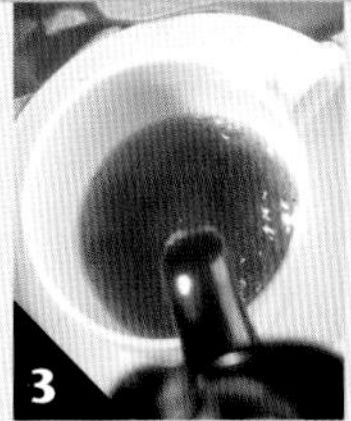

NECESITARÁS

- Una vela púrpura de 15-20 cm de altura
- Cerillas o un mechero
- Una tetera que contenga una cucharadita de hojas de té y una taza de agua hirviendo
- Una taza de té y un plato

MOMENTO DE APLICACIÓN: deberás practicar este hechizo durante la luna creciente o llena. Las lecturas que se lleven a cabo fuera del círculo pueden ser practicadas durante cualquier fase de la luna.

PROCEDIMIENTO:

1 Establece un círculo según las pautas especificadas en las páginas 32-35.

2 Enciende la vela y exclama:

Espíritu de la fortuna,
guíame y enséñame
la línea de mi fortuna
y todo lo que deba saber.

3 Sirve el té (no colado) en la taza.

4 Bébelo hasta que en el fondo quede el equivalente a una cucharadita de infusión.

5 Haz girar las hojas trece veces y a continuación invierte la taza para verter su contenido sobre el plato.

6 Lee el residuo de hojas siguiendo estas pautas generales:

HOJAS PRÓXIMAS AL BORDE DE LA TAZA:	*acontecimientos próximos*
HOJAS A UN LADO:	*acontecimientos en un futuro próximo*
HOJAS EN EL FONDO DE LA TAZA:	*a largo plazo*
HERRADURA:	*buena fortuna, viaje, una boda*
BOLA:	*surgirán altibajos*
CÍRCULO:	*la vida depara sorpresas*
FLECHA:	*noticias próximas*
DISCOS:	*entrada de dinero*
CESTA O BOLSA:	*un bebé*
CERCA DEL ASA:	*trampas y engaños*
EN CUALQUIER OTRO SITIO:	*entrada de dinero*
ANIMALES:	*mantente alerta*
LÍNEAS:	*preocupaciones*
CUADRADOS:	*seguridad*

HECHIZO DEL CONFETI

PARA DESCUBRIR LA IDENTIDAD DE TU FUTURA PAREJA

FINALIDAD. Ayudar a los solteros a descubrir la identidad de su futura pareja.

INFORMACIÓN ADICIONAL. Existen miles de costumbres y tradiciones que aseguran revelar la identidad de nuestra futura pareja, un hecho que indica la importancia que conferimos a las relaciones de compromiso en nuestra vida. Así que si eres soltero, buscas un romance serio y estás preparado para encontrar a la persona adecuada, éste es tu hechizo.

En el ámbito de la magia compasiva, «lo semejante representa a lo semejante». Pero también es verdad que lo semejante *produce* lo semejante, y por esa razón muchas supersticiones referidas a la búsqueda de pareja se relacionan con las bodas. Para practicar este hechizo tendrás que recoger su principal ingrediente —el confeti— de una boda que acabe de festejarse, para lo cual deberás hacer un trabajo detectivesco, ¡aunque es posible que la ineficacia de los servicios de limpieza de la iglesia, el registro civil o el ayuntamiento de tu zona te ayuden en tu cometido!

Lo más conveniente es que te acerques a la sala con una bolsa para recoger una buena cantidad del confeti utilizado en la boda, lógicamente cuando la ceremonia haya acabado.

CÓMO PRACTICAR EL HECHIZO

NECESITARÁS

Una vela blanca de 15-20 cm de altura

Cerillas o un mechero

Una bolsa grande de confeti, recogido después de una ceremonia de boda

MOMENTO DE APLICACIÓN: trabaja cuando en el cielo se distinga la primera fase de la luna creciente, posterior a la luna nueva.

PROCEDIMIENTO:

1 Establece un círculo según las pautas especificadas en las páginas 32-35.

2 Enciende la vela blanca en el este del círculo y exclama:

Estrella de la mañana que te elevas
y brillas en lo alto,
ilumina este círculo
y revela a mi verdadero amor.

3 Ponte de pie en el centro del círculo, e inclínate hacia el norte a modo de reverencia. Luego gira hacia el este, cerrando los ojos, y vierte todo el confeti sobre tu cabeza.

4 Mantén los ojos cerrados y cuenta hasta trece; entonces ábrelos.

5 Examina los patrones que ha formado el confeti caído a tu alrededor y juzga la probable identidad de tu futura pareja a partir de las siguientes pautas:

UN CÍRCULO UNIFORME
A TU ALREDEDOR
se trata de alguien que ya conoces
PEQUEÑOS MONTÍCULOS
se tratará de una persona adinerada
LÍNEAS RECTAS
presta atención a un extraño que se muestre sincero
ARCOS Y PEQUEÑOS CÍRCULOS
será alguien amable y bueno
ÁNGULOS Y CUADRADOS
te casarás con una persona alta y seria
DISTRIBUCIÓN NO UNIFORME
será alguien interesante y sensual
PATRONES NO DISCERNIBLES
os conoceréis en circunstancias inusuales
MÁS CONFETI DETRÁS QUE DELANTE DE TI
será alguien mayor que tú
MÁS CONFETI DELANTE QUE DETRÁS DE TI
serás feliz toda tu vida

HECHIZO DE LAS HUELLAS EN EL POLVO

PARA DESCUBRIR A UN ENEMIGO

FINALIDAD. Ofrecerte un modo de descubrir quién te desea el mal.

INFORMACIÓN ADICIONAL. Los orígenes de este hechizo se pierden en la bruma de los tiempos, aunque de vez en cuando surgen diferentes versiones que se utilizan como herramientas para descubrir a malhechores o enemigos secretos. El principal objetivo de este hechizo es desenmascarar a quien actúa en contra de tus intereses mientras se hace pasar por tu amigo, y te dará mejores resultados si ya sospechas de alguien en concreto, o si la persona que te molesta se ha acercado a tu hogar. Por extraño que parezca, el comportamiento de los traidores resulta bastante peculiar. Y lo notarás porque suelen concebir planes molestos, como enviar cartas anónimas ofensivas, formular preguntas extrañas o aproximarse a tu casa en momentos que no esperas. Si sospechas que alguien está actuando con hipocresía, ponle la trampa en cuanto sepas que se acercará a tu casa, o bien deja el momento librado a la suerte.

Si sospechas de alguien que exhibe un comportamiento peligroso o compulsivo, debes pedir ayuda y consejo de inmediato. Sin embargo, si deseas descubrir a un enemigo por tus propios medios, este antiguo hechizo te ayudará a seguirle el rastro... literalmente.

CÓMO PRACTICAR EL HECHIZO

MOMENTO DE APLICACIÓN: realiza la primera parte de este hechizo en la noche de luna nueva, y continúa al crepúsculo del día siguiente.

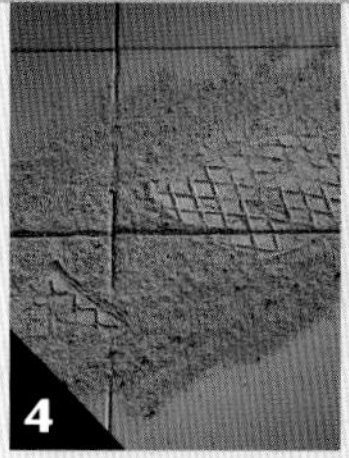

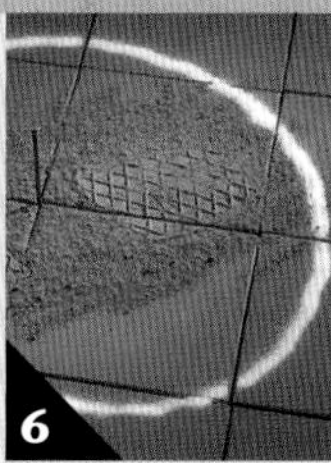

PROCEDIMIENTO:

1 Establece un círculo según las pautas especificadas en las páginas 32-35.

2 Enciende la vela negra y declara:

Por la calavera de la luna
sea mi enemigo descubierto.

3 Vierte la ceniza en el cuenco, y cúbrelo con las palmas de las manos, exclamando:

Entre estas manos,
todo sano y salvo;
debajo de ellas, el camino
de la verdad.

4 Espolvorea la ceniza sobre el camino de acceso a tu casa. Al atardecer del día siguiente comprueba si las huellas del supuesto enemigo han quedado marcadas, o si algún desconocido se ha acercado a tu hogar.

5 Con la punta del cuchillo traza un círculo en el suelo alrededor de la pisada y clávale un clavo, declarando:

Recibe el trato que mereces,
y tu merecido refleje tu vil proceder.

6 Forma un círculo de sal alrededor de la huella. En el transcurso de un ciclo lunar, el enemigo se delatará a sí mismo.

NECESITARÁS

- Una vela negra de 15-20 cm de altura
- Cerillas o un mechero
- 450 g de ceniza de una hoguera
- Un cuenco
- Un cuchillo de mango negro
- Martillo y un clavo
- Un salero con orificio grande

HECHIZO DE LA BELLOTA

PARA PREDECIR SI TE CASARÁS O CONOCERÁS A LA PAREJA DE TU VIDA EN EL PLAZO DE UN AÑO

FINALIDAD. Ayudar a los solteros a descubrir si tienen probabilidades de conocer a la pareja de su vida en los próximos doce meses.

INFORMACIÓN ADICIONAL. Este delicioso hechizo que puedes compartir con amigos resulta ideal para una despedida de soltero o soltera o incluso para una celebración de Nochevieja. Su finalidad es predecir si contraerás matrimonio o conocerás a la pareja de tu vida en el curso del próximo año. Pero a pesar de que se trata de un hechizo divertido, también esconde un lado serio: si recurres a la magia con la intención de recibir una predicción, debes respetar la información que te revele y no practicar el conjuro más de una vez en el plazo de doce meses.

Este hechizo se basa en una antigua costumbre relacionada con los árboles. Muchos ejemplares eran considerados sagrados en las culturas antiguas. Aun hoy, los robles son venerados en algunas zonas de Inglaterra e Irlanda, y simbolizan, entre otras cualidades, la verdad y la firmeza. Las bellotas, semillas de estos árboles poderosos, brotan en «cúpulas» en las que en el pasado se creía que bebían las hadas. Las cúpulas representan el potencial sagrado, puesto que encierran una pequeña semilla que se convierte en un árbol gigantesco. Recurrir a las cúpulas de bellota para predecir la felicidad futura supone emplear un potente ingrediente mágico, pues, según los campesinos: «Los poderosos robles crecen de las pequeñas bellotas».

CÓMO PRACTICAR EL HECHIZO

NECESITARÁS

- Una cúpula de bellota por persona
- Un rotulador de tinta indeleble
- Una vela verde de 15-20 cm de altura
- Cerillas o un mechero
- Un cuenco grande
- Una cuchara de madera de mango largo

Momento de aplicación: practica este hechizo durante cualquier fase de la luna y cualquier día de la semana, pero sólo una vez al año.

PROCEDIMIENTO:

1 Pide a los participantes que escriban sus iniciales con el rotulador en el interior de la cúpula de bellota.

2 Enciende la vela verde y anima a los presentes a repetir las siguientes palabras cuando esté encendida:

Poderoso roble,
árbol de bosque,
¿cuándo llegará
la felicidad?

3 Coge la cuchara de madera y remueve el agua tres veces en el sentido de las agujas del reloj, tres más en dirección contraria y una última, muy deprisa, otra vez en el sentido de las agujas del reloj.

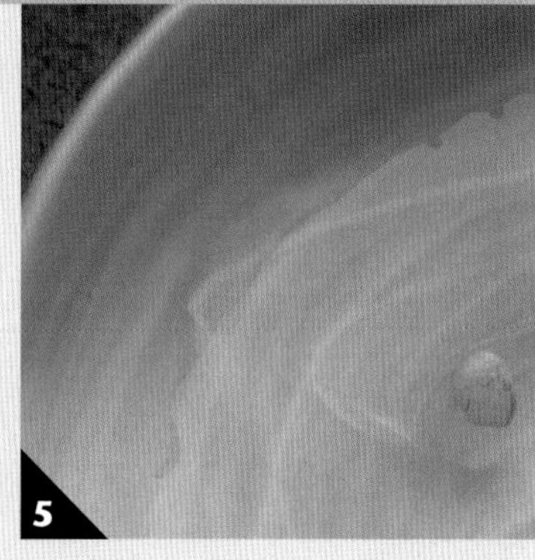

4 Pide al primer candidato que lance su cúpula de bellota, y cuenta hasta siete.

5 Si la cúpula toca uno de los lados del cuenco durante ese lapso, significa que la persona se casará o conocerá a la pareja de su vida durante el próximo año.

ANTIGUO HECHIZO DEL NUDO

PARA ENCONTRAR SOLUCIÓN A UN PROBLEMA

FINALIDAD. Inspirar a quienes buscan respuesta a un problema difícil.

INFORMACIÓN ADICIONAL. A quienes se encuentran en apuros y luchan por encontrar el mejor modo de afrontar su situación, la idea de que un hechizo pueda ayudarles les resulta ridícula. Sin embargo, cuando se necesita una decisión que requiera imaginación y sentido común —además de celeridad—, por lo general la inspiración se desvanece. Casi siempre conocemos subconscientemente la solución a los problemas de nuestra vida, aun cuando la evitamos de forma consciente. Por esa razón, el objetivo de este hechizo es sacar a la luz dicho conocimiento, partiendo de un talismán muy antiguo. En Occidente solemos emplear un lenguaje muy particular cuando hacemos referencia a nuestros conflictos. Hablamos de «luchar»

CÓMO PRACTICAR EL HECHIZO

NECESITARÁS

- Un disco de carbón vegetal en un plato resistente al fuego
- Una vela de color azul claro de 15-20 cm de altura
- Cerillas o un mechero
- Una cucharadita de ajenjo *(Artemisia absinthium)*
- 22,5 cm de cuerda

MOMENTO DE APLICACIÓN: practica este hechizo en cualquier fase lunar posterior a la luna llena, hasta el día siguiente a la luna nueva.

PROCEDIMIENTO:

1 Establece un círculo según las pautas especificadas en las páginas 32-35.

2 Enciende el incienso, posteriormente la vela y exclama:

Tú que conoces el secreto
de la piedra irregular
cuya luz brilla
en la oscuridad,
ilumina mi camino.

3 Quema el ajenjo en el carbón.

contra un problema, de «liberarnos de un dilema» o de sentirnos «maniatados» por las dificultades. Y las situaciones complejas nos parecen «retorcidas». En resumen, todas estas expresiones reflejan la idea de que nos sentimos restringidos, retenidos o incluso atrapados frente a los inconvenientes. El siguiente hechizo, que recurre al ancestral recurso mágico de atar nudos con el fin de desenmarañar un enredo, exige que escribas un diario de sueños durante siete días a partir de la fecha en que lo practiques para encontrar las claves de una posible respuesta. Para ello tendrás que prestar especial atención a los juegos de palabras o los símbolos, y confiar en que tu sabio interior te indicará el camino a seguir.

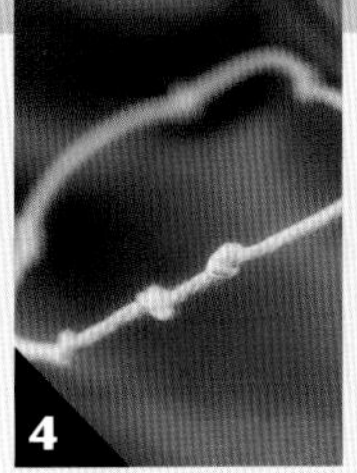

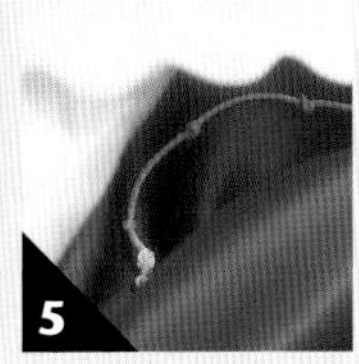

4 Ata siete nudos en la cuerda, recitando un verso por nudo y en el orden indicado:

Uno por el sol que produce luz;
dos por las estrellas que brillan por la noche;
tres por la luna que surca el cielo;
cuatro por las nubes que pasan a su lado;
cinco por la criatura que habita la Luna;
seis por la pregunta que guardo en la lengua;
siete por los secretos aún ignorados.
En una semana, deshechos quedarán.

5 Coloca la cuerda anudada debajo de tu almohada y mantenla allí durante siete días, deshaciendo un nudo cada noche antes de irte a dormir.

6 Recibirás la respuesta a tu problema a través de tus sueños.

HECHIZO DE LA MANZANA

PARA SOÑAR CON TU VERDADERO AMOR

FINALIDAD. Revelar en un sueño la identidad de tu verdadero amor.

INFORMACIÓN ADICIONAL. Las manzanas y el amor se complementan como los guantes y las manos. La manzana, fruto del inframundo celta, mantiene una estrecha relación con el elemento agua, el mágico dominio de los sentimientos, las emociones... y también los sueños. Presente en gran número de mitos del mundo entero, por lo general simboliza aquello que más deseamos, y en este caso en concreto te aporta información sobre tu futuro amor. En la práctica del siguiente hechizo participan tanto la piel como la pulpa.

Uno de los primeros trabajos mágicos que aprendí de niña fue un antiguo encantamiento inglés gracias al cual, mediante la piel de la manzana, podías descubrir el nombre de tu futuro marido.

CÓMO PRACTICAR EL HECHIZO

NECESITARÁS

- Un disco de carbón vegetal en un plato resistente al fuego
- Una vela roja de 15-20 cm de altura
- Cerillas o un mechero
- Una cucharadita cargada de partes iguales de raíz de orris y eneldo
- Una manzana fresca
- Un cuchillo afilado de mango negro
- Un espejo de mano de al menos 15 cm de lado
- Una bolsita de gasa de 7,5 cm de lado

MOMENTO DE APLICACIÓN: practica este hechizo durante la noche de luna llena.

PROCEDIMIENTO:

1 Establece un círculo según las pautas especificadas en las páginas 32-35.

2 Enciende el carbón, luego la vela y exclama:

Tú que conoces el secreto
de la piedra irregular
cuya luz brilla
en la oscuridad,
ilumina mi camino.

Quema el incienso en el carbón.

Destinado específicamente a niñas y mujeres, consistía en que la interesada pelara una manzana manteniendo la piel intacta y la lanzara por encima de su hombro para descubrir la inicial del nombre de su amor verdadero. Otra alternativa consistía en repetir el mismo proceso a medianoche frente a un espejo, con lo que no sólo descubrías la inicial del hombre en cuestión sino que además veías su rostro en el espejo. Una amiga y yo lo practicamos, pero ella fue la primera en probarlo y quedó tan atemorizada por la experiencia que ambas abandonamos el experimento y no lo repetimos jamás.

Este hechizo necesita una piel de manzana entera, pero tu verdadero amor se reflejará en tus sueños y no en un espejo físico.

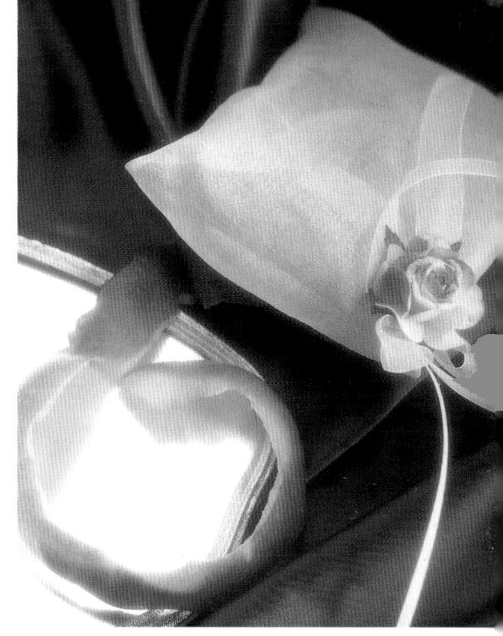

3

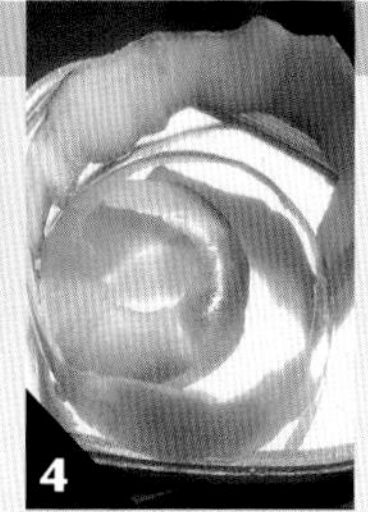

4

3 Pela la manzana sobre el espejo, sin romper la piel.

4 Deja caer la piel sobre el espejo. Elévalo y pásalo por el humo del incienso tres veces, en el sentido de las agujas del reloj.

5 Come la manzana. Dirigiendo la mirada hacia el espejo, declara:

He ingerido conocimiento
pero no la piel;
la piel será devuelta
cuando el secreto quede desvelado.

6 Introduce la piel de manzana en la bolsita, y cuélgala encima de tu cama hasta que sueñes con tu amor verdadero. Un día después del sueño, entierra la peladura.

Hechizos para rechazar e inhibir

INTRODUCCIÓN A LOS HECHIZOS PARA RECHAZAR E INHIBIR

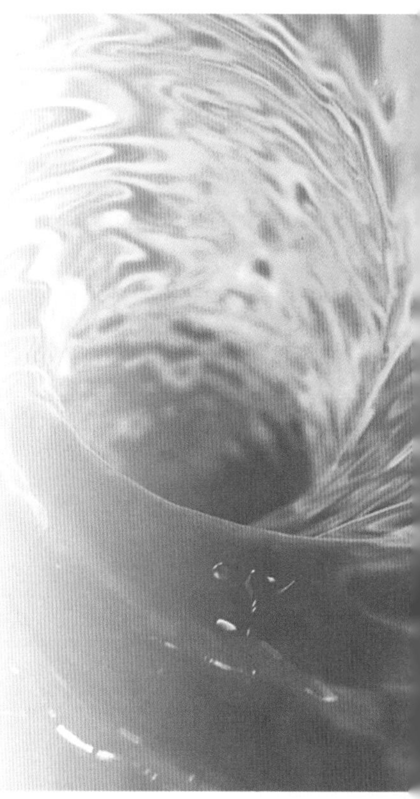

Cuando alguien recurre a un mago para enfrentarse a un sujeto que se está comportando de forma indebida, suele plantearse —y a veces temer— si detener a esa mala persona significa necesariamente hacerle daño. Sus dudas nacen de la idea de que los hechizos que invalidan el mal comportamiento son embrujos o maldiciones de carácter agresivo. Pero nada más alejado de la verdad, porque los conjuros que frenan la acción de pendencieros, opresores u hostigadores tienen la finalidad de *evitar* el daño, ¡no de provocarlo! Los términos *rechazar* e *inhibir* lo dejan bien claro. *Rechazar* puede significar trasladar a una persona a otro sitio, o bien repeler aquel aspecto de su comportamiento que causa problemas a amigos, vecinos o compañeros de trabajo. *Inhibir* a alguien implica vedar su capacidad de perjudicar a los demás.

Los conjuros para rechazar actúan a distintos niveles, ya que bien pueden alejar a una persona del contexto en el que está causando daño —como el hechizo del asiento de espinas incluido en esta sección— o disminuir su poder, como el hechizo de la cuerda y la vela. Pero la magia también se ocupa de reducir los efectos del daño infligido por un comportamiento destructivo, y para ello puedes recurrir al hechizo de la tinta borrada. Este campo de acción abarca también los remanentes emocionales de acontecimientos tristes o traumáticos y, a tales efectos, el hechizo del corte facilita la ruptura con el pasado. El «rechazo» del que hablamos puede facilitar la erradicación de tus malos hábitos si, con un poco de imaginación, adaptas a tus propias necesidades los hechizos que hemos incluido en esta sección. Como ves, los hechizos para rechazar permiten hacer frente al daño de muchas maneras diferentes, ¡pero ninguna de ellas es una maldición!

Por su parte, los hechizos para inhibir, resultan particularmente persuasivos cuando son empleados para obligar a alguien a reconocer las consecuencias de sus acciones. El hechizo del círculo de sal que encontrarás en las próximas páginas aprisiona a una mala persona en su propio comportamiento, y continuará «regresando» a él o ella hasta que decida comportarse decentemente. El hechizo del nido de pájaro sigue la misma línea, en esta ocasión sugiriendo un método más confrontador y «cara a cara» que consiste en que el culpable encuentre el resultado de sus acciones plantado en su propia puerta. Esta clase de confrontación ofrece la posibilidad de que la persona cambie y demuestre un buen comportamiento; pero si persiste en su maldad, las consecuencias de su conducta continuarán convulsionando su vida hasta que cambie de actitud. En ocasiones, los hechizos para inhibir se limitan a dejar en evidencia las falsas actitudes de una persona, y en tales casos lo más adecuado es recurrir al poderoso hechizo elemental del agua.

HECHIZO DEL CÍRCULO DE SAL

PARA INHIBIR A UNA MALA PERSONA MEDIANTE SUS PROPIAS ACCIONES

FINALIDAD. Evitar que una mala persona continúe perjudicando a otras.

INFORMACIÓN ADICIONAL. Cuando el mal comportamiento de alguien impacta negativamente sobre otras personas, y la comprensión, la persuasión e incluso la confrontación no han dado ningún resultado, llega el momento de recurrir a la magia. Este clásico hechizo para inhibir se basa en el confinamiento psíquico. Colocar una representación de la persona problemática dentro de un círculo de sal supone encerrarla por medio de una barrera que protege a los demás, restringiendo los efectos de cualquier comportamiento a las inmediaciones de quien lo haya ori-

CÓMO PRACTICAR EL HECHIZO

NECESITARÁS

- Una vela negra de 15-20 cm de altura
- Cerillas o un mechero
- Algunos pelos de la persona conflictiva
- 10 cm de lana negra
- Un espejo circular de al menos 10 cm de diámetro
- Un salero con orificio grande
- Fuego en una chimenea, un brasero o una hoguera al aire libre

MOMENTO DE APLICACIÓN: este hechizo puede ser puesto en práctica en cualquier momento, según la necesidad, pero resulta más poderoso si se lleva a cabo durante la luna nueva, el momento más idóneo para construir barreras psíquicas.

PROCEDIMIENTO:

1 Establece un círculo según las pautas especificadas en las páginas 32-35.

2 Enciende la vela, exclamando:

Luna oscura
de gran poder,
bendice este espacio como suelo sagrado;
confina el mal y desconcierta el dolor
mientras este círculo rodeo.

ginado. En resumen, el «daño» creado no perjudicará a nadie, sino que aterrizará a los pies de su creador. Y esta posibilidad resulta muy ventajosa no sólo para quienes han sufrido a causa del comportamiento de esa persona, sino también para el mismo perpetrador, que una vez que se enfrenta a su propio comportamiento tiene la opción de modificarlo.

En el ámbito de la magia, la sal es una sustancia purificadora que por lo general se mezcla con agua y se rocía sobre un espacio con el fin de limpiarlo psíquicamente antes de practicar un ritual. La sal también representa la sana y defensiva naturaleza de este elemento, y aquí se convierte en un escudo contra el daño.

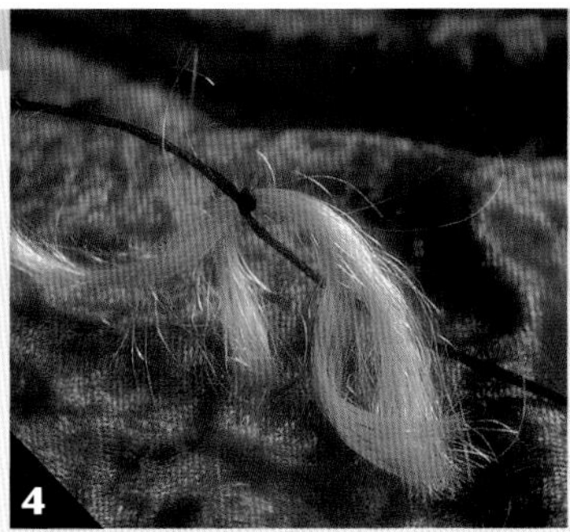

4

3 Camina alrededor del círculo en el sentido contrario a las agujas del reloj, transportando la vela. Regresa al centro y apoya la vela en el suelo.

4 Ata el pelo con la lana negra y declara:

[Nombre de la mala persona], mediante mis acciones
quedas inhibido.

5 Coloca el pelo en el centro del espejo y enciérralo en un círculo de sal. Exclama:

Mientras formo este círculo.

6 Echa el aliento sobre el espejo y arroja el pelo y la sal al fuego, añadiendo:

Muera el diablo
por mi aliento.

HECHIZO DE LA CUERDA Y LA VELA

PARA DISMINUIR EL PODER DE UNA PERSONA FALSA

FINALIDAD. Anular la capacidad de engaño de una persona.

INFORMACIÓN ADICIONAL. Cuando no cuentas con pruebas, pero tienes la certeza de que una persona está engañando a sus amigos, colegas o a ti mismo, este hechizo resulta muy apropiado. Como muchos otros trabajos mágicos incluidos en este libro, la filosofía predominante es la de reflejar las acciones de la persona en quien se centra el hechizo. Si has cometido un error o has pensado en la persona equivocada, no tienes nada que temer por haber utilizado el conjuro sobre un inocente: su inocencia saltará a la vista. Sin embargo, si no es así, su capacidad de engaño se verá reducida y sus planes comenzarán a fracasar.

Es importante que apoyes el portavelas sobre un plato, ya que una vez que la vela se consuma, la llama consumirá el hilo y el papel atado. Supervisa en todo momento que la vela que has dejado encendida se consume; pero en este hechizo debes prestar aún más atención, ya que el hilo y el papel pueden caer de la vela envueltos en llamas. El papel, que ha de llevar la firma o una fotocopia de la firma de la persona que, en tu opinión, se está comportando de forma deshonesta, debe ser recortado al mínimo tamaño posible sin perjudicar la escritura.

CÓMO PRACTICAR EL HECHIZO

Momento de aplicación: puedes practicar este hechizo en cualquier momento si tu necesidad es apremiante, pero la ocasión más favorable es el día posterior a la luna nueva.

4

NECESITARÁS

- Una vela de té en un recipiente
- Cerillas o un mechero
- Un clavo de hierro
- Una vela blanca de 15-20 cm de altura
- Un trocito de papel que lleve la firma del embaucador
- 15 cm de hilo de bordar de algodón de color negro

PROCEDIMIENTO:

1 Establece un círculo según las pautas especificadas en las páginas 32-35.

2 Enciende la vela de té y calienta la punta del clavo en la llama.

3 Con el extremo ardiente dibuja a un lado de la vela blanca, a unos 2,5 cm de la mecha, el contorno de un ojo.

4 Enrolla bien el papel que lleva la firma, y átalo en el centro con el hilo negro. A continuación ata el rollo de papel y el hilo alrededor de la vela, pasando este último sobre el centro del ojo. Anuda con fuerza.

5 Enciende la vela y exclama:

[Nombre del sospechoso], si mientes
serás descubierto
y todos tus actos dejarán su impronta.
¡Que así sea!

Observa cómo se consume la vela, y con ella el dibujo del ojo, el hilo de algodón y el rollo de papel.

6 Apaga la vela y entiérrala donde nada la perturbe.

HECHIZO DE LA IMAGEN EN EL ESPEJO

PARA CONFUNDIR A UN ENEMIGO

FINALIDAD. Este hechizo pretende frustrar los planes de quien te hace daño.

INFORMACIÓN ADICIONAL. Los espejos figuran en muchos hechizos de todo el mundo, y les envuelve un halo de misterio y magia. Simbolizan la delgada línea que separa la verdad del engaño, dado que lo que muestran no siempre es tan simple como parece. Probablemente esta idea tenga que ver con el hecho de que un espejo puede ofrecer una falsa imagen espacial de la entrada a un mundo tridimensional, cuando en realidad se limita a reflejar

CÓMO PRACTICAR EL HECHIZO

NECESITARÁS

- Un disco de carbón vegetal en un plato resistente al fuego
- Una vela azul de 15-20 cm de altura
- Cerillas o un mechero
- Una cucharadita de artemisa
- Dos espejos circulares idénticos de aproximadamente 10 cm de diámetro
- Una cucharadita de semillas de amapola
- Un tubo de pegamento fuerte
- Un ovillo de alambre flexible

MOMENTO DE APLICACIÓN: practica este hechizo durante la noche de luna llena, dama de la verdad pero también del engaño.

PROCEDIMIENTO:

1 Establece un círculo según las pautas especificadas en las páginas 32-35.

2 Enciende el carbón, luego la vela y exclama:
Hijo de la Luna,
elemento agua,
refleja, distrae,
altera la dirección;
brilla sobre [nombre del embaucador],
haz tambalear sus pasos.

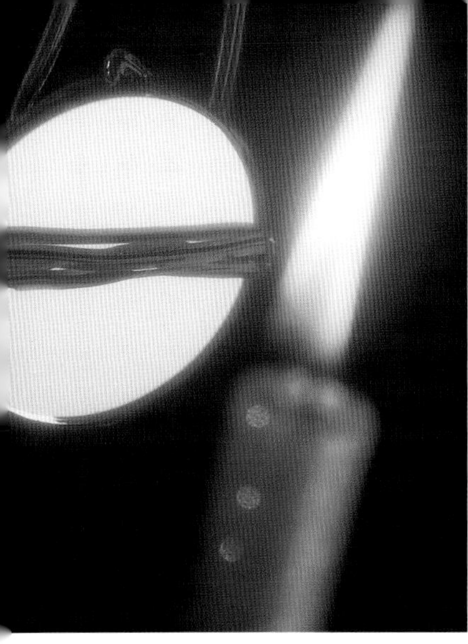

lo que se encuentra frente a un objeto bidimensional. Por lo general, un espejo es capaz de ocultar tanto como enseña, y este hechizo explota esta posibilidad de confusión.

La tradición de colocar un espejo en la ventana para desviar el mal de ojo se basa en su capacidad de reflejar, o «rebotar», la energía negativa hacia quien la envía. Aquí utilizaremos dos espejos para confundir y también para irradiar un escudo contra las malas intenciones de una persona. El hechizo creará un espejo de dos caras que deberás colgar sobre la puerta de tu casa. Por esa razón debes tomar la precaución de fijar bien todas las ataduras.

3 Quema la artemisa en el carbón, coge un espejo con cada mano y a continuación perfuma sus respectivas superficies en el humo del incienso, declarando:

Por este medio te concedo
la capacidad de mostrar la verdad.

4 Vierte las semillas de amapola y repite:

Por este medio te concedo
la capacidad de engañar y confundir.

5 Pega los dorsos de ambos espejos entre sí, y ata el hilo alrededor del nuevo espejo de dos caras, dejando un tramo libre para que puedas colgarlo.

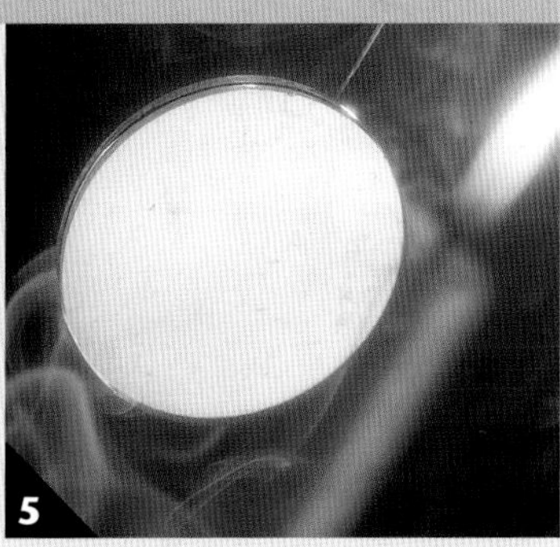

5

6 Sujétalo frente a la vela y declara:

Confusión al enemigo
como ya he solicitado.
Que así sea.

HECHIZO DEL ASIENTO DE ESPINAS

PARA DESHACERTE DE UN ACOSADOR

FINALIDAD. Restar poder a un pendenciero.

INFORMACIÓN ADICIONAL. El comportamiento intimidatorio adopta distintas formas y debería ser combatido en todos los casos, sin excepción.

No siempre resulta sencillo que una persona o un grupo que se siente intimidado se enfrenten a quien les está perjudicando, y por esa razón resulta tan importante tomar decisiones prácticas para buscar ayuda externa. Si un compañero de piso o de trabajo te está intimidando, debes pedir ayuda a tu arrendatario o a tu sindicato o departamento de personal, respectivamente. Si estás recibiendo amenazas y te sientes acosado en tu propio hogar por tu

CÓMO PRACTICAR EL HECHIZO

NECESITARÁS

- Una vela negra de 15-20 cm de altura
- Cerillas o un mechero
- Un disco de carbón vegetal en un plato resistente al fuego
- Seis espinas grandes de zarzamora seca
- Seis alfileres de costura
- Un bote grande de cristal con tapa de rosca

MOMENTO DE APLICACIÓN: practica este hechizo en cualquier momento pero, si puedes elegir, opta por la luna menguante, ya que esta fase resulta más conveniente para alejar lo indeseado a través de la acción de la marea.

PROCEDIMIENTO:

1 Establece un círculo según las pautas especificadas en las páginas 32-35.

2 Enciende la vela y exclama:

Yo te he expulsado
y enviado lejos;
que nadie proteja
ni nadie defienda
tu regla de fuerza,
que a su fin ha llegado.

3 Enciende el quemador. Coloca cinco de las espinas sobre el carbón para que queden reducidas a ceniza.

pareja, consulta a un grupo de apoyo y busca ayuda legal. Te resultará extraño que un libro de hechizos te aconseje tomar esta clase de medidas, pero la magia se basa en los recursos, y eso incluye apostar por el sentido común.

La magia desempeña un papel específico, y durante mucho tiempo ha ofrecido refugio a quienes se sienten impotentes frente a la adversidad. ¡Esa es la razón por la que existen tantos hechizos para la protección y la defensa! Éste, en particular, debe ser utilizado como complemento de una serie de medidas prácticas que debes tomar frente al matón que te acosa.

3

5

4 Introduce los alfileres y las cenizas de las espinas quemadas en el bote, y exclama:

Encierro los medios de tu aflicción
hasta que tu crueldad se desvanezca.
Tan cruel como eres tú
serán estas espinas;
cuando te muestres amable,
idéntico trato recibirás.

5 Cierra la tapa del frasco con firmeza, y guárdalo en un lugar seguro hasta que la persona que te está molestando desaparezca de tu vida.

6 Coloca la espina restante dentro o debajo del asiento —donde no sea detectada— de la silla que suele ocupar esta persona.

HECHIZO DEL NIDO DE PÁJARO

PARA QUE UNA MALA PERSONA VIVA LAS CONSECUENCIAS DE SUS ACTOS

FINALIDAD. Asegurar que una mala persona conozca las consecuencias de su mal comportamiento.

INFORMACIÓN ADICIONAL. Un antiguo refrán inglés dice: «Sólo un pobre pájaro ensucia su propio nido». La idea alude a la insensatez de comportarse de mala manera en las proximidades del propio hogar, dado que sobre él repercutirán las consecuencias de esas acciones negativas debido a su reducido radio de acción. Tampoco resulta lógico comportarse mal lejos del hogar, pero es cierto que el refrán encierra una gran verdad. Si la persona en cuestión se ve obligada a tomar conciencia de las secuelas de sus actos, sufrirá lo que los demás han sufrido inicialmente. Y tú, además de asegurarte de que no le queden dudas sobre lo desagradable que resulta ser afectado por un comportamiento negativo, también conseguirás que todos los que le rodean se den cuenta de quién está causando problemas. De esta forma, ese individuo sin escrúpulos podrá escoger entre desistir o corregir su comportamiento, y tus problemas acabarán.

Para este hechizo necesitarás los restos de un nido. Si estás familiarizado con los nidales, probablemente conocerás la práctica de limpiar los nidos del año anterior para dejar sitio al nuevo grupo de huevos que las aves pondrán en primavera. Si no conoces el tema, tendrás que pedir ayuda a un vecino experimentado o hacerte amigo de los cuidadores de una reserva natural próxima a tu lugar de residencia. Intenta mantener el nido lo más intacto posible.

CÓMO PRACTICAR EL HECHIZO

NECESITARÁS

- Un disco de carbón vegetal en un plato resistente al fuego
- Una vela negra de 15-20 cm de altura
- Una vela blanca de 15-20 cm de altura
- Cerillas o un mechero
- Una cucharadita de bayas de enebro secas
- Un nido intacto fuera de uso

MOMENTO DE APLICACIÓN: practica este hechizo durante la luna nueva, para asegurar que el pendenciero en cuestión reciba lo que se merece.

PROCEDIMIENTO:

1 Establece un círculo según las pautas especificadas en las páginas 32-35.

2 Enciende el carbón, luego la vela negra a tu izquierda y exclama:

Ha finalizado el momento de enviar.

3 Enciende la vela blanca y declara:

Se acerca el momento de devolver.

4 Quema las bayas de enebro.

5 Coge el nido de pájaro con ambas manos y acércalo al humo del incienso, recitando las siguientes palabras:

Tras el flujo llega el reflujo
y recibimos lo que damos.
Tras el reflujo llega el flujo
y conocemos lo que recibimos.

6 Esa misma noche deposita el nido en el umbral de la puerta de tu enemigo.

HECHIZO ELEMENTAL DEL AGUA

PARA DEJAR EN EVIDENCIA LAS ACCIONES DE UNA MALA PERSONA

FINALIDAD. Desenmascarar a una mala persona y mostrar sus malas acciones.

INFORMACIÓN ADICIONAL. En ocasiones, el peor castigo y la mejor lección para un alborotador consiste en descubrir sus actos perversos, ya que eso le supone no sólo perder la buena opinión de aquellos a los que ha estado engañando sino también tomar conciencia de lo inapropiado o desagradable que ha sido su comportamiento. Revelar la verdad conseguirá, además, que los más afectados dejen de sentirse frustrados por no ser capaces de pro-

CÓMO PRACTICAR EL HECHIZO

NECESITARÁS

- Una vela de té en un bote
- Cerillas o un mechero
- Una varilla de incienso de sándalo
- Un tambor

MOMENTO DE APLICACIÓN: practica este hechizo durante la noche de luna llena a la orilla de un lago, mar o río.

PROCEDIMIENTO:

1 Establece un círculo según las pautas especificadas en las páginas 32-35.

2 Enciende la vela de té en el interior del bote. Clava el incienso en la tierra, y enciéndelo también.

3 Con las manos marca un ritmo regular de 3/4, y síguelo mentalmente. Cuando te sientas preparado, contacta con los espíritus del agua mediante el poder de tu mente, e invócalos.

4 Cuando percibas que las energías que te rodean se modifican significativamente, repite las siguientes líneas siguiendo el ritmo del tambor, tres veces consecutivas:

Espejo de la luna
enseña el rostro de [él/ ella];

bar lo que saben. Y si culpas a la persona equivocada, este hechizo también te resultará productivo, ya que sus efectos demostrarán que es inocente.

Deberás trabajar al aire libre, en las proximidades de una masa de agua. Recurrirás a una técnica mágica bastante avanzada —la evocación—, para lo que deberías contar con cierta experiencia previa. Y también necesitarás un tambor... y un poco de práctica antes de actuar. Marca un ritmo en un compás de 3/4, ya que normalmente resulta eficaz en relación con el agua. Cuando te marches, no olvides dejar un obsequio como una flor, una concha o una hoja a orillas del agua.

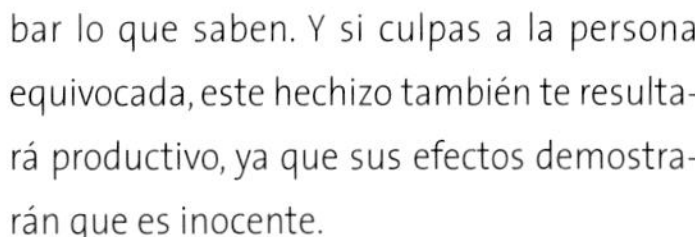

muestra su verdadero ser,
desvela su forma verdadera.

5 Continúa con el ritmo del tambor durante el tiempo en que consideres que los espíritus del agua siguen a tu alrededor. Cuando las energías disminuyan, intenta visualizar que el agua fluye hasta la puerta de la persona cuya mala conducta deseas poner en evidencia.

6 Deja un pequeño obsequio a orillas del agua para honrar a sus espíritus.

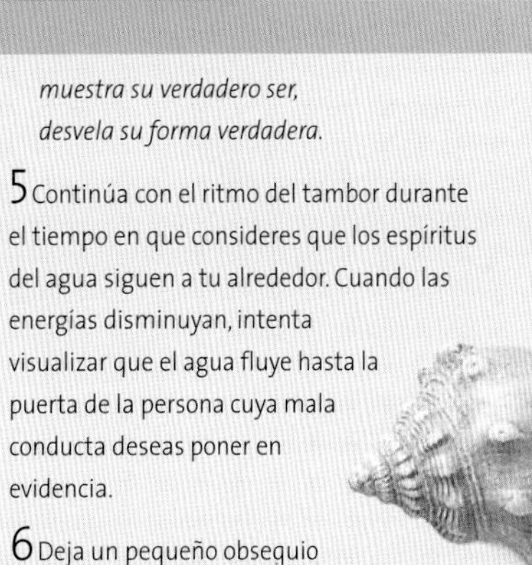

HECHIZO DE LA TINTA BORRADA

PARA ANULAR EL DAÑO PROVOCADO POR OTRA PERSONA

FINALIDAD. Debe ser realizado por la persona que ha resultado afectada por la deshonestidad o mal comportamiento de otra, ya que posee un gran valor terapéutico, y mágico.

INFORMACIÓN ADICIONAL. El impacto de la conducta de un alborotador puede prolongarse mucho después de haberse realizado el acto original. Y eso forma parte del daño que las personas irresponsables y deshonestas pueden provocar, y del que salen perjudicados tanto los testigos inocentes como quienes han sido atacados directamente. Una persona que es infiel a su pareja, por ejemplo, no sólo hiere y enfada a su ex compañero o compañera, sino también a una cadena de amigos y familiares decepcionados y furiosos que pueden haber resultado involucrados, sin quererlo, en el engaño. De la misma manera, los amigos, familiares y parejas de las personas que han sido perjudicadas resultan afectadas por una cuestión de proximidad, y quedan expuestos a sentimientos de culpabilidad, impotencia e ira.

En casos como éste, además de las medidas prácticas que puedan adoptarse para apoyar a las víctimas directas de violencia u otros actos inaceptables, este hechizo puede ayudar a disminuir los efectos residuales del agravio de un modo muy terapéutico. Muchos psicólogos reconocen el valor de expresar el dolor a través de un ritual; y aunque este conjuro nació muchos siglos antes de que la psicología o la vida mental fuesen reconocidas profesionalmente, se basa en métodos terapéuticos.

CÓMO PRACTICAR EL HECHIZO

NECESITARÁS

- Una vela negra de 15-20 cm de altura
- Cerillas o un mechero
- Un bote de tinta púrpura al agua
- Un bolígrafo
- Un folio
- Un cuenco con agua
- Un vaso de cristal pequeño

MOMENTO DE APLICACIÓN: practica este hechizo durante la luna menguante, en cualquier día posterior a la luna nueva.

PROCEDIMIENTO:

1 Establece un círculo según las pautas especificadas en las páginas 32-35.

2 Enciende la vela y exclama:

Me quedo con lo valioso,
descarto lo perjudicial.

3 Introduce la punta del bolígrafo en la tinta, y en una cara del papel escribe, en tres palabras, el daño que te han hecho. Sujetando el papel sobre el cuenco y utilizando el vaso como «cuchara», vierte un poco de agua sobre el papel para borrar la tinta.

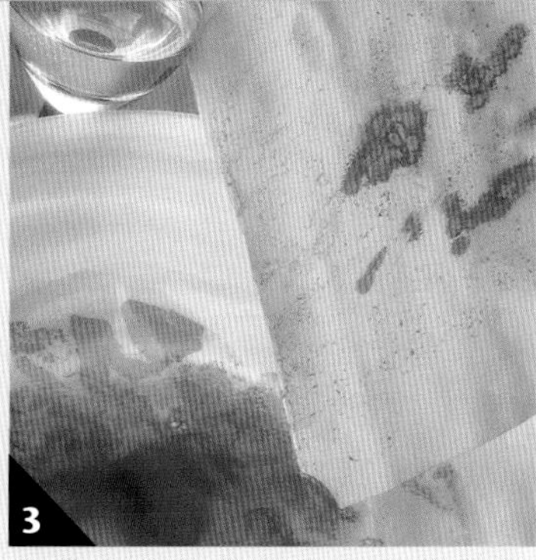

4 Acerca el papel a la llama de la vela para que se seque, procurando no prenderle fuego.

5 Ahora escribe en su superficie tres palabras que representen cosas positivas y favorables que reemplacen el daño que acabas de borrar.

6 Seca la tinta sobre la llama de la vela, enrolla el papel y finalmente guárdalo durante un año y un día. Pasado ese período, quémalo y dispersa las cenizas en tu jardín.

HECHIZO DEL CORTE

PARA ROMPER CON EL PASADO

FINALIDAD. Destruir el poder que los recuerdos del pasado ejercen sobre ti.

INFORMACIÓN ADICIONAL. Éste es otro hechizo terapéutico que debería ser puesto en práctica por la persona que desea cortar con el pasado. Si los recuerdos de ciertos acontecimientos continúan ejerciendo una gran influencia sobre nosotros, no nos beneficia en absoluto perpetuar aún más dicha situación. Descartar el pasado mediante un hechizo no significa trivializar el dolor o el sufrimiento, sino asegurar el mejor resultado posible. En cualquier caso, recuerda que permitir que el pasado influya en nuestro presente le confiere un espacio que no se me-

CÓMO PRACTICAR EL HECHIZO

NECESITARÁS

- Un disco de carbón vegetal en un plato resistente al fuego
- Una vela negra de 15-20 cm de altura
- Cerillas o un mechero
- Una cucharadita de mirra
- 22,5 cm de cordel negro
- Un plato resistente al fuego
- Una pizca de azafrán

MOMENTO DE APLICACIÓN: practica este hechizo durante la luna nueva, un momento ideal para los finales y los comienzos.

PROCEDIMIENTO:

1 Establece un círculo según las pautas especificadas en las páginas 32-35.

2 Enciende el disco de carbón, luego la vela y exclama:

Mediante este símbolo me libero y me acerco a la luz.

3 Quema la mirra en el carbón.

4 Ata un nudo cerca de uno de los extremos del cordel para representar los recuerdos que deseas dejar atrás. Forma otro nudo cerca del otro extremo para representar un futuro libre de esos sentimientos que no te permiten alejarte del pasado.

rece, y cuanta más atención prestemos a la tristeza, más crecerá y anulará nuestra capacidad de alegría.

Si notas que los recuerdos de una relación rota, la muerte de un ser querido o cualquier acontecimiento traumático aún influyen sobre ti y te impiden completar el natural proceso del duelo, deberías hablar del tema con un amigo o terapeuta. Este hechizo te resultará ideal si deseas romper con esos sentimientos que has sufrido, puesto que actúa a nivel psíquico, cortando tus vínculos emocionales con el pasado para permitirte vivir tu vida sin la carga del dolor.

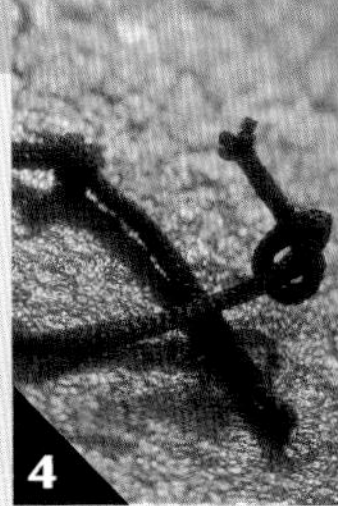

4

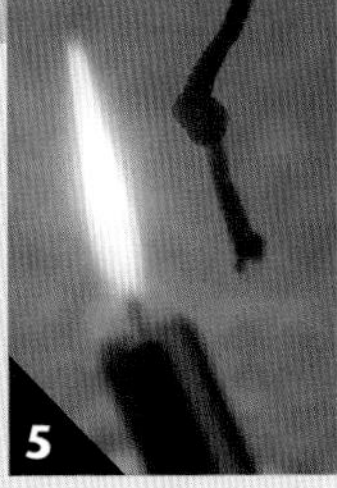

5

5 Cogiendo el nudo del «pasado» con la mano izquierda y el del «futuro» con la derecha, sitúa el cordel sobre la llama para que se queme. Quema completamente el nudo del «pasado» sobre el plato resistente al fuego.

6 Vierte el azafrán sobre el carbón, y perfuma el nudo que representa tu futuro. Guárdalo en un lugar seguro.

HECHIZO DE LA MANCHA DE FUEGO

PARA FRUSTRAR A QUIEN ESTÁ CAUSANDO DAÑO A OTRAS PERSONAS

FINALIDAD. Frustrar los planes de una mala persona.

INFORMACIÓN ADICIONAL. Según algunas fuentes, este hechizo es original de Escocia, pero lo cierto es que pueden encontrarse variantes en diversos países europeos. Se basa en una antigua forma de desear el mal empleada en circunstancias injustas como los desalojos ilegales, en los que familias enteras eran expulsadas de sus hogares por propietarios sin escrúpulos que pretendían vender la casa o la tierra, o bien reemplazar a sus inquilinos por otros que pudiesen pagarles más. La familia expulsada, o al menos aquellas personas que conocían dicha tradición ancestral, acostumbraban a dejar piedras en la chimenea en lugar de carbón, para desear el mal al propietario como respuesta al terrible trato recibido.

Su deseo estaba implícito: «Que tu chimenea se cubra de piedras frías en lugar de carbón».

Estas *manchas*, como las llamaban los escoceses, representaban un tipo de hechizo de inhibición que aseguraba que los actos de una persona malvada repercutieran sobre ella misma. En este hechizo tratarás de conseguir algo muy similar, con la intención de frustrar los planes de quien intente perjudicar a terceros. Pero no será necesario que accedas a su chimenea: bastará con que representes la tradición de las *manchas* de fuego creando un montículo de piedras especiales que dejarás contra la pared de su casa, o en su puerta.

CÓMO PRACTICAR EL HECHIZO

MOMENTO DE APLICACIÓN: practica este hechizo la noche previa a la luna nueva, para que a la mañana siguiente aparezcan las manchas.

PROCEDIMIENTO:

1 Establece un círculo según las pautas especificadas en las páginas 32-35.

2 Enciende el carbón y luego la vela. Apoya ambas palmas contra los laterales de la vela y exclama:

Lo que se queme entre estas manos representa
el calor que recibirás, [nombre de la persona malvada].

3 Quema el romero en el carbón.

4 Vierte la sal sobre todas las piedras, declarando frente a cada una:

De ti, nada crecerá.

Ahora vierte el agua sobre la superficie de todas ellas, exclamando frente a cada una:

De ti, nada se alimentará.

5 Ahora perfuma las piedras, de una en una, en el humo del incienso. Agrega:

De ti no surgirá bendición alguna.

Vierte una gota de cera negra de la vela sobre cada piedra.

6 Antes de la mañana siguiente, lleva las piedras hasta la puerta de la casa del malvado o depositalas junto a uno de sus muros, formando un montículo.

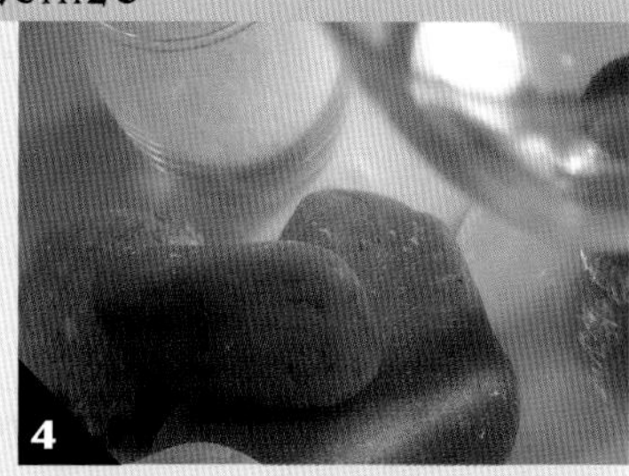
4

5

NECESITARÁS

- Un disco de carbón vegetal en un plato resistente al fuego
- Una vela negra de 15-20 cm de altura
- Cerillas o un mechero
- Una cucharadita de romero seco
- Un salero con orificio grande
- Cinco piedras del tamaño de una palma, expuestas a la natural erosión del agua
- Una copa de agua de manantial

GLOSARIO

AMULETO. Estrictamente hablando, artilugio que se lleva puesto o se exhibe con el fin de atraer ciertas energías, como suerte, prosperidad, salud, amor, etc., y que por lo general se utiliza como sinónimo de *talismán*.

ANUDAR. Técnica mágica aplicada a un cordel para asegurar la energía, que en ocasiones es liberada en cuanto se desata el nudo.

ATHAME. Cuchillo de bruja utilizado para dirigir la energía mágica.

BELTAINE. Una de las ocho festividades paganas, celebrada tradicionalmente desde el atardecer del 30 de abril hasta el ocaso del 1 de mayo, o cuando florece el árbol de mayo.

BOLSITA. Especie de almohada pequeña de tela, cosida y rellena con hierbas u otros materiales.

CARGAR. Llenar de energía o encomendar una tarea mágica.

CINCO ELEMENTOS SAGRADOS. Aspectos simbólicos y físicos de toda la existencia, divididos en tierra, aire, fuego, agua y espíritu.

CLADDAGH. Tradicional localidad irlandesa próxima a la costa en la que durante siglos se empleó un diseño particular para los anillos, compuesto por dos manos unidas como muestra de verdadera amistad o amor.

CLOUTIES. Bandas de tela o lazos que se atan a un árbol situado en las proximidades de un pozo sagrado, como acto de respeto hacia una deidad local o para simbolizar un deseo o esperanza.

CREACIÓN DE DIOS. Construcción de un dispositivo utilizado como talismán protector, por lo general de madera e imbuido de las energías del árbol del que procede.

CUERDAS DE MAGO. Cuerdas utilizadas con fines mágicos, o como parte de un hechizo.

DEOSIL. «En la dirección del sol», es decir, en el sentido de las agujas del reloj.

EN LA DIRECCIÓN DEL SOL. En el sentido de las agujas del reloj, o *deosil*.

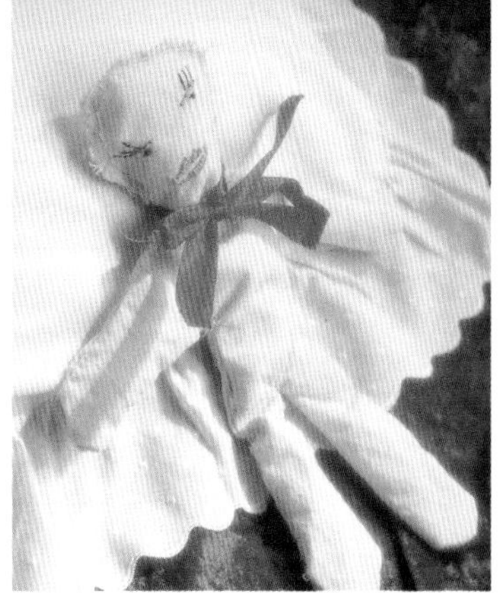

EOSTRE. Una de las ocho festividades paganas, celebrada durante el equinoccio vernal o de primavera, por lo general el 21 o 22 de marzo. El término deriva de la diosa teutónica de la fertilidad Oestra u Ostar.

FETCH. Aparición de uno mismo creada mágicamente y enviada a distancia para que se manifieste frente a otras personas.

FILTRO. Líquido mágico, por lo general bebible.

FITH-FATH. Otro nombre para una «figura» o representación simbólica de una persona. Por lo general, aunque no siempre, adopta la forma de un simple muñeco.

FORMA DE PENSAMIENTO. Forma mágica generada por tu propio pensamiento y voluntad, por lo general creada con la ayuda de un espejo.

HOGUERA. Fogata destinada a fines mágicos.

IMBOLC. Una de las ocho festividades paganas, sagrada para la diosa celta Brígida, y tradicionalmente celebrada el 1 de febrero o una fecha aproximada, o bien cuando aparecen los primeros copos de nieve.

LITHA. Una de las ocho festividades paganas, celebrada el día del solsticio de verano, o «día más largo», que tiene lugar el 21 de junio o una fecha aproximada.

LUGHNASADH. Una de las ocho festividades paganas, celebrada en el equinoccio de otoño, el 21 de septiembre o una fecha aproximada, y sagrada para la fructífera madre diosa que lleva su nombre.

LUNA MENGUANTE. Fase lunar en la que la porción iluminada decrece después de la luna llena, hasta llegar a la luna nueva u oscura. En el hemisferio norte, la curva del disco iluminado se aprecia en el lado izquierdo, y parece disminuir desde la derecha. Esta fase incluye la medialuna menguante.

LUNA OSCURA. Fase de la luna «nueva» en la que nuestro satélite se encuentra totalmente en sombra y resulta invisible.

MAGIA COMPASIVA. En ocasiones resumida como «*lo semejante con lo semejante*», consiste en un sistema de magia que recurre a símbolos para representar a alguien o algo, y que puede mantener con ellos una conexión física (es decir, pelo, uñas o una firma de la persona en cuestión), o metafórica (un muñeco o *fith-fath*). El hechicero puede entonces establecer sobre ese símbolo lo que espera que suceda con la persona o el elemento en cuestión.

MEDIANOCHE. Hora en que el Sol está en el punto opuesto al del mediodía.

MEDIDA. Tradicionalmente, tramos de cuerda cuya extensión procede directamente de la vida, sin seguir los parámetros de una cinta métrica. Reflejan el contorno de la cabeza, el corazón y la longitud del cuerpo, de la cabeza a los pies —en resumen, las medidas generales—, y se considera que mantienen una conexión compasiva con la persona a quien miden.

MUÑECAS DE MAÍZ. Figuras fabricadas con paja seca y cargadas con significado espiritual o mágico.

MUÑECO. Bolsita con forma de muñeco que representa a una persona en un hechizo.

PENTÁCULO. Estrella de cinco puntas trazada con líneas rectas que se cruzan entre sí. Es el símbolo sagrado de la magia y los elementos unidos, y representa el elemento tierra si está inscrita en un círculo, o el elemento espíritu si adopta su forma más simple.

Tradicionalmente se efectúa una distinción entre pentáculo y pentagrama —una estrella de cinco puntas inscrita en un círculo o una estrella desprovista de círculo, respectivamente—, pero en ocasiones estas definiciones se invierten, y en la actualidad el término se emplea de forma indistinta.

RETORNO SOLAR. Otro nombre para el solsticio de invierno, o «día más corto», que tiene lugar el 21 de diciembre o en una fecha aproximada.

RUEDA DEL AÑO. Año solar terrestre experimentado como un ciclo de estaciones y cambios, y que incluye las fases del sol, la luna, las estrellas y la naturaleza.

RUNA. Figura de un antiguo alfabeto procedente del norte de Europa y utilizado en el campo de la meditación, la adivinación o la hechicería para invocar una energía o un significado derivado de sus milenarios orígenes, o en ciertos casos para representar a una persona o situación en el contexto de un trabajo mágico.

SABIA. Término tradicional que describe a una mujer que dispone de amplios conocimientos sobre la magia y la naturaleza, y es reconocida por sus poderes para curar, encontrar agua mediante una varita, adivinar o practicar hechizos. En resumen, una bruja.

SABIO. Término tradicional que designa a un hombre con conocimientos sobre la magia y la naturaleza, y reconocido por sus poderes para curar, encontrar agua con una varita, adivinar o practicar diversas suertes de hechizos.

SAMHAIN. Una de las ocho festividades paganas, celebrada el 31 de octubre o una fecha aproximada, o bien cuando aparecen las primeras heladas.

SIDHE. Nombre irlandés para las hadas o habitantes de las colinas.

SIGIL. Marca o figura de relevancia mágica, utilizada de forma similar a las runas.

TALISMÁN. Estrictamente hablando, se trata de un dispositivo mágico que una persona luce o exhibe para alejar determinadas energías —por ejemplo, las malas intenciones, los celos, el mal de ojo o la mala suerte—, y que por lo general se acepta como sinónimo de *amuleto.* En ocasiones se utiliza simplemente para hacer referencia a un «encantamiento».

TASEOGRAFÍA. El arte de leer las hojas de té con fines adivinatorios.

TISANA. Sinónimo de infusión de hierbas, que se prepara con agua hirviendo.

TRANSFERENCIA. Traslado de una situación de un sitio a otro mediante medios mágicos. Por ejemplo, se produce una transferencia cuando una verruga de una persona es frotada mágicamente sobre una piedra, la piedra es enterrada o lanzada a lo profundo de una masa de agua, y la verruga desaparece.

TRIPLICIDAD. Tendencia, en el ámbito de la magia y en la cultura celta en particular, por la cual los símbolos y lo supernatural o sagrado comienzan a manifestar un aspecto triple.

TRISKELE. Símbolo celta originario de Bretaña; representa una espiral de tres piernas.

UROBOROS. Antiguo símbolo de eternidad representado por una serpiente que muerde su propia cola.

VELAS DE LOS ELEMENTOS. Velas convenientemente coloreadas que representan los cinco elementos sagrados.

YULE. Una de las ocho festividades paganas que celebra el «día más corto» y tiene lugar el 21 de diciembre o una fecha aproximada. También conocida como «retorno solar».

ÍNDICE ALFABÉTICO

C

D

E

F

G

H

I

J

L

AGRADECIMIENTOS

The Bridgewater Book Company desea expresar su agradecimiento a las siguientes personas y entidades, por su permiso para reproducir las fotos de su propiedad: **Corbis** pp. 18 fondo (Otto Rogge), 42/43 (Greenhalf Photography), 48/49 (Matthew Allen), 70/71 (Larry Williams), 76/77 (Rick Rappapart), 80/81 (Jens Haas), 96/97 (Owaki-Kulla), 109 (Jim Richardson), 118/119 (Michael St. Maur Sheil), 142 (Randy Faris), 154/155 (Anthony Cooper), 166/167 (Hanan Isachar), 168 (David Papazian), 175 (Steve Prezant), 182/183 (Matthew Allan), 184/185 (Leland Bobbé), 198/199 (James P. Blair), 210 (Matthew Kitto), 274/275 (Charles Krebs), 298/299 (Jennifer Kennard), 310/311 (Benjamin Rondel), 315 (Charles O'Rear), 316/317 (Raymond Gehman), 324 (Tim Pannell), 356 (Ralph A. Clevenger). **Marc Henri** p. 64.